INTRODUÇÃO À

FILOSOFIA CHINESA CLÁSSICA

Dados Internacionais de Catalogação na Publicação (CIP)
(Câmara Brasileira do Livro, SP, Brasil)

Norden, Bryan W. Van
Introdução à filosofia chinesa clássica / Bryan W. Van Norden ; tradução de Gentil Avelino Titton. – Petrópolis, RJ : Vozes, 2018.

Título original : Introduction to Classical Chinese Philosophy

Bibliografia.

ISBN 978-85-326-5767-1

1. Filosofia chinesa – Até 221 B.C. I. Título.

18-14338 CDD-181.11

Índices para catálogo sistemático:

1. Filosofia chinesa 181.11

Bryan W. Van Norden

INTRODUÇÃO À

FILOSOFIA CHINESA CLÁSSICA

Tradução de Gentil Avelino Titton

EDITORA VOZES

Petrópolis

Edição brasileira publicada por intermédio da Agência Literária Eulama Internacional.

Título do original em inglês: *Introduction to Classical Chinese Philosophy*

Direitos de publicação em língua portuguesa:
2018, Editora Vozes Ltda.
Rua Frei Luís, 100
25689-900 Petrópolis, RJ
www.vozes.com.br
Brasil

Editoração: Flávia Peixoto
Diagramação: Sheiladre Desenv. Gráfico
Revisão gráfica: Fernando Sergio Olivetti da Rocha
Capa: Rafael Nikolaevsky
Ilustração de capa: ©Elinalee | iStock

ISBN 978-85-326-5767-1 (Brasil)
ISBN 978-1-60384-468-0 (Estados Unidos)

Editado conforme o novo acordo ortográfico.

Este livro foi composto e impresso pela Editora Vozes Ltda.

Para Barbara

Lucy para meu Ricky e Lois para meu Peter

Sumário

Prefácio

O presente livro é uma introdução, tanto filosófica quanto elementar, ao pensamento chinês antigo. Pelo fato de minha abordagem ser filosófica, dedico um espaço considerável a explicar o vocabulário básico da filosofia contemporânea. Espero que os leitores se animem a penetrar mais profundamente no pensamento chinês, mas que consigam também passar facilmente para o estudo da filosofia ocidental, se o quiserem. Existem, evidentemente, maneiras alternativas de estudar o pensamento chinês e a cultura chinesa, que são igualmente valiosas, mas espero que nenhum estudioso desaprove esta metodologia simplesmente porque não é a dele.

Por ser uma introdução elementar, simplifiquei bastante muitos aspectos da história e cultura chinesas e também da história e cultura ocidentais. Compreender qualquer tradição é assustador. Como se expressou um confuciano: "Quanto mais admiro isto, tanto mais alto ele parece; quanto mais me aprofundo nele, tanto mais consistente ele se torna. Vislumbrando-o na minha frente, de repente descubro que ele está atrás de mim" (*Analectos* 9.11). Por conseguinte, introduzir demasiadas nuanças e controvérsias eruditas pode sobrecarregar o iniciante. Simplificando alguns pontos que não são centrais para a minha narrativa, espero capacitar o leitor a compreender e enfrentar outras questões complexas e profundas. Os especialistas devem lembrar-se disto quando perceberem que eu geralmente não dei o devido valor à natureza multifacetada dos filósofos ocidentais que cito como sujeitos de comparação nem às complexidades e controvérsias relativas à história e filologia chinesas.

A fim de tornar o mais agradável possível a leitura deste livro, as informações bibliográficas encontram-se exclusivamente nas notas finais (assinaladas com números romanos). Não há necessidade de o estudante interromper sua leitura para consultar uma nota final, a não ser que ele precise conhecer a fonte da citação.

Procurei também limitar a um mínimo as notas de rodapé (assinaladas com números arábicos), usando-as principalmente como notas remissivas.

As traduções são tomadas geralmente da obra *Readings in Classical Chinese Philosophy*, 2ª edição, de Ivanhoe e Van Norden. Um asterisco após uma citação indica que a passagem não se encontra em *Readings* ou que eu mudei significativamente a tradução encontrada nessa obra. Para as passagens tiradas dos *Analectos* e do *Mengzi* não encontradas em *Readings*, cito muitas vezes a tradução completa com comentários *Confucius: Analects with Selections from Traditional Commentaries*, de Edward Slingerland, ou minha obra *Mengzi: With Selections from Traditional Commentaries*. Não anoto quando faço uma pequena mudança em relação às traduções dadas num desses textos.

Seguindo muitas obras acadêmicas contemporâneas, os anos são identificados como AEC (Antes da Era Comum) ou EC (Era Comum), entendendo a era comum ao cristianismo e às outras grandes religiões mundiais. Estas designações são usadas em lugar de a.C. e d.C. (antes de Cristo e depois de Cristo), não para minimizar ou denegrir a importância do cristianismo, mas apenas para proporcionar um uso confortável às pessoas de outras crenças.

Meus agradecimentos a Paul Goldin, Aaron Stalnaker, Justin Tiwald e Brad Wilburn, que apresentaram sugestões úteis e conselho sobre versões anteriores desta obra. Agradeço também a Deborah Wilkes, editora sênior da Hackett Publishing Company, por seu apoio durante todo este projeto em tudo, desde questões de estilo até erros acidentais de escrita; a Mary Vasquez, editora de projetos na Hackett, por responder incansavelmente às minhas dúvidas; e a Simone Payment, minha editora de texto, por tornar-me mais bem-articulado do que sou. Agradecimentos especiais a Scott Thomson da Positively Postal, que forneceu generosamente imagens das estampas chinesas que embelezam alguns dos cabeçalhos dos nossos capítulos. Acima de tudo devo agradecer aos meus alunos, cujo incessante entusiasmo pelo pensamento chinês é uma inspiração e um desafio.

Para os que desejarem continuar seu estudo deste tema fascinante, as traduções e obras secundárias elencadas abaixo são apenas uma fração do melhor trabalho disponível.

Bryan W. Van Norden

Nota do tradutor: Para nomes e palavras chinesas mantivemos a transcrição chamada *pinyin*, adotada também pelo autor, a mais usada atualmente. Apenas preferimos traduzir Kongzi por Confúcio. Para as datas adotamos a.C. / d.C. (= antes de Cristo / depois de Cristo). O autor preferiu BCE / CE (= Before the Common Era / Common Era) em vez de BC / AD (= Before Christ / Anno Domini), por julgar mais confortável para leitores de outras crenças.

Mapa da China

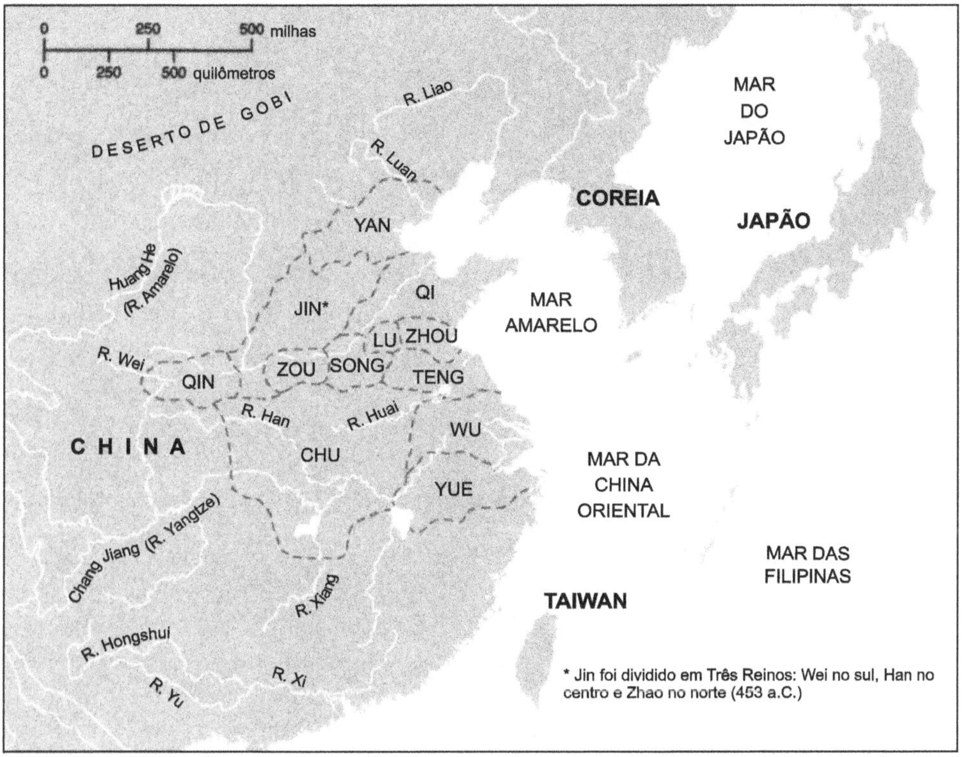

Traduções seletas

CLEARY, Thomas (trad.). *Sun-Tzu:* The Art of War. Boston: Shambala, 2005.
Tradução popular e de agradável leitura dos escritos atribuídos a Sunzi, junto com seleções de comentários clássicos.

CSIKSZENTMIHALYI, Mark (trad.). *Readings in Han Chinese Thought.* Indianápolis: Hackett Publishing, 2006.
Uma seleção bem-escolhida de traduções sobre vários tópicos, com introduções extremamente úteis e material de apoio.

GARDNER, Daniel K. (trad.). *The Four Books:* The Basic Teachings of the Later Confucian Tradition. Indianápolis: Hackett Publishing, 2007.
Os *Analectos* de Confúcio, o *Mengzi* e dois textos mais curtos tal como foram interpretados pela ortodoxia confuciana posterior.

GRAHAM, Angus C. (trad.). *Chuang-tzu*: The Inner Chapters. Reimpressão. Indianápolis: Hackett Publishing, 2001.
Uma provocadora tradução interpretativa do *Zhuangzi*.

IVANHOE, Philip J. & VAN NORDEN, Bryan W. (eds.). *Readings in Classical Chinese Philosophy*. 2. ed. Indianápolis: Hackett Publishing, 2005.
Inclui seleções de todos os grandes filósofos chineses antigos.

JOHNSTON, Ian (trad.). *The Mozi:* A Complete Translation. Nova York: Columbia University Press, 2010.
A única tradução inglesa completa dos diversos escritos moístas. Inclui o texto chinês em páginas opostas.

LAU, D.C. (trad.). *Tao Te Ching*. Nova York: Penguin Books, 1963.
Uma elegante tradução baseada no texto tradicional do *Daodejing*. A tradução revisada de Lau está disponível também na série Everyman's Library (Alfred A. Knopf, 1994).

LEGGE, James (trad.). *The Chinese Classics.* 5 vols. Reimpressão. Taibei: SMC Publishing, 1991.
Esta é uma das muitas reimpressões da tradução, feita por James Legge na era vitoriana, dos *Quatro Livros* (o *Grande Aprendizado*, os *Analectos*, o *Mengzi* e a *Doutrina do Meio*) e de três dos *Cinco Clássicos* (o *Livro das Odes*, o *Livro dos Docu-*

mentos e os *Anais das Primaveras e Outonos* com o *Comentário de Zuo*). Embora a linguagem de Legge seja muitas vezes arcaica, esta obra ainda é muito útil, porque inclui os textos chineses de todas as obras e notas extensas.

LYNN, Richard John (trad.). *The Classic of the Way and Virtue:* A New Translation of the Tao-te ching of Laozi as Interpreted by Wang Bi. Nova York: Columbia University Press, 1999.
Esta primorosa tradução inclui o que é talvez o mais original comentário sobre o *Daodejing*.

MAIR, Victor M. (trad.). *Tao Te Ching*. Nova York: Bantam Books, 1990.
Tradução baseada nas versões de Mawangdui do *Daodejing*.

SAWYER, Ralph D. (trad.). *Sun Tzu:* The Art of War. Boulder: Westview Press, 1994.
Primorosa tradução da *Arte da guerra*, com uma introdução erudita informativa.

SLINGERLAND, Edward (trad.). *Confucius:* Analects with Selections from Traditional Commentaries. Indianápolis: Hackett Publishing, 2003.
Inestimável por sua primorosa tradução combinada com seleções de comentários clássicos sobre cada passagem. Uma versão abreviada está também disponível com o título *Confucius:* The Essential Analects (2006).

VAN NORDEN, Bryan W. (trad.). *Mengzi:* With Selections from Traditional Commentaries. Indianápolis: Hackett Publishing, 2008.
Esta é uma tradução completa com um comentário interlinear. Uma versão abreviada com comentário separado da tradução está também disponível com o título *The Essential Mengzi* (2009).

WATSON, Burton (trad.). *Chuang Tzu:* Basic Writings. Nova York: Columbia University Press, 1964.
Esta tradução do *Zhuangzi* é bela por seu caráter direto e fluência.

______. *Han Fei Tzu:* Basic Writings. Nova York: Columbia University Press, 1964.
Seleções do *Han Feizi*.

______. *Hsun Tzu*: Basic Writings. Nova York: Columbia University Press, 1963.
Seleções do *Xunzi*.

______. *Mo Tzu*: Basic Writings. Nova York: Columbia University Press, 1963.
Seleções dos "capítulos sinóticos" do *Mozi*.

Obras secundárias seletas

CSIKSENTMIHALYI, Mark & IVANHOE, Philip J. (eds.). *Essays on Religious and Philosophical Aspects of the* Laozi. Albânia: State University of New York Press, 1999.
Antologia de ensaios sobre a obra também conhecida como *Daodejing* (*Tao The Ching*) de Laozi (Lao Tzu).

GRAHAM, Angus C. *Disputers of the Tao*. Chicago: Open Court Press, 1989.
História geral da filosofia chinesa antiga. Particularmente útil no tocante aos moístas e à "Escola dos nomes".

IVANHOE, Philip J. *Confucian Moral Self Cultivation*. 2. ed. Indianápolis: Hackett Publishing, 2000.
Introdução, de agradável leitura e confiável, a algumas das grandes questões entre os confucianos ao longo de dois milênios.

KJELLBERG, Paul & IVANHOE, Philip J. (eds.). *Essays on Skepticism, Relativism and Ethics in the* Zhuangzi. Albânia: State University of New York Press, 1996.

KLINE, Thornton C. & IVANHOE, Philip J. (eds.). *Virtue, Nature and Moral Agency in the* Xunzi. Indianápolis: Hackett Publishing, 2000.

KUPPERMAN, Joel J. *Learning from Asian Philosophy*. Nova York: Oxford University Press, 1999.
Este livro ponderado ilustra como o pensamento clássico chinês pode contribuir para os debates filosóficos contemporâneos.

LIU, Xiusheng & IVANHOE, Philip J. (eds.). *Essays on the Moral Philosophy of Mengzi*. Indianápolis: Hackett Publishing, 2002.

SCHWARTZ, Benjamin. *The World of Thought in Ancient China*. Cambridge: Harvard University Press, 1985.
Uma abordagem amplamente humanista do estudo da filosofia chinesa.

TANNER, Harold M. *China:* A History. Indianápolis: Hackett Publishing, 2009.
Uma cômoda e útil visão geral em um volume. Também disponível numa versão em dois volumes.

VAN NORDEN, Bryan W. *Virtue Ethics and Consequentialism in Early Chinese Philosophy*. Nova York: Cambridge University Press, 2007.
Uma defesa mais detalhada de minha metodologia filosófica e de minhas interpretações de Confúcio, dos moístas, de Yang Zhu e de Mengzi.

VAN NORDEN, Bryan W. (ed.). *Confucius and the* Analects*:* New Essays. Nova York: Oxford University Press, 2002.
Ensaios a partir de várias perspectivas e metodologias, inclusive filosóficas, filológicas, comparativas e históricas.

YEARLEY, Lee H. *Mencius and Aquinas:* Theories of Virtue and Conceptions of Courage. Albânia: State University of New York Press, 1990.
Um estudo comparativo original que iniciou a aplicação contemporânea da ética da virtude ao confucionismo.

1
O contexto histórico

Eu não sou de sua época ou tempo e, por isso, não ouvi pessoalmente suas vozes nem vi seus rostos; mas sei isto pelo que está escrito sobre bambu e seda, gravado em metal e pedra, e inscrito em bacias e tigelas que nos foram transmitidas através de sucessivas gerações.

Mozi. "Cuidado imparcial".

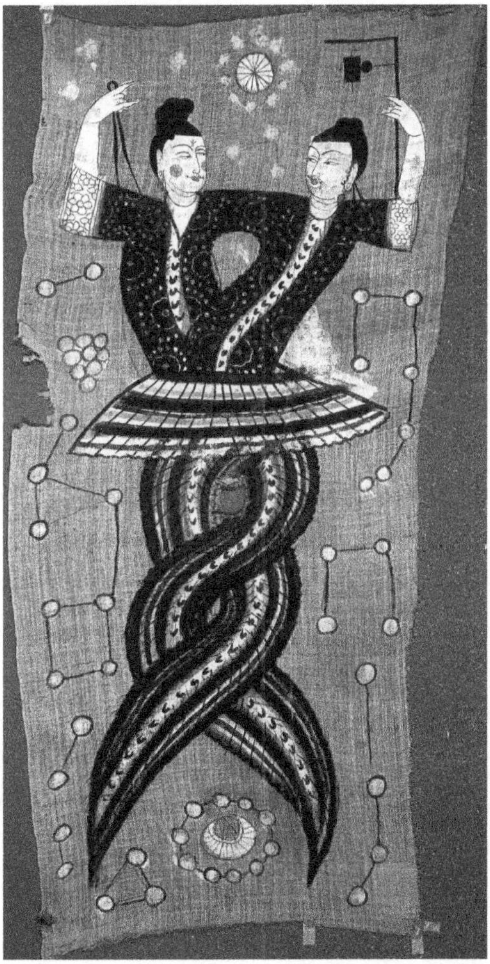

Nesta imagem, os sábios Fu Xi e Nuwa são retratados simbolicamente como serpentes entrelaçadas.

A fim de entender os filósofos chineses antigos, precisamos entender o contexto em que eles viveram. Como acontece com todas as culturas, este contexto consiste na realidade histórica e também em seus mitos. A distinção não é muito clara: os mitos contêm muitas vezes um elemento de verdade histórica; e o que passa por verdade histórica muitas vezes contém elementos míticos. Além disso, existem diferentes versões dos mitos nos antigos textos chineses. Apresentarei apenas um relato, mas veremos nele muitos personagens e temas que são importantes na autocompreensão da cultura chinesa[i].

I - Mito

De acordo com a tradição chinesa, as pessoas mais primitivas tinham uma existência precária, vivendo com medo dos animais selvagens, subsistindo dia após dia com o que conseguiam coletar e dormindo em casas nas árvores ou em cavernas que tinham correntes de ar. Não tinham tecnologia, nem rituais, nem cultura. Aos poucos a vida humana foi melhorando e desenvolveu-se a civilização através das ações de uma série de sábios, dos quais os primeiros são mencionados como os Três Soberanos e os Cinco Imperadores. O primeiro e o segundo soberanos foram Fu Xi e sua mulher, Nuwa. Fu Xi ensinou as pessoas a caçar, pescar e preparar armadilhas. Ele fundou a instituição do matrimônio e também desenvolveu as primeiras partes do *Yijing*, uma obra de adivinhação que iria ter grande importância na cosmologia chinesa posterior (o *Yijing*, ou *Clássico das Mutações*, teve como tal pouca influência na filosofa no período que este livro cobre, de modo que teremos pouca coisa a dizer a respeito dele). As lendas dizem que Nuwa foi responsável por proezas até mais extraordinárias do que as de seu marido, como impedir que o Céu desabasse, consertando-o quando estava avariado. Assim Nuwa se tornou, na história chinesa posterior, um símbolo do poder e da importância das mulheres. Por exemplo, o romance chinês clássico *Sonho da câmara vermelha*, famoso por seus vigorosos personagens femininos, reconta em seu início a lenda de Nuwa.

Nuwa foi não só a esposa de Fu Xi, mas também sua irmã. Isto é intrigante, porque o mais alto dos deuses gregos, Zeus, também estava casado com sua irmã,

Hera. Além disso, na Bíblia afirma-se que Deus fez Eva da costela de Adão, de modo que ela é, em certo sentido, sua irmã gêmea. Como estas culturas se desenvolveram independentemente, a semelhança em seus mitos pode refletir uma profunda necessidade ou tensão que os humanos têm em comum. Um freudiano, usando uma hermenêutica da suspeita, poderia sugerir que os mitos são uma projeção de desejos subconscientes, incestuosos. Ao contrário, usando uma hermenêutica da fé, poderíamos interpretar os mitos como uma expressão do legítimo desejo humano de descobrir que a masculinidade e a feminidade são distintas (o que é simbolizado pelo fato de Fu Xi e Nuwa serem masculino e feminino) e, no entanto, complementares (o que é simbolizado pelo matrimônio deles) e fundamentalmente unificadas, em vez de dualistas (o que é simbolizado pelo fato de eles terem os mesmos pais)[1].

O terceiro soberano foi Shen Nong, cujo nome significa "agricultor espiritual". Shen Nong descobriu como plantar para obter colheitas e domesticar animais. Foi também um pioneiro da medicina chinesa. Certo dia, sem ele perceber, caiu uma folha em sua xícara de água. Ao beber, notou que ela tinha um gosto diferente. Assim ele descobriu o chá. Usando diferentes folhas para fazer o chá, descobriu seus efeitos medicinais; usando a si mesmo como sujeito para teste, tentou diferentes ervas e anotou quais os efeitos que elas tinham sobre seu corpo.

O primeiro dos cinco imperadores foi o Imperador Amarelo, ou em chinês Huang Di. Durante seu reinado, criminosos e tribos bárbaras invasoras aterrorizaram o povo chinês. Embora preferisse a paz, o Imperador Amarelo viu que era necessário constituir exércitos e estabelecer punições judiciais para proteger o povo. As práticas de Huang Di levaram a uma vitória militar decisiva contra seus inimigos, uma vitória que muitas vezes é considerada a constituição dos chineses como um grupo étnico.

Outros do círculo de Huang Di também deixaram contribuições duradouras. A esposa do Imperador Amarelo, depois de inspecionar uma infestação de lagartas no pomar de amoreiras do imperador, descobriu como enrolar o fio e tecer a seda. Daí em diante, tecer a seda tornou-se uma tarefa caracteristicamente feminina. Outra inovação cultural característica, os caracteres da escrita chinesa, foi supostamente inventada por um dos funcionários do Imperador Amarelo, Cang Jie.

---

1. Cf. o Apêndice A sobre a diferença entre uma hermenêutica da suspeita e uma hermenêutica da fé.

Assim Fu Xi ensinou o povo a caçar, enquanto Shen Nong o ensinou a cultivar a terra. A arqueologia moderna nos ensina que os humanos mais primitivos deslocavam-se de um lugar para outro, caçando animais e recolhendo plantas selvagens. Depois, com a revolução agrícola, os humanos aprenderam a plantar e a domesticar animais. Isto levou a comunidades humanas estáveis. Estas comunidades permitiram o desenvolvimento de formas mais complexas de tecnologia e civilização (inclusive a escrita), mas também fizeram surgir a necessidade de proteger seu território e controlar o crime. Consequentemente, as histórias de Fu Xi, de Shen Nong e do Imperador Amarelo, embora míticas em seus detalhes, podem representar uma vaga memória da transição humana de caçadores-coletores nômades para agricultores e, em seguida, para populações urbanas.

Os três importantes imperadores seguintes foram Yao, Shun e Yu. Yao, além de ser um governante benévolo e sábio, está associado à descoberta dos rudimentos da astronomia e da regularidade das estações, conhecimento importante para qualquer civilização agrícola. Por isso, Confúcio (Kongzi) disse a respeito dele: "O Céu é grande, e Yao modelou-se por ele" (*Analectos* 8.19). Ao aproximar-se o fim de sua vida, Yao resolveu procurar um sucessor virtuoso para sucedê-lo como governante. Vasculhando seu reino, Yao ouviu falar de Shun, um simples agricultor que era conhecido por sua grande piedade filial.

Shun tinha o que hoje poderíamos chamar de família disfuncional. Seu pai, sua madrasta e seu meio-irmão tramaram repetidas vezes assassiná-lo e roubar sua riqueza. De acordo com um dos relatos, a família de Shun pediu-lhe para cavar um poço. Planejaram retirar a escada e cobrir o poço enquanto Shun ainda estava dentro. Pensando que a trama fora bem-sucedida, o irmão de Shun disse aos pais que eles podiam tomar o gado de Shun e seus armazéns de cereais. "Mas sua lança e seu escudo – são meus! Sua cítara – é minha! Seu arco – é meu! E suas duas mulheres deverão servir-me na cama!" No entanto, Shun sobreviveu à tentativa de assassinato. Apesar das tramas contra ele, Shun continuou a amar sua família e a cuidar dela, até acabar conquistando-os com sua devoção. Impressionado com as histórias e feitos do personagem, Yao fez de Shun seu primeiro-ministro. Este foi tão bem-sucedido em seu cargo que, quando Yao morreu, o povo escolheu Shun como novo imperador.

Como governante, Shun preocupou-se com os problemas das obras de defesa contra inundações e com a irrigação. Estas haviam sido de longa data problemas na China. O Vale do Rio Amarelo é o coração da civilização chinesa, por causa de seu solo fértil e porque o rio proporciona fácil transporte e água para as colheitas. No entanto, o Rio Amarelo muitas vezes transborda e causa inundações, provocando devastação. Consequentemente, alguns se referiram à China como uma "civilização hidráulica" por causa da importância que o controle da água tem para a sociedade. Uma das suposições é que isto estimulou um governo fortemente centralizado, com os recursos para administrar uma irrigação massiva, para obras de defesa contra inundações e para projetos de construção de canais.

Não causa surpresa que Shun tenha sentido a necessidade de nomear um ministro capacitado, Yu, para supervisionar as obras de defesa contra inundações. Yu trabalhou incansavelmente, dragando o lodo dos rios e construindo canais. Yu acabou tornando-se primeiro-ministro de Shun; e, num paralelo com a sucessão anterior, suas capacidades levaram o povo a considerá-lo o novo imperador após a morte de Shun.

Yu foi um grande governante por seus próprios méritos e, quando ficou velho, seguiu o padrão estabelecido por Yao e Shun de escolher como seu sucessor a pessoa que ele considerava mais digna. Mas desta vez o povo não aceitou a escolha do imperador. Em vez disso, por afeição e respeito a Yu, escolheram o filho de Yu como o novo imperador. Por isso, Yu tornou-se (postumamente) o fundador da primeira dinastia chinesa, os Xia. É significativo que a preferência do povo por um governante foi considerada mais importante até do que a decisão do grande Yu. A cultura tradicional chinesa nunca foi democrática, mas sempre enfatizou o bem-estar e a felicidade do povo como árbitro último da legitimidade política.

A visão chinesa tradicional é que as dinastias seguem um padrão cíclico: um governante sagaz funda uma dinastia, trazendo prosperidade e ordem à sociedade, mas de uma maneira não coercitiva. As pessoas seguem-no de bom grado e com alegria. Ao longo dos séculos acontece um gradual declínio na qualidade dos governantes, com um correspondente aumento de desordem social, insatisfação e rebeldia. O declínio é geralmente não linear: grandes reis surgem durante um período de mediocridade para devolver temporariamente a uma dinastia sua grandeza. Contudo, uma dinastia acaba chegando a seu nadir e

Mito: *"A palavra chinesa para 'crise' significa literalmente 'perigo + oportunidade'".*

Fato: *A palavra chinesa para "crise" significa, sim, crise. É composta de duas palavras, que significam "perigo" e "ponto crítico".*

um último rei mau irá estimular uma revolta generalizada contra suas atrocidades, levando à chegada de um sábio que fundará a próxima dinastia.

Assim Yu foi o sábio que fundou a dinastia Xia, que chegou ao fim séculos mais tarde com o mau Tirano Jie. O sábio-rei Tang destronou Jie e fundou a dinastia Shang. (A dinastia Shang é às vezes chamada também dinastia Yin, por causa do nome da última capital da dinastia.)

II – História primitiva

Em algum momento durante a dinastia Shang começam os registros escritos e nós saímos das brumas fascinantes do mito para a luz mais clara da história real. A história de como a dinastia Shang passou do mito para a história é intrigante. Pelo final do século XIX, "ossos de dragão" podiam ser comprados por causa de suas alegadas propriedades medicinais. Pensava-se que eram ossos de dragão por causa da grande antiguidade e das estranhas marcas que havia neles. No entanto, alguns estudiosos chineses que examinaram os ossos concluíram que as marcas eram formas arcaicas de caracteres chineses escritos em antigos "ossos oraculares". Estes ossos (muitas vezes a carapaça lisa de uma tartaruga) eram usados numa cerimônia na qual o rei Shang adivinhava o futuro e consultava os espíritos de seus ancestrais. Um osso era aquecido até estalar, enquanto o rei fazia alguns pronunciamentos rituais: "Nosso ataque contra os bárbaros será bem-sucedido. Nosso ataque contra os bárbaros talvez não seja bem-sucedido". Interpretando as rachaduras o rei adivinhava qual pronunciamento era correto. A coisa talvez mais fascinante é que, *depois* de completado o ritual, as perguntas feitas eram inscritas simbolicamente no osso oracular. Se hoje somos afortunados, a resposta adivinhada era também inscrita no osso. E se somos *realmente* afortunados, o resultado concreto era também inscrito. Estas inscrições breves e muitas vezes difíceis de interpretar nos fornecem uma pequena janela para enxergar a civilização Shang.

Quando a fonte dos "ossos de dragão" foi escavada, os arqueólogos descobriram túmulos de reis Shang que governaram na cidade de Yin. Aqui havia sólida evidência física para a historicidade da dinastia Shang. (Falta-nos evidência como esta para a dinastia Xia, motivo pelo qual ela ainda é considerada mítica.) Os mais antigos ossos oraculares remanescentes datam de aproximadamente 1200 a.C. e podemos ter certeza de que a dinastia existia pelo menos já no século XVI a.C. Trata-se de uma cultura da era do Bronze, que usava o metal para fazer armas e vasos cerimoniais para ofertas de alimento e vinho aos espíritos dos ancestrais. A colheita principal era o painço, uma espécie de trigo cultivado ainda hoje na China. (O arroz não cresce muito bem na China setentrional comparativamente seca; por isso só muito mais tarde, quando a lavoura chinesa se espalhou para as áreas do Sul com alta incidência de chuva, o arroz se tornou quase emblemático da China.)

O carro de guerra era o tanque da época: nele iam um cocheiro, um arqueiro e um soldado armado de lança. Ver alguém aproximando-se a todo galope deve ter sido uma visão atemorizante. O tamanho de um Estado era muitas vezes expresso em termos do número de carros de guerra que seu exército podia pôr em campo (por exemplo, "um Estado de mil carros de guerra"). Mas os Shang usavam também infantaria, com lanças, escudos e armadura leve.

Esta cultura da Idade do Bronze era patriarcal, mas algumas mulheres tinham *status* elevado através de alguma combinação de origem nobre e excelência pessoal. O fato mais notável foi o de Fu Hao, uma mulher nobre que comandou exércitos. Após sua morte, foram-lhe prestados sacrifícios rituais, iguais aos prestados a ancestrais nobres do sexo masculino, e seu túmulo continha bens que em grandeza quase se igualavam aos de um rei.

A visão tradicional da história exige que o último rei da dinastia seja mau: o último rei (supostamente) mau dos Shang foi Tirano Zhou. O nome da dinastia que sucedeu os Shang é também romanizado como "Zhou". Em chinês, os dois nomes nunca serão confundidos, porque são escritos com caracteres diferentes e pronunciados com tonalidades diferentes: *Zhòu* 紂 é o tirano e *Zhôu* 周 é a dinastia. Para manter a distinção nesta obra: "Zhou" sem qualificação significará a dinastia e "*Tirano* Zhou" será sempre o último governante dos Shang.

Tirano Zhou era esperto, destemido e fisicamente forte. No entanto, era também impiedoso, cruel e dissoluto. O antigo historiador Sima Qian relata que "numa piscina cheia de vinho, com carne pendurada como uma floresta, ele mandou homens e mulheres nus perseguirem-se uns aos outros e beber até tarde da noite"[ii]. Tirano Zhou tinha um ministro leal, Bi Gan, que o advertiu que suas ações acabariam levando seus súditos a voltar-se contra ele. Tirano Zhou respondeu que os sábios têm supostamente corações maiores do que as outras pessoas e, já que Bi Gan falou como um sábio, quis verificar se Bi Gan tinha também o coração de um sábio. Por isso, ordenou a seus guardas que arrancassem o coração do peito de Bi Gan.

Tirano Zhou foi destronado e foi iniciada uma nova dinastia pelo povo Zhou. Os Zhou justificaram a tomada do poder com a teoria dos ciclos dinásticos. Deixarei que eles falem por si mesmos, em documentos que remontam a cerca de três mil anos:

> Examinando os homens da antiguidade, houve o fundador da dinastia Xia [rei Yu]. Ele guiou sua mente, permitindo a seus descendentes sucedê-lo e protegendo-os. Familiarizou-se com o Céu e foi obediente. Mas com o decorrer do tempo, o mandato em seu favor ruiu por terra. Da mesma forma quando examinamos o caso dos Shang. O Céu guiou seu fundador [rei Tang], de modo que ele corrigiu os erros deles e assim protegeu seus descendentes. Também ele se familiarizou com o Céu e foi obediente. Mas agora o mandato a ele concedido ruiu por terra[iii].

> Quando o Céu rejeitou o mandato e deu-lhe um fim, em favor do grande Estado dos Shang, havia muitos dos antigos reis inteligentes dos Shang no Céu. No entanto, o rei que os sucedeu [Tirano Zhou], o último da linhagem deles, desde sua nomeação procedeu de tal maneira que acabou mantendo os sábios na obscuridade e os corruptos em seu cargo. As pessoas pobres, nesta situação, levando seus filhos e conduzindo suas mulheres, apresentaram sua queixa ao Céu. Eles até chegaram a fugir, mas foram capturados novamente. Oh! O Céu teve compaixão do povo dos quatro pontos cardeais. Seu mandato favorável iluminou nossos zelosos fundadores. Que nosso rei reverencie apaixonadamente a Virtude[iv].

> O rei Wen [do povo Zhou] conseguiu fazer brilhar sua Virtude e foi cuidadoso no uso das punições. Não ousou mostrar nenhum desprezo pelos viúvos e viúvas. Nomeou os dignos de nomeação e reverenciou os dignos de reverência. Foi terrível com aqueles aos quais era necessário impor respeito, conquistando assim excelente reconhecimento entre o povo. Assim ele lançou os primeiros inícios da ascendência de nossa pequena porção do império e um ou dois territórios vizinhos foram postos sob sua crescente influência, até que em todas as nossas regiões ocidentais todos colocaram nele sua segurança. Sua fama subiu ao Ancestral Supremo, que o aprovou. O Céu confiou então o grande encargo ao rei Wen de exterminar a grande dinastia dos Shang e receber seu grande mandato, de modo que os vários Estados a ela pertencentes e seus povos foram trazidos para uma condição ordeira[v].

Estas passagens não só expõem uma visão cíclica da história, mas especificam uma *filosofia da história* que explica esses ciclos. O fundador de uma dinastia recebe um mandato (*ming* 命) de governar conferido pelo Céu (*tian* 天). Por causa desta estreita relação entre o Céu e o rei, o governante é muitas vezes chamado de "Filho do Céu". "Céu" pode referir-se ao céu ou ao lugar onde moram os espíritos dos ancestrais; mas, na época que este livro cobre, o termo se refere geralmente a um poder superior que é imaginado mais ou menos antropomorficamente. Os moístas, um movimento que examinaremos no Capítulo 4, concebiam o Céu como muito semelhante a um Deus pessoal, enquanto os confucianos imaginavam cada vez mais o Céu como um poder superior mais ou menos abstrato. O Céu confere o mandato ao governante com base na Virtude (*de* 德) da pessoa. Virtude, aqui, é uma espécie de carisma ético que uma pessoa tem, por possuir atributos como afabilidade, sabedoria e reverência para com o Céu. Se esta noção de Virtude ou carisma ético parece ingênua a um leitor moderno, consideremos até que ponto a liderança bem-sucedida de pessoas como Mahatma Gandhi e o Reverendo Martin Luther King Jr. dependeu das virtudes por eles manifestadas. O mandato conferido com base na Virtude é transmitido aos descendentes da pessoa, mas será revogado por motivo de depravação e dado a alguém mais digno. Mesmo no chinês moderno, a palavra para "revolução" (como em "Revolução cultural") é *geming* 革命, que significa literalmente "remoção do mandato".

É fácil aplicar a hermenêutica da suspeita à doutrina do mandato do Céu. O povo Zhou desejava racionalizar a vitória obtida contra os Shang; e sua história de que eles tinham um mandato dado pelo Céu para governar soa tão suspeita como as noções ocidentais de destino manifesto ou direito divino dos reis. Como diz o ditado, "os vencedores escrevem a história"; e é possível que Tirano Zhou tenha sido um bom governante que simplesmente teve o azar de ser derrotado por invasores ambiciosos. Em geral, a doutrina do mandato do Céu justifica convenientemente o governo dos vencedores: se eles venceram, isto demonstra que eles tinham o mandato, o que significa que são eticamente superiores àqueles que eles derrotaram.

Uma hermenêutica da fé revela outro lado da doutrina: ela implica que um governante só é legítimo enquanto o povo está feliz. O rei pode precisar usar a força contra o ocasional rebelde ou bandido obstinado, mas de modo geral o povo deve consentir em ser governado. Assim, o rei lembra a um duque que "o mandato do Céu não é constante". Adverte-o além disso: "Quando você mostra grande discernimento, sujeitando os corações dos homens" – em vez de coagi-los pela força –

"as pessoas se admoestarão mutuamente e se esforçarão para ser obedientes. Trate o mal como se ele fosse uma doença em sua pessoa". Em outras palavras, não seja severo a ponto de causar sofrimento e dano desnecessários "e as pessoas deixarão totalmente de lado seus defeitos. Trate-as como se cuidasse de um bebê e as pessoas serão tranquilas e ordeiras"[vi]. Agora entendemos o que outro duque quer dizer ao afirmar: "Nosso rei recebeu o mandato. Ilimitada é a felicidade ligada a isto, mas ilimitada é a angústia. Oh! Como pode ele ser outra coisa senão reverente?"[vii]

Assim o povo sofredor de Tirano Zhou "apresentou sua queixa ao Céu", que arrancou dele o mandato e o deu ao rei Wen, líder do povo Zhou, porque ele "era capaz de fazer brilhar sua Virtude". No entanto, por lealdade, deferência e amor à paz, o rei Wen absteve-se de rebelar-se contra Tirano Zhou. Foi o filho do rei Wen, o rei Wu, quem finalmente comandou a conquista dos Shang. Wen (cujo nome significa "culto") é elogiado por sua clemência, enquanto Wu (cujo nome significa "marcial") é elogiado por seu uso correto da força. Pode-se dizer que eles refletem dois lados da cultura chinesa.

A vitória do rei Wu foi rápida e decisiva porque os próprios soldados de Tirano Zhou voltaram-se contra ele. Tirano Zhou retirou-se para seu palácio e, destemido e arrogante até o fim, incendiou-o e imolou-se no palácio em vez deixar-se capturar.

Quando ocorreu a conquista dos Shang por parte dos Zhou? A data tradicional registrada em muitas obras de referência é 1122 a.C., mas estudiosos atuais acreditam que esta data está errada. Sabemos que em 1059 a.C. houve uma conjunção de todos os cinco planetas visíveis a olho nu. Como faziam as pessoas de muitas civilizações antigas, os chineses estudavam cuidadosamente o Céu e acreditavam que eventos celestes incomuns forneciam presságios do futuro. Consequentemente, esta conjunção teria levado as pessoas a esperar que uma grande mudança estava para ocorrer e esta crença pode ter encorajado os inquietos a rebelar-se contra Tirano Zhou. Com efeito, a conjunção é mencionada num antigo texto histórico chinês, que afirma que a fundação da dinastia Zhou ocorreu vinte anos depois. Isto parece nos fornecer uma data exata para a conquista. Contudo, as datas fornecidas neste texto específico parecem incorretas devido a erros introduzidos por escribas posteriores. Corrigir estas datas é uma questão de conjecturas, mas muitos estudiosos pensam que o rei Wu derrotou os Shang e estabeleceu a dinastia Zhou por volta de 1040 a.C.

O governo do rei Wu foi curto; ele morreu de causas naturais poucos anos depois da conquista. Seu filho, o rei Cheng, sucedeu-o no trono, mas Cheng era ainda uma criança. Ter um menor de idade no trono imediatamente após a fundação de uma nova dinastia, com súditos potencialmente rebeldes para governar, era uma situação precária. O regente do rei Cheng foi seu tio, o duque de Zhou. Deve ter sido tentador para o duque de Zhou apoderar-se do trono. Ele poderia certamente ter apresentado uma pretensão plausível: era o irmão do rei Wu recém-falecido e filho do rei Wen. Contudo o duque de Zhou apoiou o rei Cheng com lealdade e sabedoria durante toda a sua vida. Por isso, tornou-se um modelo de Virtude entre os confucianos posteriores.

A estratégia usada pelos Zhou para controlar o território recém-expandido foi dividi-lo em Estados de vários tamanhos. Um nobre, geralmente um duque, governava cada Estado. Muitos destes duques eram parentes da família real Zhou. Cada duque tinha seu próprio exército e era responsável por manter a ordem e coletar impostos em seu Estado. Ele prestava contas ao rei e, depois da morte de um duque, o rei aprovava seu sucessor. Este sistema funcionou bem durante séculos. No entanto, a dinastia gradualmente decaiu à medida que reis fracos perderam o respeito dos duques. Talvez isso fosse inevitável. Imagine que você e seus ancestrais governaram um Estado por gerações. Em seu Estado você lança e coleta impostos, legisla e faz cumprir as leis e comanda seu próprio exército pessoal. Obedecer ao assim chamado rei pode parecer desnecessário e, se os outros duques ignoram o rei, completamente absurdo.

A dinastia chegou a um ponto baixo sob o rei You. O filho legítimo do rei You e sua rainha era o herdeiro evidente. No entanto, You se apaixonou por uma concubina sedutora, que lhe deu um segundo filho. Ele decidiu substituir a rainha e herdeira legítima por sua concubina e seu segundo filho. Como sua rainha anterior tinha parentes poderosos, isto foi extremamente imprudente. Os parentes da rainha anterior formaram um exército para depor o rei You e colocar seu filho mais velho no trono. Enquanto este exército estava se reunindo secretamente, o rei You resolvera oferecer uma festa à sua nova rainha acendendo os faróis usados para convocar os exércitos dos duques em caso de emergência. Tendo sido enganados com esta brincadeira mais de uma vez, os duques decidiram não obedecer ao próximo sinal do rei. Como consequência, quando o exército da rainha e herdeira deposta atacou e o rei You acendeu os faróis para chamar ajuda, nenhum veio. O rei You, sua concubina-tornada-rainha e seu segundo filho foram todos mortos. Seu filho mais velho foi instalado como rei numa nova capital, mais para o oriente. Isto marca a transição entre a dinastia Zhou ocidental (c. 1040-771 a.C.) e a dinastia Zhou oriental (770-221 a.C.).

III - O período dos filósofos

Os filósofos que estudamos neste livro viveram todos no tempo da dinastia Zhou oriental e é especialmente importante compreender o contexto no qual eles viveram, argumentaram e escreveram. A nova capital oriental estava mais no interior do território chinês e, por isso, mais fácil de defender contra incursões bárbaras. No entanto, os eventos que cercaram a deposição do rei mostraram a fraqueza da casa real Zhou e sua dependência do poder e do apoio da pequena nobreza. Isto enfraqueceu a dinastia Zhou e, a partir deste ponto, os reis Zhou tornaram-se meras figuras decorativas. O poder real estava nas mãos dos duques e outros nobres, que geriram os vários Estados em que a China foi dividida. Na ausência de autoridade centralizada, os Estados tramavam um contra o outro, formavam alianças, rompiam essas alianças e muitas vezes envolveram-se em guerra uns contra os outros. As pessoas comuns sofreram horrivelmente: eram roubadas e assaltadas por bandoleiros que os governos não conseguiam controlar, eram tributadas à exaustão pelos governantes que precisavam suprir os exércitos e alimentar sua ganância, e a plantação e colheita das safras eram interrompidas por exércitos invasores ou por trabalho forçado imposto pelo governo. Nas palavras mordazes do *Daodejing* [Tao te-king] (53):

> A corte é resplendente,
> Mas os campos estão cobertos de vegetação.
> Os celeiros estão vazios,
> Mas alguns vestem roupas elegantes.
> Belas espadas pendem de seus cintos;
> Estão empanzinados de comida e bebida
> E possuem riqueza em grande abundância.
> Isto é conhecido como orgulhar-se do roubo.
> Isto está longe do Caminho!

Como ocorre muitas vezes, uma situação caótica e desesperada estimulou o pensamento filosófico à medida que pensadores se esforçavam para encontrar uma solução para os problemas enfrentados por sua sociedade.

O que estes pensadores chineses estavam procurando era o *dao* 道, que traduzimos por "Caminho". Este termo filosófico crucial tem cinco sentidos relacionados. "*Dao*" pode significar um caminho ou estrada (como no moderno composto chinês "*daolu*" 道路, rua ou pista). Tanto no chinês como nas línguas ocidentais existe uma ampliação metafórica natural de "caminho", que vai de uma *trilha* literal até "caminho" no sentido de *um meio para fazer algo*. Estreitamente relacionado a isto está "Caminho" enquanto *descrição linguística de uma maneira* de fazer algo. A partir destes sentidos, "Caminho" passou a referir-se à *maneira correta de viver sua vida e organizar a sociedade*. Por fim, o termo passou a significar também *a entidade metafísica última* que era responsável pela maneira como o mundo é e pela maneira como ele deveria ser (cf. Capítulo 8). Embora possa ter qualquer um destes cinco sentidos, o sentido primário de *dao* (para a maioria dos pensadores Zhou orientais) é a maneira correta de viver e organizar a sociedade.

Duas épocas importantes nos Zhou orientais são o Período das Primaveras e Outonos (722-481 a.C.) e o Período dos Estados Combatentes (403-221 a.C.). O primeiro deriva o nome dos *Anais das Primaveras e Outonos*, uma crônica histórica enigmaticamente concisa dos anos em questão, escrita a partir da perspectiva do Estado natal de Confúcio, Lu[2]. O *Zuo zhuan* é um comentário sobre os *Anais das Primaveras e Outonos*, que fornece um número consideravelmente maior de detalhes sobre o período. Os estudiosos discordam sobre seu grau de confiabilidade como relato histórico, mas teremos oportunidade de citá-lo em diversos pontos.

Um dos relatos iniciais do *Zuo zhuan* transmite uma sensação de como era o Período das Primaveras e Outonos. O governante de certo Estado tinha dois filhos. A mãe não gostava do filho mais velho, supostamente porque tivera um parto difícil com ele, e favorecia o filho mais novo. Ela pediu ao duque que declarasse seu herdeiro o filho mais novo e ignorasse o filho mais velho, mas o duque se recusou. Quando o pai faleceu e o filho mais velho se tornou o novo duque, sua mãe pediu-lhe que desse ao irmão mais novo o comando de uma cidade importante. O duque acabou acatando os pedidos da mãe. Usando a cidade como sua nova base de poder, o irmão mais novo passou a usurpar as prerrogativas do

2. De acordo com a tradição, o próprio Confúcio escreveu os *Anais das Primaveras e Outonos* e sutilmente codificou em suas afirmações seus próprios juízos de valor acerca dos eventos descritos. No entanto, a maioria dos estudiosos hoje duvida disto.

duque e preparar seus soldados para a guerra. O duque se absteve de tomar medidas contra o irmão mais novo enquanto pôde, apesar das solicitações de seus conselheiros. No entanto, quando o duque descobriu que sua mãe havia concordado em abrir o portão da capital para o exército invasor de seu irmão, ele enviou uma força de duzentos carros de guerra contra o irmão. O apoio ao irmão mais moço rebelde desmoronou rapidamente e ele foi obrigado a fugir. Em consequência disso, o duque pôs sua mãe em prisão domiciliar permanente, jurando que não queria mais vê-la "até nos encontrarmos embaixo da terra" (ou seja, após a morte). Após algum tempo, o duque perdeu a mãe, mas achava que não podia romper o juramento. Seu dilema foi resolvido quando um servo sagaz sugeriu que o duque mandasse cavar um túnel; ali ele poderia encontrar-se com a mãe embaixo da terra. Assim o duque e sua mãe se reconciliaram.

Essa solução inventiva para o dilema do duque é típica de grande parte do pensamento ético chinês. Além disso, esta história ilustra a complexa inter-relação entre família e política nessa época. Podemos ver por que os confucianos podem acentuar a importância de amar e respeitar os membros da própria família, mas podemos ver também por que outros (como os moístas) procuravam minimizar o papel das relações familiares no governo.

No vácuo de poder criado pela impotência do rei Zhou, desenvolveu-se a instituição do Hegemon (Guia ou Condutor). O Hegemon (às vezes chamado também de "Senhor Protetor") era um líder de um dos Estados capaz de, através de sua força militar individual e de alianças criteriosas, tornar-se *de facto* governante da China. A instituição do Hegemon existia oficialmente para "apoiar o rei e repelir os bárbaros" que faziam incursões de surpresa em Estados chineses. No entanto, o Hegemon governava de fato no lugar do rei. A instituição, porém, era intrinsecamente instável, porque o Hegemon era apenas um entre diversos governantes poderosos, as alianças eram fluidas até sob as melhores circunstâncias e qualquer governante bem-sucedido despertava o medo e a inveja dos outros. Os mais famosos dos Hegemons foram talvez o duque Huan do Estado de Qi e o duque Wen de Jin. O sucesso do duque Huan deveu-se em parte ao seu brilhante ministro Guan Zhong. Muitos governantes e ministros desejaram seguir o exemplo do duque Huan e de Guan Zhong, mas os confucianos geralmente os condenavam por usurpar a autoridade do rei Zhou e governar pela força e astúcia e não pela Virtude. Hoje em dia, quando a República Popular da China condena a hegemonia dos

Estados Unidos (*baquan* 霸權), ela está usando uma palavra derivada do antigo título "Hegemon" (*ba* 霸).

Os Estados Combatentes são um período de conflito ainda mais intenso entre Estados e no interior dos Estados. Durante este período, os governantes de alguns dos Estados mais poderosos foram se declarando reis, usurpando o título que ainda era supostamente a prerrogativa somente da dinastia Zhou. Além disso, as famílias mais ricas e poderosas de um Estado estavam às vezes usurpando o poder dos governantes hereditários, de modo que alguns duques se tornaram meras figuras decorativas, exatamente como o rei Zhou.

Bem no início do período Zhou oriental, um nobre se distinguiu particularmente na defesa dos membros sobreviventes da família real contra o ataque de bárbaros que faziam incursões de surpresa, assegurando com isso a sobrevivência da dinastia. Como recompensa, o novo rei nomeou-o governante de um território semibárbaro no noroeste da China. Este se tornou o Estado de Qin. Ironicamente, foi um descendente deste mesmo nobre que liderou Qin quando, em 256 a.C., ele aceitou a rendição do último rei Zhou. Alguns anos mais tarde, em 221 a.C., Qin conseguiu com sucesso conquistar todos os outros Estados e unificar a China. Este acontecimento põe um fim ao Período dos Estados Combatentes e à dinastia Zhou. Por isso, o governante de Qin conferiu a si mesmo o título de "Primeiro Imperador". O grandioso título "imperador" (*huangdi* 皇帝) foi construído a partir dos títulos dos Três Soberanos ("huang") e dos Cinco Imperadores ("di"). Ao governante Qin não faltava obviamente confiança em suas próprias capacidades e vaticinou que seria o Primeiro Imperador dentre dez mil em sua dinastia. O que de fato aconteceu após sua morte... bem, contá-lo seria ultrapassar os limites do nosso relato. Por ora estamos finalmente prontos para considerar o primeiro grande filosofo da tradição chinesa, Confúcio.

IV - Cronologia

- Yao se torna imperador e escolhe Shun como primeiro-ministro.
- Yao morre. O povo escolhe Shun como novo imperador. Shun encarrega Yu das obras de defesa contra inundações. O sucesso de Yu nesta tarefa leva Shun a escolhê-lo como primeiro-ministro.
- Shun morre. O povo escolhe Yu como novo imperador.

- Yu morre. O povo escolhe seu filho como novo imperador, criando com isso a primeira dinastia chinesa: os Xia.
- Ao longo de muitas gerações, a Virtude dos reis Xia declina, culminando no governo corrupto de Tirano Jie.
- Tirano Jie é destituído pelo sábio Tang, que se torna rei da segunda dinastia chinesa: os Shang.
- Ao longo de muitas gerações a Virtude dos reis Shang declina, culminando no governo corrupto de Tirano Zhou.
- O rei Wen suporta pacientemente Tirano Zhou, mas sua Virtude atrai cada vez mais o apoio do povo e de outros nobres.
- Cerca de 1040-771 a.C.: dinastia Zhou ocidental.

  - O filho do rei Wen, o rei Wu, lidera a rebelião que derruba Tirano Zhou e funda a terceira dinastia: os Zhou.

  - Poucos anos após a conquista, o rei Wu morre de causas naturais, deixando seu jovem filho, o rei Cheng, no trono. O regente do rei Cheng é seu tio, o duque de Zhou, que com lealdade aconselha e defende o rei Cheng, solidificando o governo Zhou.

  - Ao longo de muitas gerações, a Virtude dos reis Zhou declina.

  - 771 a.C.: Um grupo de nobres insatisfeitos e de "bárbaros" ataca e assassina o rei You.
- 770-221 a.C.: dinastia Zhou oriental

  - Um membro sobrevivente da família real Zhou é estabelecido como rei numa nova capital no oriente, mais no interior do território Zhou.

  - 722-481 a.C.: Período das Primaveras e Outonos.

    - - 680 a.C.: O duque Huan de Qi, com a assistência de seu primeiro-ministro Guan Zhong, se torna o primeiro Hegemon.

    - - 551-479 a.C.: Vida de Confúcio (Kongzi).

  - Século V a.C.: Vida de Mozi, filósofo anticonfuciano que defendia o "cuidado imparcial"

  - 403-221 a.C.: Período dos Estados Combatentes.

    - - Século IV a.C.:

      - - - Nascimento de Yang Zhu, filósofo egoísta.

- - - Nascimento de Mengzi (Mêncio), confuciano que argumentava que "a natureza humana é boa".

- - - Nascimento de Hui Shi, figura-chave na "Escola dos nomes".

- - - Nascimento de Zhuangzi, filósofo taoista que defendia esvaziar em vez de cultivar o próprio coração.

- - - Nascimento de Xunzi, confuciano que argumentava que "a natureza humana é má".

- - Século III a.C.:

- - - Possível data de composição do *Daodejing*, atribuído a Laozi.

- - - Nascimento de Han Feizi, filósofo legalista.

• 221-207 a.C.: A dinastia Qin, fundada pelo autoproclamado "Primeiro Imperador", unifica a China, pondo um fim ao Período dos Estados Combatentes.

Questões para revisão

1) De acordo com a tradicional filosofia chinesa da história, em que ciclo cada dinastia se situa? Explique o papel do Céu, do mandato e da Virtude nesta filosofia.

2) Os personagens mais frequentemente citados neste capítulo são: Yao, Shun, Yu, Jie, Tang, Tirano Zhou, Wen, Wu e o duque de Zhou. Diga pelo menos uma frase que identifique algo característico a respeito de cada um desses indivíduos.

3) Dê os nomes das Três Dinastias pela ordem histórica na qual ocorreram. Diga o nome do primeiro governante de cada dinastia e o último governante da primeira e da segunda dinastias.

4) A última das Três Dinastias está dividida em dois períodos. Como são chamados estes períodos e que acontecimento marca esta divisão histórica? Em que dois subperíodos está dividida a segunda metade desta dinastia?

5) Descreva sucintamente a estrutura de governo da última das Três Dinastias. Em particular, quais eram as responsabilidades dos duques e do rei?

6) Em que século foi fundada a última das Três Dinastias? Que ano é considerado convencionalmente o fim desta dinastia?

7) Quais são os cinco sentidos de *dao*, "Caminho"?

2
Confúcio e o confucionismo

Como poderia eu reivindicar sabedoria ou Bondade?
O que se pode dizer de mim é nada mais do que isto:
Trabalho para isto incansavelmente e estimulo os outros sem me abater.
Confúcio. *Analectos* 7.34.

Todo o pensamento chinês posterior reage, de uma forma ou de outra, a Confúcio.

I - Contexto social e vida de Confúcio

De acordo com a filosofia da história, usada pelos Zhou para justificar sua vitória contra os Shang, o poder político só pode ser obtido e mantido pela Virtude, que se desenvolve numa pessoa respeitosa de seus ancestrais, benévola com as pessoas e sábia em seus julgamentos. No entanto, esta visão chegou a parecer cada vez mais antiquada e irrelevante para muitos governantes e ministros durante o Período das Primaveras e Outonos. O rei Zhou, que supostamente tinha o mandato do Céu para governar, era agora uma mera figura decorativa. Os governantes dos vários Estados competiam por supremacia através de guerra e intriga, cada qual esperando tornar-se Hegemon, governante *de facto* de toda a China. Por exemplo, em 529 a.C., quando o Estado de Jin era dominante e o Estado de Lu tentava resistir à sua autoridade, um ministro importante de Jin informou em tom ameaçador a um representante do Estado de Lu:

> Nosso governante tem aqui 4.000 carros de guerra. Mesmo que ele aja contra o Caminho, ainda assim é preciso temê-lo; se ele, além disso, está atuando de acordo com o Caminho, quem pode mostrar-se seu adversário? Se mesmo um pequeno boi atacasse um porco, quem não temeria que o porco iria morrer? [...] Se nós conduzíssemos as multidões de Jin, usando também as forças dos outros Estados [...] se chegássemos assim a punir Lu por suas ofensas [...], o que poderíamos procurar que não iríamos conseguir?[i]

Portanto, muitos governantes e ministros preferiam a política do poder e escarneciam: "Para que serve a cultura?" (*Analectos* 13.8*). A *Arte da guerra* de Sunzi é tradicionalmente datada nesta época. Embora possa de fato ser um texto posterior, a visão da guerra que ela adota teria sido endossada por muitos governantes das Primaveras e Outonos. Ela começa: "A guerra é o mais importante assunto do Estado, a base da vida e da morre, o Caminho para a sobrevivência ou a extinção. Deve ser cuidadosamente ponderada e analisada"[ii]. Portanto, para Sunzi o Caminho já não é mais o Caminho da Virtude; é o Caminho da guerra. E com este Caminho vem um conjunto particular de valores. Sunzi nos diz que é preciso dominar a arte da impostura, a fim de motivar nossos soldados com cólera em relação ao inimigo e com a promessa de espólios no caso de vencerem.

Confúcio (551-479 a.C.) viveu nesse período. Sua atitude em relação à filosofia reinante do militarismo é captada no relato de sua breve visita ao Estado de Wei. O duque de Wei pediu a Confúcio conselho sobre a organização das formações militares. Confúcio respondeu friamente: "Eu sei algo sobre a *organização* dos estrados cerimoniais e dos vasos para ofertas rituais, mas nunca aprendi a respeito da *organização* de batalhões e divisões". Confúcio partiu já no dia seguinte (*Analectos* 15.1). Em vez de procurar uma solução militar para os problemas da sociedade, Confúcio pediu para colocar no governo pessoas que fossem benévolas, sábias e reverentes. Confúcio acreditava que essas pessoas iriam governar habilidosamente; além disso, o exemplo ético que elas dariam iria inspirar outros a segui-las de bom grado, sem necessidade de usar a força. Quando um influente funcionário do Estado natal de Confúcio perguntou-lhe o que ele pensava sobre a pena capital, Confúcio respondeu: "Em vosso governo, Senhor, que necessidade há de execuções? Se vós desejais bondade, então as pessoas comuns serão boas. A Virtude de um cavalheiro é como o vento e a Virtude de uma pessoa insignificante é como a grama – quando o vento sopra sobre a grama, a grama não deixa de se curvar" (12.19).

Devemos, evidentemente, tentar entender Confúcio em seu contexto histórico. Mas, para concebê-lo em termos de hoje, consideremos o seguinte: O tipo de pessoa que deseja "pegar pesado contra o crime" e prefere que o governo gaste na defesa, em vez de gastar em programas domésticos, provavelmente teria apoiado Sunzi. Pessoas que pensam que uma população bem-alimentada e bem-educada será também mais cumpridora da lei e acreditam que a guerra deveria ser apenas um último recurso provavelmente se alinhariam com Confúcio.

A família de Confúcio tinha antepassados nobres, mas seu pai morreu quando Confúcio era jovem, de modo que ele e sua mãe caíram na pobreza e ele precisou assumir muitos trabalhos pouco qualificados para sobreviver (9.6). Apesar disso, conseguiu adquirir uma formação muito boa e procurou entrar para o serviço do governo. No entanto, os tempos eram pouco receptivos à sua mensagem. O duque de Lu, o Estado onde Confúcio nasceu, era apenas uma figura decorativa. O poder real estava nas mãos das Três Famílias – clãs ricos e poderosos cujos membros se tornaram primeiros-ministros de Lu. Confúcio lamentou que as Três Famílias cobrassem impostos do povo para pagar a guerra e luxos pessoais (11.17) e usurpassem prerrogativas e autoridade de governo às quais não tinham direito (3.1).

A família Ji nomeou Confúcio para um cargo, mas eles obviamente ignoraram suas críticas. Por fim, o Estado de Qi enviou um grupo de "dançarinas" ao chefe da família Ji, que desfrutou seus serviços em particular e não compareceu à corte por três dias, ignorando seus deveres oficiais. Isto foi a gota d'água e Confúcio renunciou e abandonou Lu, procurando encontrar um governante que pusesse em prática suas propostas (18.4*). Tendo isto em mente, podemos talvez entender a frustração que levou Confúcio a suspirar: "Ainda preciso encontrar um homem que ame a Virtude tanto quanto ama o sexo" (9.18).

Por alguns anos, Confúcio perambulou de um Estado a outro, dando conselhos a governantes e procurando um emprego. Sua vida era difícil. Mais de uma vez quase foi assassinado (7.23, 9.5) e em outra ocasião quase morreu de fome. Isto levou seu discípulo Zilu a queixar-se amargamente: "Deve até o cavalheiro enfrentar penúria?" Confúcio respondeu: "Evidentemente o cavalheiro enfrenta penúria. A diferença é que o homem insignificante, ao enfrentar a penúria, é esmagado por ela" (15.2).

> **Mito:** *"Confúcio disse: Uma jornada de mil milhas começa com um passo"'.*
>
> **Fato:** *Não! Ele não disse isso. Na verdade, este dito é do* Daodejing *(uma obra analisada no Capítulo 8). É comum encontrar citações inspiradoras atribuídas falsamente a Confúcio. Se estivesse vivo hoje, Confúcio concordaria com a lenda do baseball Yogi Berra: "Eu não disse a maioria das coisas que eu disse".*

A fim de compreender este diálogo, precisamos entender plenamente o que é um "cavalheiro". O termo que traduzimos por "cavalheiro" é "*junzi* 君子", que significa literalmente "filho de um governante". Como tal, tem conotações aristocráticas (assim como "gentleman" em inglês e "cavalheiro" em português). Neste sentido, opõe-se a "homem insignificante" (literalmente "pessoa pequena"), que significa os da classe social inferior. No entanto, Confúcio afirmou que ser um cavalheiro não se refere a uma classe social, mas a ser uma pessoa boa. Na visão de Confúcio, uma pessoa de classe social alta pode de fato ser uma "pessoa insignificante", por ser cruel, insensata e arrogante, enquanto uma pessoa nascida na pobreza e na obscuridade pode ser um verdadeiro cavalheiro, por ser benévola, sábia e reverente. Por conseguinte, quando Zilu perguntou a Confúcio se "até o cavalheiro" precisa passar sem alimento, ele estava choramingando: Por que deveria uma pessoa da classe alta como eu passar fome? A resposta de Confúcio significa: Se você é realmente um cavalheiro, você terá a perseverança para suportar o sofrimento; se não o conseguir, então você é um homem insignificante, independentemente do grau de aristocracia de seus antecedentes.

Confúcio nunca encontrou a oportunidade que procurava de ocupar um cargo sob um governante desejoso de governar com benevolência e sabedoria, e acabou retornando a Lu. Pelo resto da vida concentrou-se em formar discípulos. Como foi criado num ambiente pobre, não causa surpresa que Confúcio não se rendeu à discriminação de aceitar discípulos com base em sua riqueza ou *status* social. Ele observou que tudo o que ele exigia como custo de instrução era um donativo simbólico de "tão pouco quanto um pacote de seda ou um pedaço de carne defumada" (7.7; cf. 15.39). Ele esperava que seus discípulos participassem dos assuntos públicos e mudassem o mundo para melhor; e alguns deles foram bastante bem-sucedidos. Mas ele não se imaginou fundando um movimento, muito menos um movimento com o nome dele. Com efeito, o termo que traduzimos por "confuciano" é "ru 儒", que não está relacionado etimologicamente com o nome "Kongzi 孔子". Mesmo assim, seu carisma ético pessoal (sua Virtude) e a profundidade de seus ensinamentos (seu Caminho) constituíram a base de um movimento social e intelectual multifacetado, que tem inspirado tanto fervorosos admiradores quanto intensa crítica. Continua sendo uma das mais desafiadoras e importantes tradições filosóficas e religiosas no mundo de hoje.

Afinal, o que era o Caminho de Confúcio? Isto foi discutido acaloradamente ao longo de dois milênios. Mesmo um livro inteiro não poderia começar a dar o devido valor à complexidade da discussão. Parte da dificuldade é que Confúcio não deixou nenhum escrito de sua autoria. Tradicionalmente a autoria de algumas obras tem sido atribuída a ele; mas a maioria dos estudiosos contemporâneos diria que, em relação a Confúcio, estamos na mesma situação evidencial como estamos em relação a Jesus, Sócrates e Buda. Conhecemos cada um destes indivíduos da história mundial apenas através daquilo que deles disseram seus seguidores e críticos. Nossa fonte principal de ditos de Confúcio são os *Analectos*, um texto dividido em vinte "livros" (aproximadamente do tamanho de capítulos), cada qual subdividido em "capítulos" (que variam em tamanho: desde uma única frase até alguns parágrafos). Diz-se tradicionalmente que os *Analectos* foram postos por escrito pelos discípulos de Confúcio logo após sua morte. No entanto, entre os estudiosos contemporâneos há um considerável debate: quanto tempo após a morte de Confúcio foi composto cada livro dos *Analectos* e, portanto, quão confiável é cada um como guia para o pensamento do próprio Confúcio. Com base na evidência linguística, os livros 16-20 parecem ter sido escritos muito tempo após a época de Confúcio; e alguns estudiosos acreditam haver evidência estilística de que os livros 3-9 são os mais antigos. Como quer que datemos as passagens individuais, cinco temas ocupam claramente o lugar central no pensamento de Confúcio e de qualquer coisa que poderia plausivelmente ser rotulada como "confucionismo" ao longo dos vinte e cinco séculos seguintes: o mundo cotidiano, a tradição, a família, o ritual e o cultivo ético. Neste capítulo analisaremos cada um destes temas mais detalhadamente.

II – Cinco temas do confucionismo

1 Felicidade no mundo cotidiano

Embora Confúcio não tenha negado que exista uma vida após a morte, ele pensava que nossas obrigações éticas primárias têm a ver com a busca da felicidade para nós mesmos e para os outros neste mundo. Assim, quando o discípulo Zilu perguntou a Confúcio sobre a maneira de servir aos fantasmas e aos espíritos, Confúcio respondeu: "Você ainda não é capaz de servir às pessoas – como seria capaz de servir aos fantasmas e espíritos?" Zilu insistiu, perguntando sobre a morte, mas Confúcio apenas respondeu: "Você ainda não entende a vida – como poderia entender a morte? (11.12; cf. 6.22). O significado de sua ênfase se torna mais claro se compararmos o dito de Confúcio com um importante filão do pensamento ocidental. De acordo com Platão, existe um outro mundo além do domínio material. Este outro mundo é mais perfeito, mais real e mais valioso do que este mundo. É habitado por deuses e pelas almas dos virtuosos. Nossas ações nesta vida têm valor através de sua relação com o outro mundo. Assim, diz Platão, o verdadeiro filósofo faz do morrer sua profissão. As ideias de Platão influenciaram muitas pessoas no Ocidente, inclusive pessoas cristãs como Simone Weil. Ela expressou essa perspectiva quando escreveu: "Existe uma realidade fora do mundo, ou seja, fora do espaço e do tempo, fora do universo mental do homem. [...] Esta realidade é a única fonte de todo o bem que pode existir neste mundo: ou seja, toda a beleza, toda a verdade, toda a justiça, toda a legitimidade, toda a ordem e todo o comportamento humano cônscio de suas obrigações"[iii].

Como deixa claro a referência de Weil às nossas obrigações, sua versão platônica do cristianismo exige que ajamos virtuosamente nesta vida. Mas nossa meta última deve ser transcender o máximo possível nossos desejos corporais, para que nossa alma seja purificada e esteja pronta para subir à esfera superior após a morte. Para Confúcio e os confucianos posteriores, ao contrário, a meta da existência humana é fazer o bem neste mundo e viver bem neste mundo. Assim, quando lhe perguntam quais são suas aspirações, Confúcio menciona valores manifestados entre os humanos neste mundo: "Trazer conforto aos idosos, inspirar confiança em meus amigos e ser tratado com carinho pelos jovens" (5.26; cf. 6.30).

2 Tradicionalismo revivalista

A ênfase confuciana na tradição está relacionada também com a maneira como ela difere do platonismo. Já que acreditava que nós temos acesso intelectual a um mundo superior para além deste mundo, Platão estava disposto a questionar radicalmente as crenças e a moralidade de sua sociedade. Por exemplo, na *República*, Platão descreve uma sociedade utópica na qual os membros da classe governante não terão família e nem sequer saberão quem é seu próprio pai e sua própria mãe. Mas para Confúcio não existe um padrão superior de julgamento senão a civilização humana na sua melhor forma. Por isso, disse ele de si mesmo: "Eu transmito e não inovo. Confio nos caminhos antigos e os amo" (7.1). Dentro de uma estrutura confuciana é possível modificar ou rejeitar elementos da sua própria tradição, mas isto deve ser feito apelando para outros valores, crenças e práticas dessa mesma tradição. Por exemplo, quando as pessoas deixaram de usar gorros cerimoniais de linho e passaram a usar gorros mais baratos feitos de seda, Confúcio aprovou a mudança, porque isso era mais econômico; no entanto, manteve o espírito do ritual (9.3).

Muitos leitores modernos farão objeções a esta ideia, argumentando que precisamos pensar por nós mesmos em vez de deixar que a tradição pense por nós. Contudo, existe aqui uma ironia, pelo fato de estarmos seguindo uma tradição (a do iluminismo) quando supomos que pensar por nós mesmos e pensar através de nossa tradição são coisas inevitavelmente opostas. Existe um popular adesivo de para-choque que diz: "Questione a autoridade"; mas, ao mandar-nos fazê-lo, o próprio adesivo de para-choque assumiu o papel de uma autoridade. Esta ironia revela uma questão filosófica profunda. Toda vez que pensamos por nós mesmos, precisamos (quer gostemos ou não) partir dos conceitos, crenças, práticas e valores que nos foram transmitidos pela tradição. Precisamos argumentar que qualquer mudança é, na realidade, uma expressão mais profunda e mais consistente da tradição. É tentador dizer que a ciência natural nos fornece uma técnica para chegar à verdade a-historicamente. Embora esteja fora do objetivo deste livro ilustrar o caso detalhadamente, basta dizer que quase todos os filósofos da ciência contemporâneos reconhecem que a ciência é um empreendimento comunitário e histórico, no qual o progresso só pode ocorrer se cada geração de cientistas aprende a tradição antes de propagá-la. Por exemplo, Einstein revolucionou nossa compreensão de espaço, tempo, massa e energia, mas só pôde fazê-lo partindo da tradição científica newtoniana que ele aprendeu na escola. De maneira semelhante, Galileu subverteu a física medieval que o precedeu, mas isto só foi possível por causa dos enigmas identificados e analisados dentro da tradição aristotélica pelos teóricos do "ímpeto" da Idade Média.

Podemos dizer que Confúcio está defendendo não o tradicionalismo ou o conservadorismo, mas antes o revivalismo. O revivalismo é um movimento que visa efetuar uma mudança social positiva no presente, redescobrindo o significado profundo dos textos, práticas e valores do passado. Muitos dos grandes movimentos sociais progressistas da história foram revivalistas, inclusive o movimento americano dos direitos civis. O reverendo Martin Luther King Jr. convocou os americanos a viver realmente de acordo com os princípios de liberdade, igualdade e dignidade humana que ocupam um lugar central na tradição cristã e no pensamento democrático ocidental, em vez de proclamá-los apenas da boca para fora:

> Quando os arquitetos da nossa república escreveram as magníficas palavras da Constituição e da Declaração de Independência, eles estavam assinando uma nota promissória da qual cada americano se tornaria herdeiro. [...] Agora é o momento de tornar reais as promessas de democracia. [...] Embora tenhamos que enfrentar as dificuldades de hoje e de amanhã, eu ainda tenho um sonho. É um sonho profundamente arraigado no sonho americano de que um dia esta nação se levantará e viverá na prática o verdadeiro sentido de seu credo – consideramos que estas verdades são evidentes, que todos os homens são criados iguais[iv].

Luther King percebeu que as implicações de reviver e pôr em prática o sentido profundo da tradição não era algo conservador, mas radical. O mesmo valia para Confúcio. Ele procurou despertar as pessoas para os valores mais altos implícitos em sua própria tradição, a fim de dar-lhes ideais alternativos à força, à violência e à cobiça. Assim como King foi motivado por um sonho, também Confúcio disse que sonhou com o duque de Zhou (7.5), cujo governo leal, sábio e humano Confúcio admirava e desejava restaurar. Por isso, não deveríamos apressar-nos em descartar a ênfase de Confúcio na tradição. Sua abordagem é realmente coerente com algumas das tendências mais sofisticadas da filosofia contemporânea e nasce de seu desejo de efetuar uma mudança social positiva através do revivalismo.

3 *A família e o cuidado diferenciado*

Não causa surpresa que um filósofo que enfatizou o mundo cotidiano e a tradição enfatize também a família. A família é importante no confucionismo de duas maneiras aparentadas. Em primeiro lugar, faz parte da família que alguém aprenda inicialmente a ser uma pessoa boa. Um discípulo de Confúcio propôs isto ao dizer: "O cavalheiro aplica sua atenção às raízes. 'Uma vez que as raízes foram firmemente estabelecidas, o Caminho florescerá'. Não deveríamos dizer que a piedade filial e o respeito aos mais velhos constituem a raiz da Bondade?" (1.2). Dito em termos bem modernos: é amando os membros de sua família e sendo amado por eles que alguém aprende a ser afável para com os outros; e é respeitando os limites dos outros em sua própria família e tendo seus próprios limites respeitados que alguém desenvolve a integridade. Esta é uma intuição que os psicólogos do desenvolvimento ocidentais estão apenas começando a captar.

A segunda maneira de ser que mostra a importância da família no confucionismo é o "cuidado diferenciado" (também chamado de "amor graduado"). O cuidado diferenciado é a doutrina segundo a qual alguém tem obrigações morais mais fortes de proteger aqueles que a ele estão ligados por comunidade, amizade e especialmente parentesco, e deveria ter um apego emocional mais forte a eles. Por exemplo, o duque de um Estado gabou-se junto a Confúcio de que seu povo era "correto", explicando que um filho entregou seu próprio pai por ter roubado uma ovelha. Confúcio respondeu: "Entre o meu povo, aqueles que consideramos 'corretos' são diferentes deste: os pais acobertam seus filhos e os filhos acobertam seus pais. A 'retidão' se encontra nisto" (13.18). A visão confuciana sobre este tema foi criticada por estimular o nepotismo e o favoritismo. Na China os moístas (que estudaremos no Capítulo 4) eram críticos particularmente rigorosos do confucionismo a respeito deste tema. Muitos ocidentais (e modernizadores na China) argumentaram em favor de uma moralidade baseada no respeito a outra pessoa simplesmente como um ser humano, independentemente das relações pessoais. No entanto, outros pensadores, particularmente feministas que defendem uma ética do cuidado, adotam uma posição semelhante à dos confucianos a respeito deste ponto.

Os confucianos apresentam diversos argumentos em sua defesa. Em primeiro lugar, precisamos de uma ética que seja prática para os humanos como eles realmente são, em vez de uma ética que nos impõe exigências irrealistamente imparciais[1]. Em segundo lugar, cuidado diferenciado significa maior preocupação com certas pessoas; não implica indiferença, e muito menos hostilidade, para com estranhos. Um dos discípulos de Confúcio falou por milhões de confucianos quando disse: "Cada um dentro dos Quatro Mares é irmão do outro" (12.5). Em terceiro lugar, na China antiga o rei e os nobres dos Estados individualmente eram governantes hereditários; por isso o governo estava entrelaçado com as relações familiares. Para os confucianos não havia nenhuma maneira de este sistema de governo funcionar a não ser que as pessoas desenvolvessem o amor e o respeito que inibissem a rivalidade política entre os membros da família.

4 *Ritual e funcionalismo*

Até agora enfatizei temas que são facilmente compreendidos a partir de nossa perspectiva ocidental contemporânea, mesmo que possamos discordar da posição adotada pelos confucianos a respeito desses temas. No entanto, um dos temas mais importantes no confucionismo é muito mais difícil de ser compreendido e apreciado por muitos de nós hoje: os rituais ou ritos (*li* 禮). Os rituais abrangem o que hoje classificaríamos como pertencente a tipos fundamentalmente diferentes de atividades. No sentido mais básico, os rituais são atividades religiosas, como oferecer alimento e uma espécie de cerveja aos espíritos dos ancestrais, usar os ossos oraculares para adivinhação, e realizar um funeral. Alguns rituais eram muito animados, envolvendo danças meticulosas acompanhadas de música. No entanto, o ritual inclui também coisas que nós descreveríamos como etiqueta, tais como a maneira de saudar ou despedir-se de um hóspede, e a maneira apropriada de dirigir-se a um subordinado ("gentil e afável"), a um superior ("formal e correta") ou a uma pessoa durante o luto ("respeitosa"; 10.25). Finalmente, Confúcio fala às vezes como se o ritual se referisse a toda a ética (12.1).

No que geralmente é considerado uma descrição de Confúcio agindo de acordo com o ritual, os *Analectos* observam: "Ele não sentava a não ser que o tapete estivesse colocado corretamente" (10.12). Esta frase foi usada por dois mil anos

1. Cf. a análise do *Mengzi* 3A5 no Capítulo 6.

para parodiar Confúcio e os confucianos como excessivamente observantes das minúcias da etiqueta, chegando talvez ao absurdo. Mas como poderia o confucionismo ter conquistado tantas das maiores mentes da China, geração após geração, se ele fosse realmente tão banal assim?

Uma maneira simplória de pensar a respeito do ritual é uma espécie de tecnologia primitiva. Por exemplo, o rei fica doente. Alguém executa uma adivinhação para determinar qual espírito ancestral inquieto o está afligindo, e então oferece um sacrifício para aplacar esse ancestral, esperando que a doença vá embora. Certamente os rituais têm sido usados às vezes desta maneira na China (e no Ocidente). No entanto, o confucionismo filosófico em seu apogeu sempre teve uma concepção muito mais sofisticada do ritual, uma concepção que é de modo geral funcionalista.

O funcionalismo é uma doutrina associada ao grande sociólogo Émile Durkheim. De acordo com o funcionalismo, a pergunta a ser feita a respeito de um ritual é: que necessidades ou metas sociais ou psicológicas ele satisfaz. Para os funcionalistas os rituais expressam e reforçam emoções e disposições que são necessárias para preservar as comunidades. Para compreender como um ritual poderia preencher tais funções, consideremos o exemplo de uma cerimônia de casamento. Teoricamente, casar é uma expressão de amor e compromisso com outra pessoa. Evidentemente, dizer simplesmente "Eu te amo" desempenha uma função semelhante; mas a maioria das pessoas concorda que um casamento leva em conta uma expressão mais plena e mais intensa destes sentimentos. Além disso, participar da cerimônia leva geralmente os participantes a se sentirem mais envolvidos na relação, reforçando-a com isto. Evidentemente podem existir relações maravilhosas sem casamento, e cerimônias de casamento às vezes não conseguem bons resultados; mas, como atesta a existência de cerimônias de compromisso, não são só os benefícios legais do casamento que levam *gays* e lésbicas a procurar o direito legal de participar plenamente desta instituição social.

A importância do ritual pode ser vista até em questões cotidianas de etiqueta. Tente imaginar-se pilotando sua vida social sem quaisquer rituais. Você sempre aperta a mão de uma pessoa? Esta é uma ação ritual. Ou você é o tipo de pessoa que saúda os outros com um abraço? Também isto é um ritual. Se você afirma que abraçar é apenas uma expressão de como você se sente, você tem razão. Mas o abraço é uma expressão *ritual* de como você se sente. Se você tem dúvidas a respeito, tente abraçar alguém numa cultura que não tem este ritual e veja qual a reação que você provoca.

Parece que o confuciano posterior Xunzi está expressando precisamente uma visão funcionalista do ritual quando escreve:

> Alguém executa o sacrifício da chuva, e chove. Por quê? Eu digo: Não existe nenhuma razão especial para isso. É exatamente como quando alguém não executa o sacrifício da chuva, e mesmo assim chove. Quando o sol e a lua sofrem um eclipse, alguém procura salvá-los. Quando o Céu envia uma seca, alguém executa o sacrifício da chuva. Outro executa a adivinhação e só depois decide a respeito de assuntos importantes. No entanto, não é para obter o que ele busca, mas antes para dar às coisas uma forma adequada. Por isso, o cavalheiro considera isto a forma adequada, mas as pessoas comuns o consideram algo que conecta com os espíritos (*Xunzi* 17; *Readings*, p. 272).

Em outra passagem, Xunzi deixa claro que a "forma apropriada" está ligada à expressão e ao reforço das emoções e disposições de alguém: "Em todo caso, o ritual começa naquilo que precisa ser liberado, alcança o pleno desenvolvimento no dar-lhe a forma adequada e termina no proporcionar-lhe satisfação. Assim, quando o ritual está em sua forma mais perfeita, os requisitos de disposições interiores e forma adequada são ambos inteiramente cumpridos" (*Xunzi* 19; *Readings*, p. 276).

Embora nossa sociedade e a China de Confúcio sejam diferentes em inúmeros aspectos, elas têm algumas coisas em comum. Tanto hoje como naquele tempo muitas pessoas se sentem alienadas umas das outras e não veem outra solução senão satisfazer suas necessidades imediatas. Na melhor das hipóteses, os rituais nos lembram como estamos conectados com outros humanos e deles dependemos. Consequentemente, os rituais podem ajudar os humanos a formar e manter comunidades genuínas, nas quais as pessoas cuidam umas das outras e se respeitam mutuamente.

O ritual inclui uma série de atividades, desde cerimônias religiosas minuciosas até questões da etiqueta cotidiana e de como viver bem em geral. O que estas atividades, que nossa sociedade classifica separadamente, têm em comum? Confúcio acreditava que a atitude subjacente adequada numa cerimônia religiosa é a reverência ou temor respeitoso. Por considerarem como rituais não apenas as cerimônias religiosas, mas também muitas outras esferas da vida humana, os confucianos nos convidam a fazer tudo com a mesma atenção e seriedade. Seja colocando flores no túmulo de um parente ou estudando para uma prova, fazendo um discurso no

Congresso ou trabalhando no caixa de um supermercado, os confucianos insistem que você se concentre no que está fazendo, leve-o a sério e o faça da melhor maneira que puder. Isto não significa que sua vida deva ser melancólica e triste. Longe disso! O próprio Confúcio tinha um grande senso de humor, um humor encantadoramente seco e brincalhão[2]. O que interessa é o seguinte: quer você esteja rindo, chorando, amando ou competindo, dê importância a tudo o que você faz, fazendo-o com o mesmo vigor com que um crente executa uma cerimônia religiosa. Assim, o comentário de Confúcio de que "Se não estou plenamente presente no sacrifício, é como se eu simplesmente não estivesse sacrificando" (3.12) tem uma aplicação mais ampla do que parece à primeira vista. Esteja "plenamente presente" em tudo o que você faz – mesmo que seja simplesmente ajeitar a esteira antes de sentar.

Alguns dos mais famosos e controversos rituais confucianos têm a ver com os funerais e o luto. Entre os Zhou orientais, um funeral confuciano era muitas vezes meticuloso, com esquifes interiores e exteriores, trajes especiais para o cadáver e outros bens enterrados no túmulo. Depois do funeral, havia um período ritual de luto, cuja duração dependia de quão próxima era a relação. O luto pela morte de um dos progenitores era o mais longo e durava três anos (isto significava apenas até a entrada no terceiro ano, ou seja, vinte e cinco meses). Durante este tempo, a pessoa que estava de luto devia vestir roupas sem enfeites, comer alimentos simples, manter uma conduta grave e restringir o quanto possível as atividades práticas. Os moístas, entre outros, criticaram estas práticas como desperdiçadoras. É interessante notar, porém, que o próprio Confúcio enfatizou sentimentos apropriados em vez mostrar ostentação. "Quando se trata do ritual, é melhor ser discreto do que extravagante. Quando se trata do luto, é melhor mostrar-se excessivamente triste do que requintado (3.4). Isto se encaixa na interpretação funcionalista, segundo a qual o ponto principal dos rituais não é o montante que se gasta ou o cuidado para que cada pequeno detalhe esteja correto.

Em outra passagem, o discípulo de Confúcio Zai Wo se queixa que o período de luto pelos pais é demasiadamente longo e dispendioso e propõe um período de um ano. Confúcio pergunta: "Você se sentiria à vontade nesse tempo comendo seu arroz doce e trajando suas vestes de brocado?" Quando o discípulo responde

2. Cf. 5.7*, 9.2, 14.29, 17.4*.

que sim, Confúcio afirma: "Bem! Se você se sentiria à vontade fazendo assim, então você deve sem dúvida fazê-lo". Contudo, depois que o discípulo deixa a sala, Confúcio suspira: "Isto mostra como falta Bondade a este Zai Wo! Uma criança é completamente dependente do cuidado de seus pais pelos três primeiros anos de sua vida – e por isso o luto por um período de três anos é a prática comum em todo o mundo. Será que Zai Wo não desfrutou os três anos de cuidado de seus pais?" (17.21). Nesta passagem vemos novamente que Confúcio enfatizou o sentimento interior mais do que a forma externa dos ritos. Mas vemos também que para Confúcio existiam certas emoções que uma pessoa precisa ter; e que alguém pode ser elogiado ou censurado não só por suas ações, e não apenas por suas intenções ao agir, mas também pela maneira como ele *se sente*.

Immanuel Kant tinha uma visão muito diferente. Kant sustentava que, embora as emoções possam conduzir a uma conduta moral, ou ser um empecilho para ela, elas nunca são moralmente corretas ou erradas em si mesmas. O motivo por que não podemos ser elogiados ou censurados por nossas emoções é que não temos nenhum controle sobre elas. Eu não consigo abster-me de odiar, amar ou ser indiferente a você, afirma Kant. Mas, mesmo que eu odeie Jane, sou moralmente responsável por tratá-la com respeito, porque ela é um ser humano. E minha afabilidade para com John não tem nenhum valor *moral* a não ser que seja mostrada porque ele é um ser humano e não porque é meu amigo.

Kant é um pensador moderno paradigmático, de modo que não deveria causar surpresa simpatizarmos com sua visão. No entanto, consideremos alguém que odeia as pessoas com base em sua raça, mas que consegue obrigar-se a tratar cada um da mesma maneira. Ou imaginemos um homem que despreza as mulheres, mas que age como se não as desprezasse, porque pensa estar moralmente obrigado a tratá-las como iguais. Podemos afirmar que não existe *nada* de eticamente errado com o racismo e a misoginia enquanto as pessoas os guardam para si mesmas? Isto nos leva de volta à questão se é possível mudar nossas emoções. Os estoicos ocidentais pensavam que as emoções e as crenças eram sempre perfeitamente coerentes. Se você crê que a cobra que você vê é venenosa, então você ficará com medo dela. Se você reconhece que ela é um insetívoro inofensivo, você não ficará com medo. No entanto, isto parece inadequado: Eu posso ter fobia de todas as cobras, mesmo daquelas que eu acredito firmemente não serem perigosas para os humanos.

5 *Cultivo ético*

A questão de como as emoções podem mudar nos leva ao último dos nossos cinco temas: o cultivo ético. Confúcio espera melhorar a sociedade colocando pessoas virtuosas em posições de autoridade, mas sabia muito bem como é rara a verdadeira Virtude. Consequentemente, foi o pioneiro em técnicas educacionais destinadas a tornar as pessoas não apenas mais habilidosas ou mais cultas, mas mais benévolas, sábias e reverentes[3]. A filosofia geral da educação de Confúcio está sintetizada numa citação concisa: "Se você aprende sem pensar no que aprendeu, você estará perdido. Se você pensa sem aprender, porém, você correrá perigo" (2.15). Boa parte do animado debate entre os confucianos ao longo dos vinte e cinco séculos desde a morte de Confúcio girou em torno da ênfase comparativa que se deveria dar ao "pensar" e ao "aprender" no cultivo ético e de como deve ser a natureza humana para justificar esta ênfase[v].

Em termos gerais, "aprender" é internalizar as ações, pensamentos e sentimentos dos que são virtuosos, especialmente os sábios. Se formos afortunados, estes podem ser pessoas que encontramos na realidade, mas podem ser também pessoas que ficamos conhecendo através de textos clássicos. Ao que parece, o *Livro das Odes* foi o texto clássico principal para Confúcio. Esta antologia poética já era bastante antiga no tempo de Confúcio e é de conteúdo variado, incluindo poemas sobre o amor, a guerra, a agricultura, grandes acontecimentos dinásticos, cerimônias religiosas e lamentações. Começaremos a entender seu papel no cultivo ético se considerarmos a primeira ode. Ela trata de um casamento iminente e Confúcio elogiou-a por "expressar prazer sem tornar-se licenciosa e expressar tristeza sem cair em emoção excessiva" (3.20). Quando lemos a ode, somos atraídos para a perspectiva do poema e levados a ver (e sentir) o casamento de certa maneira. Vemo-lo como algo feliz e sensual, mas não frívolo ou puramente sexual. Simpatizamos com o desejo natural dos amantes, mas não de uma maneira comodamente lúgubre.

Outras odes são de natureza mais política, como a dos camponeses que se queixam da sobrecarga de impostos cantando a respeito de seu governante: "Ratazana, ratazana, / Não devores nosso painço! / Três anos trabalhamos duramente para ti, / No entanto não nos dás atenção"[vi]. Como alguém que foi criado na pobreza,

---

3. Cf. Apêndice A para uma comparação entre a visão que Confúcio tem da educação como algo centrado na virtude e as posições platônicas e baconianas que são mais conhecidas no Ocidente.

Confúcio queria sem dúvida que seus alunos aprendessem a simpatizar com a situação difícil dos agricultores, cuja produção era a fonte última de seus salários.

Confúcio sintetizou sua abordagem do *Livro das Odes* dizendo que elas "totalizam várias centenas, no entanto podem ser julgadas com uma única frase: 'Oh! Elas não te levarão para um mau caminho'" (2.2). Em outras palavras, as *Odes* são em última análise um guia para não desviar-se do Caminho. Esta passagem ilustra também a inclinação de Confúcio a ver múltiplas camadas de sentido num poema. A frase "Oh! Elas não te levarão para um mau caminho" é uma citação do *Livro das Odes* e, em seu contexto original, ela se refere a uma parelha de robustos cavalos confiáveis que não saem do caminho. No entanto, Confúcio usou-a como uma metáfora ética (cf. 1.15 e 3.8). Na opinião de alguns estudiosos, isto mostra que Confúcio não se importava com o sentido das próprias *Odes*, que estas eram simplesmente um pretexto para expressar suas próprias opiniões. No entanto, muitas tradições éticas acreditam que o sentido metafórico dos clássicos faz parte de seu significado. Agostinho, por exemplo, apresentou uma minuciosa leitura metafórica do relato da criação no Gênesis e considerou-a parte do sentido desejado por Deus.

A literatura pode também ensinar-nos a perceber e pensar acerca das questões éticas de maneira mais profunda. Como disse Iris Murdoch: "Abrindo nossos olhos não necessariamente vemos aquilo que está diante de nós. Nós somos animais dominados pela ansiedade. Nossa mente está continuamente ativa, fabricando um *véu* apreensivo, geralmente preocupado consigo mesmo e muitas vezes falsificador, que encobre parcialmente o mundo. [...] Cabe-nos a *tarefa* de chegar a ver o mundo como ele é"[vii]. Formada em filosofia, Murdoch tornou-se romancista porque sentiu que a literatura imaginativa faz muitas vezes um trabalho melhor de ajudar-nos nesta "tarefa". O confuciano posterior Mengzi ilustra esse uso da literatura quando um de seus discípulos cita uma ode que diz que o indivíduo precisa informar seus pais quando casa e, em seguida, pergunta por que o Sábio-Rei Shun não seguiu esta injunção (*Mengzi* 5A2). Mengzi explica por que os pais abusivos de Shun fizeram com que este fato de não informá-los sobre seu casamento se tornasse uma exceção legítima da norma. Este simples caso mostra como as *Odes* e as histórias dos sábios podem ajudar-nos a pensar mais profundamente sobre situações éticas complexas. Exemplos abundam também em outras tradições. Um exemplo são as acaloradas discussões na tradição indiana sobre se, no *Ramayana*, o rei Rama tratou equitativamente a rainha Sita ao expulsá-la. Este tipo de aprendizado é possível porque a grande literatura consiste não só em histórias interessantes e divertidas, mas também em narrativas sobre pessoas complexas lutando com questões difíceis que ocupam um lugar central na vida humana. Enfrentar estas questões é enfrentar nossa própria existência.

Evidentemente, Confúcio tinha também consciência do valor prático de uma boa educação para as pessoas que desejam participar da vida pública. Ser bem-instruído, eloquente na expressão e um leitor cuidadoso são habilidades imensamente úteis e muito procuradas em toda sociedade letrada. O aprendizado confuciano era, portanto, algo parecido com uma educação nas artes liberais. Não formava alguém para uma tarefa determinada: como Confúcio se expressou: "O cavalheiro não é um recipiente", querendo dizer que ele não é um especialista bom numa única coisa (2.12; cf. 9.6, 13.4 e 19.7). Ao invés, o cavalheiro tem habilidades gerais que podem ser aplicadas a uma variedade de atividades. No entanto, na sociedade de Confúcio, como também na nossa, alguns criticavam a utilidade dessa educação letrada, porque ela requer um grande investimento de tempo sem fornecer instrução para um ofício determinado. Assim podemos compreender por que Confúcio disse: "Não é fácil encontrar alguém que seja capaz de aprender, mesmo por um período de três anos, sem o pensamento voltado para o salário oficial" (8.12; cf. 9.2, 12.8).

Estivemos examinando a visão que Confúcio tinha do aprendizado, mas o *pensar* é necessário para todos os aspectos do aprendizado. O próprio Confúcio nunca estimulou a memorização maquinal ou a repetição irracional. Se alguém aprende desta maneira, ficará "perdido" (2.15), sabendo apenas uma mistura de fragmentos confusos e indigestos de trivialidades. Como se expressou o confuciano posterior Xunzi: "O aprendizado da pessoa insignificante entra pelos ouvidos e sai pela boca. Da boca até os ouvidos são apenas quatro polegadas – como isso pode ser suficiente para aperfeiçoar um corpo inteiro muito mais volumoso do que isso?" (*Xunzi* 1; *Readings*, p. 259). Confúcio era, portanto, muito exigente com seus alunos:

> Não abrirei a porta para uma mente que ainda não está se esforçando para compreender, nem fornecerei palavras para uma língua que ainda não está lutando para falar. Se eu mostro um canto de um problema e o aluno não é capaz de voltar a mim com os outros três, não tentarei instruí-lo novamente (7.8).

Ao mesmo tempo, Confúcio acreditava que, se o pensar não trabalha sobre o que alguém já internalizou através do aprendizado, ele "correrá perigo" (2.15). Por quê? Isto se relaciona com um ponto já analisado antes: a ênfase de Confúcio na tradição. Antes de mais nada, se o nosso pensar tem algum conteúdo, ele estrutura esse conteúdo em termos da linguagem, dos conceitos, dos valores e dos paradigmas que herdamos de nossa cultura. Se nossa compreensão desta tradição cultural é superficial, nosso pensar também será superficial. Por isso, de uma perspectiva confuciana autêntica, o conservador descuidado e o radical irrealista são na verdade apenas o outro lado da mesma moeda: alguém que profere lemas que ele não entende e rejeita posições que ele não aprecia plenamente. O verdadeiro cavalheiro confuciano aprende intensamente, refletindo sempre sobre o que ele aprendeu, e aplicando-o em sua vida e na tentativa de mudar o mundo para melhor.

Quais são algumas das outras características do cavalheiro confuciano? E como a ênfase em produzir uma pessoa moralmente exemplar faz do confucionismo uma forma de ética da virtude? Abordaremos estas perguntas no próximo capítulo.

Questões para revisão

1) Qual o nome da época histórica chinesa em que Confúcio viveu? Confúcio viveu por volta de qual entre os seguintes anos a.C.: 1040? 770? 722? 500? 403? 221? (Pontos de bonificação se você, a partir do último capítulo, se lembrar que época os outros anos iniciam.)

2) Qual a diferença mais fundamental entre o Caminho de Sunzi e o Caminho de Confúcio?

3) Qual era a condição da família de Confúcio quando ele estava crescendo e passando para a idade adulta?

4) Por que Confúcio deixou seu Estado natal de Lu e visitou outros Estados?

5) Por que é irônico usar os termos "confuciano" e "confucionismo" para descrever o movimento associado a Confúcio?

6) O que são os *Analectos* e como foram compostos?

7) Quais os dois sentidos que Confúcio dá a "cavalheiro"? Quais os dois sentidos que ele dá a "homem insignificante?

8) Explique a diferença, para Confúcio, entre enfatizar o "mundo cotidiano" e ser "de um outro mundo".

9) Por que seria mais exato descrever Confúcio como "revivalista" em vez de "conservador"?

10) Quais são os dois aspectos da ênfase confuciana na família?

11) De acordo com o funcionalismo, como deveríamos entender o ritual?

12) Quais são os dois grandes aspectos do cultivo ético confuciano?

13) O que são as *Odes*, e que papéis, na visão de Confúcio, elas desempenhavam no cultivo ético?

14) Explique como cada uma das passagens seguintes se relaciona com um dos cinco temas do confucionismo: 11.12, 7.1, 1.2, 13.18, 3.4 e 2.15. (Você terá uma sólida compreensão básica do confucionismo se puder lembrar estas passagens.)

3
Confúcio e a ética da virtude

O cavalheiro não tem preconceitos pró ou contra qualquer coisa no mundo. Ele simplesmente procura estar do lado do que é correto.

Confúcio. *Analectos* 4.10.

A fotografia câmera-rápida ilustra o dito de Confúcio nos *Analectos* 2.1: "aquele que governa através do poder da Virtude é análogo à estrela polar: ela simplesmente permanece em seu lugar e recebe homenagem de miríades de estrelas menores".

Sob o aspecto das categorias da ética normativa ocidental, o confucionismo é uma forma de ética da virtude. A fim de compreender o que é característico na ética da virtude, o mais fácil é começar explicando suas alternativas: consequencialismo e deontologia. Dito da maneira mais simples: o consequencialismo e a deontologia enfatizam o tipo de ações que alguém deve *fazer*, enquanto a ética da virtude se refere ao tipo de pessoa que alguém deve *ser*.

I – Três teorias normativas

O consequencialismo é uma das teorias normativas mais intuitivas. O filósofo do século XIX Jeremy Bentham, um consequencialista ocidental criativo, argumentou que aquilo que torna nossa ação correta é que ela produz "a maior felicidade para o maior número de pessoas". Por exemplo, ao considerar se a pena capital é moralmente correta, um consequencialista perguntaria se executar criminosos produz mais felicidade, ou equilíbrio, do que outras alternativas, tais como a prisão perpétua. Na maioria dos casos uma execução tornaria infelizes o prisioneiro e sua família, mas tornaria felizes a família e os amigos da vítima. Bentham considera também as consequências de longo prazo da execução. Será que o exemplo estabelecido pela execução desestimula o crime e com isso aumenta a felicidade, ou não? Será que a prisão perpétua consome dinheiro de impostos que produziria mais felicidade se fosse direcionado a hospitais, escolas e parques públicos? Tudo considerado, se executar um prisioneiro produz mais felicidade do que alternativas como prisão perpétua, então executá-lo é a coisa correta a fazer.

A forma de consequencialismo derivada de Bentham e de seus seguidores posteriores (como John Stuart Mill e o filósofo contemporâneo Peter Singer) chama-se "utilitarismo". Os utilitaristas geralmente identificam o bem com algum estado mental positivo, como prazer, felicidade ou, mais tecnicamente, "satisfação das preferências". Os consequencialistas do ato, como Bentham, dizem que devemos julgar cada ação individual pela quantidade de bem imparcial que ela produz. Os consequencialistas da norma, como Mill, argumentam que devemos agir de acordo com as normas, as quais, se as seguirmos, produzem o bem mais imparcial. Por exemplo, Mill admite que casos particulares de liberdade de expressão podem ter consequências ruins em geral, como um discurso pronunciado por um nazista. No entanto, Mill pensa que as melhores consequências ocorrerão se a sociedade seguir uma norma geral que permite a livre-expressão, em vez de procurar fazer um julgamento caso-por-caso para estabelecer quando a liberdade de expressão deveria ser permitida. (Veremos no Capítulo 4 que os moístas chineses eram consequencialistas.)

Algumas objeções comumente levantadas contra o consequencialismo são simples e fáceis de refutar. Por exemplo, algumas pessoas objetam que não podemos saber todas as consequências de qualquer ação. Isto é verdade. Mas nós somos responsáveis apenas por escolher a ação que tem a maior probabilidade de obter as melhores consequências. E nossa incerteza sobre o futuro não nos impede de fazer todo tipo de outras escolhas com base nos resultados prováveis, desde escolher um sorvete com um novo sabor, passando por escolher um curso facultativo na faculdade, até decidir onde investir ou não nossos fundos de aposentadoria[i].

Uma objeção mais séria é se as consequências boas são quantificáveis de uma maneira que nos permita somá-las e determinar o melhor resultado possível. Como posso comparar aritmeticamente o prazer que você sente como resultado de me vender bombons à dor que eu sinto por desenvolver uma cárie e o prazer do dentista por convencer-me a tratar da minha cárie? Mesmo dentro de minha perspectiva, será que o prazer que sinto ao ler um bom livro difere apenas em quantidade do prazer que sinto ao tomar um sorvete, ou são prazeres de tipo diferente? O utilitarista John Stuart Mill concordava que esses prazeres são de tipo diferente; mas, uma vez admitido isto, já não se pode simplesmente somar o prazer como se ele fosse um bem homogêneo.

A segunda objeção séria ao consequencialismo consiste em verificar se é sempre correto fazer aquilo que tem as melhores consequências. Consideremos o uso da bomba atômica em Hiroshima e Nagasaki na Segunda Guerra Mundial. Existe um permanente debate sobre se esses bombardeios eram justificados. Os consequencialistas discutem, por exemplo, se era possível os Estados Unidos mostrarem o poder da bomba lançando-a numa região desabitada do Japão e, com isso, convencer o Japão a render-se sem precisar destruir uma cidade. Mas, se tivesse sido necessário invadir o Japão, isso teria custado muitas baixas em ambos os lados. Cálculos de possíveis baixas apenas dos Estados Unidos chegam a cem mil. Suponhamos que o lançamento da bomba atômica sobre uma cidade custaria de fato menos vidas do que invadir o Japão. Nesse caso, não concordariam todos com o consequencialista que bombardear Hiroshima foi a decisão moralmente correta?

Não. A filósofa Elizabeth Anscombe argumentou convincentemente que os bombardeios de Hiroshima e Nagasaki foram intrinsecamente imorais e injustificáveis, sem considerar se, no final das contas, eles salvaram vidas por terem levado a um fim mais rápido da guerra. Por quê? Anscombe afirma que é justificável tomar como alvo os soldados em tempo de guerra, porque fazer isso é uma extensão do direito geral à autodefesa. No entanto, ela diz que nunca é justificável matar intencionalmente civis, já que eles não são uma ameaça direta. Expressando seu argumento de acordo com a linguagem contemporânea, tomar civis como alvo é terrorismo, não um ato de guerra. Ora, um dos principais motivos para Hiroshima e Nagasaki terem sido consideradas "bons alvos" para a bomba atômica era que estas cidades estavam quase intactas, mesmo após quatro anos de guerra: não haviam sido alvos de bombardeios aéreos anteriores porque eram de mínima importância militar. Em outras palavras, Hiroshima e Nagasaki eram alvos *civis*, não alvos *militares*. Por conseguinte, de acordo com Anscombe, bombardeá-las foi intrinsecamente mau do ponto de vista moral[ii].

Anscombe era uma deontologista. Em termos gerais, um deontologista afirma que às vezes a ação correta não é aquela que produz o maior "bem" (prazer, felicidade e assim por diante) em geral. Pergunte-se a si mesmo se os fins justificam os meios. Se você pensa que o fim justifica os meios (contanto que o fim seja bom de um ponto de vista imparcial), você é um consequencialista. Se você pensa que o fim nem sempre justifica os meios (porque alguns meios são simplesmente errados), você é um deontologista. Muitos deontologistas são (como Anscombe) deontologistas da norma. Os deontolgistas da norma afirmam que podemos fazer o que quisermos, contanto que não violemos certos imperativos morais, como "não matar", "não roubar", "não mentir" e "não agredir os outros". No outro extremo, os deontologistas do ato pensam que imperativos como os acima citados são, na melhor das hipóteses, normas práticas úteis para as quais sempre haverá exceções. Por exemplo, como norma geral, não se deveria roubar; mas, e se alguém rouba um pão de um supermercado bem-abastecido para alimentar sua família que está passando fome?

Até agora expus alguns termos técnicos típicos na filosofia e os usei em sentidos bem-definidos. No entanto, é útil neste ponto assinalar uma distinção menos comum. Eu imagino uma linha horizontal representando um espectro de visões. Na extremidade esquerda está o generalismo extremo, enquanto na extremidade direita está o particularismo extremo. O generalismo extremo é a opinião de que uma única norma substantiva encerra todas as avaliações morais. O particularismo extremo é a opinião de que não existem normas morais substantivas úteis: toda avaliação moral é completamente sensível ao contexto. O utilitarismo de Bentham está na extremidade generalista extrema do espectro, enquanto a deontologia do ato está na extremidade particularista extrema. Em sua maioria, as opiniões éticas se encontram em algum lugar entre estes dois extremos, mas podem ser descritas como mais próximas da extremidade generalista ou da extremidade particularista do espectro. Por exemplo, alguns deontologistas da norma pensam que existem diversas normas morais substantivas, sumamente gerais e invioláveis, tais como: "não mentir" e "não matar". Aristóteles foi um pouco mais particularista: ele pensava que as normas morais proporcionam orientação, mas requerem interpretação sólida para serem aplicadas corretamente em situações concretas.

Por mais diferentes que sejam, o consequencialismo e a deontologia da norma enfatizam, ambos, o que uma pessoa deve *fazer*. A ética da virtude é uma posição alternativa que enfatiza o que uma pessoa deve *ser*. Expresso de outra maneira: o consequencialismo e a deontologia da norma são teorias a respeito da *ação correta*, enquanto a ética da virtude é uma teoria a respeito do *bom caráter*. Existem diferentes formas de ética da virtude, mas todas elas abordam quatro questões: 1) O que é viver bem? 2) De que traços de caráter (virtudes) alguém precisa para viver bem? 3) O que é a natureza humana (de modo que alguém possa viver bem e ter as virtudes)? 4) Como alguém pode cultivar as virtudes (em vista do que é a natureza humana)?

A ética da virtude pode ser simplesmente um complemento para uma posição consequencialista ou para uma posição deontológica da norma. Por exemplo, um consequencialista como Bentham poderia responder às quatro questões da ética da virtude da seguinte maneira: 1) O que é viver bem? Viver bem é ser feliz, inclusive sentindo prazer na felicidade dos outros. 2) De que virtudes alguém precisa para viver bem? A pessoa precisa ser inteligente e benévola. A inteligência é a capacidade de descobrir os melhores meios para alcançar a felicidade; e a benevolência consiste em apreciar a felicidade dos outros. 3) O que é a natureza humana? A natureza humana não é fixa, mas é moldada pelo condicionamento social. 4) Como alguém pode cultivar as virtudes? Através de uma boa educação infantil, de leis judiciosas e de condicionamento social, os humanos podem ser ensinados a sentir felicidade ajudando os outros e sua inteligência pode ser maximizada. Portanto, o consequencialismo nos diz o que devemos *fazer*; e uma "ética moderada da virtude" o complementa, especificando que tipo de pessoa *ser* a fim de praticar as ações corretas. De maneira semelhante, poderíamos construir uma ética moderada da virtude para acompanhar a posição deontológica da norma.

Na ética moderada da virtude, as afirmações sobre que tipo de pessoa alguém dever ser dependem logicamente do que alguém deve fazer. No entanto, de acordo com a "ética radical da virtude", o que alguém deve fazer deriva de que tipo de pessoa alguém deve ser. Como isto funciona? Uma possibilidade é que a ética deriva da natureza humana. Talvez precisemos primeiramente determinar quais são o potencial e as limitações da natureza humana e só depois poderemos determinar nossas obrigações éticas. Por exemplo, um eticista radical da virtude pode fazer objeções à visão de Bentham, dizendo que antes de sabermos se devemos visar a felicidade dos outros, precisamos determinar se a natureza humana nos permite fazê-lo. Suponhamos que a natureza humana torne impossível para nós cuidar de todos de maneira igual. (Esta foi a objeção que alguns confucianos lançaram contra o consequencialismo imparcial dos moístas.) Ou suponhamos que a natureza humana é meramente egoísta, de modo que só é natural cuidar de si próprio e é antinatural cuidar de outros. (Veremos num capítulo posterior que esta foi a objeção de Yang Zhu tanto ao consequencialismo moísta quanto ao confucionismo.)

Muitos defensores da ética radical da virtude são sumamente particularistas. Em resposta à pergunta "O que devo fazer?", o eticista particularista da virtude responde: "Você deve fazer o que uma pessoa virtuosa faria na situação particular em que você se encontra". Existe pouco a dizer num nível muito geral além disto, porque nenhuma norma simples capta o que uma pessoa virtuosa fará em cada situação. Contudo, ela observa e responde apropriadamente a todo tipo de aspectos das situações que a maioria de nós ignora ou interpreta mal. É assim porque a pessoa virtuosa tem mais sabedoria do que a maioria de nós. A sabedoria é notavelmente diferente da inteligência. A inteligência vem em diferentes formas,

mas nós temos meios de medi-la, entre os quais estão testes de QI, exames padronizados como os Testes de Aptidão Escolar (SATs) e testes de capacidade em atividades como a matemática. A sabedoria é mais difícil de quantificar, mas é um traço importante que reconhecemos e apreciamos nos outros. Pensemos em alguém que geralmente dá bons conselhos acerca de situações pessoais difíceis. Consideremos uma pessoa que é boa em organizar e dirigir encontros ou resolver problemas práticos. Imaginemos pessoas que são geralmente felizes e descontraídas, mas que também pagam suas contas, cumprem os prazos estabelecidos e são bem-sucedidas de modo geral. Todas estas pessoas são sábias. Podemos também facilmente imaginar pessoas que são extremamente inteligentes, mas falham completamente em todas estas coisas, porque não são sábias.

Há muitos anos fui convidado a dar uma palestra sobre o confucionismo; durante a sessão de debates, uma jovem mulher me perguntou: "O que diria Confúcio se os pais de você não aprovassem o rapaz com quem você está saindo?" Pude ver pelo tom da voz e pela expressão do seu rosto que esta não era uma pergunta puramente hipotética. Comecei explicando que Confúcio viveu numa sociedade muito patriarcal e sexista e por isso pensava que as mulheres deviam casar apenas com os homens que seus pais escolhiam para elas. No entanto, prossegui, nós não vivemos na sociedade de Confúcio e por isso devemos concentrar-nos em como os confucianos contemporâneos abordariam esta questão. Eles provavelmente diriam que depende dos detalhes da situação. Será que os pais têm aversão ao rapaz por causa de sua raça ou religião? Se for assim, não se deve seguir seu conselho. Ou será que os pais têm aversão ao rapaz porque ele trata sua filha desrespeitosamente? Será que os amigos da jovem mulher concordam com a avaliação dos pais dela? Se os amigos dela divergem entre si, pergunte ao amigo que parece ser o melhor conhecedor da índole das pessoas. São estes os tipos de perguntas e preocupações que uma pessoa sábia começará a suscitar.

II – O confucionismo como ética da virtude

É um estereótipo afirmar que o confucionismo é monolítico e inalterável. Na verdade, o confucionismo assume uma variedade de formas, que evoluíram ao longo da história. No entanto, os confucianos divergem até a respeito dos detalhes a respeito da maneira como responder aos quatro tópicos da ética da virtude.

No capítulo anterior vimos que a concepção confuciana do bem-viver inclui o seguinte: encontrar a felicidade e favorecer os outros no mundo cotidiano, desfrutar a vida com sua família e amigos, um uso revivalista da tradição, participação no ritual e atividades educativas destinadas a tornar alguém uma pessoa melhor. Uma passagem encantadora e instigadora que ilustra primorosamente a visão confuciana da vida boa é *Analectos* 11.26:

> Zilu, Zengxi, Ran Qiu e Zihua estavam sentados de plantão. O Mestre lhes disse: "Eu sou mais velho do que cada um de vocês, mas nem por isso hesitem em expor o que vocês pensam. Vocês todos têm o hábito de lamentar-se: "Ninguém me valoriza". Ora, se alguém vos valorizasse, o que vocês fariam?"
> Zilu falou imediatamente: "Se me confiassem um Estado com mil carros de guerra – mesmo um Estado rodeado de Estados poderosos, sofrendo invasões armadas e afligido pela fome – em três anos eu infundiria no povo coragem e um senso do que é correto".
> O Mestre sorriu para ele.

Ran Qiu e Zihua (que notaram que Confúcio sorrira para Zilu por causa de sua resposta excessivamente confiante) procuraram então sobrepujar um ao outro dando descrições cada vez mais humildes de suas próprias aspirações políticas. Por fim, Confúcio voltou-se para Zengxi:

> Zengxi parou de dedilhar sua cítara e, quando as últimas notas foram desaparecendo, pôs de lado o instrumento e ficou de pé. "Eu optaria por fazer algo muito diferente de todos os outros três".
> "O que há de mal nisso?", disse o Mestre. "Nós todos estamos apenas falando sobre nossas aspirações".
> Zengxi disse então: "No terceiro mês da primavera, quando os trajes da primavera se tiverem completado, eu gostaria de reunir um grupo de cinco ou seis jovens e seis ou sete garotos para banhar-nos no Rio Yi e desfrutar a brisa sobre o Altar da Dança da Chuva, e depois voltar cantando para a casa do Mestre".
> O Mestre deu um profundo suspiro, dizendo: "Estou com Zengxi".

A aspiração de Zilu, Ran Qiu e Zihua é ajudar os outros através da participação no governo. Este é um aspecto central da visão de Confúcio. No entanto, Confúcio suspira concordando com Zengxi, porque sua aspiração expressa o fato de que a atividade política é apenas um meio para algo que é até mais importante no confucionismo: desfrutar os simples prazeres cotidianos, como caminhar ao longo do rio, tomar um banho, cantar e sair com os amigos e a família.

Portanto, na opinião de Confúcio, de que virtudes alguém precisa para viver essa vida? O termo principal para virtude, usado por Confúcio, é *ren* 仁, que diversas traduções excelentes interpretam como "Bondade". Isto reflete o fato de que para Confúcio *ren* é, de certa forma, a mais alta excelência humana. Eu tenho uma leve preferência por traduzir *ren* como "humanidade" por diversas razões. Em primeiro lugar, "humanidade" sugere que um dos aspectos mais importantes do *ren* é "cuidar dos outros" (12.22). Com efeito, para os confucianos posteriores este é seu sentido principal. Em segundo lugar, assim como a palavra "humanidade" contém em si a palavra "humano", assim também o caractere *ren* 仁 contém em si *ren* 人, "pessoa". (A outra parte de *ren* 仁 é 二, "dois", sugerindo que esta é uma virtude manifestada nas relações entre pessoas.) Basicamente, no entanto, não faz muita diferença se alguém diz "Bondade" ou "humanidade" ou outro termo, contanto que nos lembremos que para Confúcio *ren* é a virtude mais importante e que ela se manifesta principalmente em cuidar dos outros[1].

Quase tão importante como a Bondade, para Confúcio, é a sabedoria. A relação entre as duas virtudes é ilustrada quando um discípulo, Fan Chi, "perguntou a respeito da Bondade":

> O Mestre respondeu: "Cuidar dos outros".
> Depois ele perguntou a respeito da sabedoria.
> O Mestre respondeu: "Conhecer os outros".
> Fan Chi ainda não entendeu, de modo que o Mestre acrescentou: "Erga os retos e aplique-os aos tortos e os tortos se tornarão retos" (12.22; cf. 2.19).

"Retos" e "tortos" são metáforas para a honradez moral e a corrupção, de modo que "erguer os retos" se refere à estratégia de Confúcio de reformar o governo colocando em posições de autoridade pessoas de bom caráter. Confúcio está insinuando que dois traços são necessários para levar a cabo esta política. A pessoa deve ser boa, o que implica cuidar do bem-estar dos outros; mas o cuidado não basta. A pessoa deve também ser sábia, o que implica ser capaz de reconhecer quem é honesto e quem é corrupto. Sem Bondade, falta-lhe a motivação apropriada; sem sabedoria, falta-lhe a capacidade de alcançar a meta[2].

---

1. Entre as muitas passagens dos *Analectos* que debatem a Bondade estão: 1.2, 1.3, 3.3, 4.1-6, 5.8, 5,19, 6.30, 7.30, 9.1*, 12.1-2, 14.1, 14.4, 15.9, 15,36, 17,6* e 17.21.

2. Entre outras passagens que analisam a Bondade e a sabedoria juntas estão: 4.1, 4,2, 6.22, 6.23, 9.29, 15.33* e 17.8.

Uma parte importante da sabedoria consiste em ser capaz de julgar o caráter dos outros. Com efeito, grande parte do livro 5 dos *Analectos* se ocupa com as avaliações de Confúcio a respeito de outras pessoas. Para os leitores ocidentais contemporâneos, a ênfase de Confúcio em julgar os outros pode parecer incômoda, porque vivemos numa sociedade que desaprova pessoas que são julgadoras. Mas existe uma grande ironia nisto, porque condenar os outros por serem julgadores significa você próprio julgá-los. É um paradoxo mais do que divertido. O fato é que é impossível viver sem às vezes avaliar os outros. Todos nós condenamos certos tipos de pessoas, como o racista, o misógino e o pedófilo. E se devemos ser justos com nossos amigos, precisamos *avaliar* se, por exemplo, eles estão sendo honestos para nosso próprio bem, sinceros mas um pouco sem diplomacia, ou simplesmente ofensivos ao nos dizer uma verdade que não queremos ouvir. Se ser julgador é um vício, não pode ser simplesmente uma questão de ter opiniões a respeito dos outros, porque não podemos deixar de ter opiniões. Mais exatamente, ser julgador significa emitir juízos sobre os outros de maneira não informada e não ponderada. Uma pessoa não pode começar a ser informada e ponderada em suas opiniões enquanto continuar dizendo para si mesma que ela (ao contrário de todas as outras pessoas do mundo) não emite nenhum juízo.

Exige-se a virtude da humildade a fim de evitar ser julgador e, por isso, Confúcio nos incentiva a "não tardar em corrigir-se se você comete algum erro" (1.8*). Confúcio não imagina estar acima deste conselho: ele admite que às vezes está errado em seus juízos a respeito dos outros (2.9, 5.10) e frequentemente observa seus próprios defeitos (7.3, 7.33, 7.34, 9.8*) e elogia as boas qualidades dos outros (5.9). Confúcio resume a importância da avaliação ponderada ao dizer: "Quando caminho com duas outras pessoas, sempre encontro um mestre entre elas. Concentro a atenção nos que são bons e procuro imitá-los e concentro a atenção nos que são maus a fim de lembrar-me do que precisa ser mudado em mim mesmo" (7.22).

Avaliar os pontos bons e maus dos outros é uma parte importante da sabedoria, mas não é a única. A sabedoria é também uma metavirtude, no sentido de que ela requer compreensão e comprometimento com outras virtudes. Por isso, Confúcio pergunta: "Como alguém que não escolhe residir na Bondade pode ser considerado sábio?" (4.1). Para Confúcio (5.9), a inteligência geral parece ser uma terceira parte da sabedoria, como aparece em coisas como interpretar as *Odes* com critério (1.15, 3.8, 3.11)[3].

Os que estão familiarizados com a ética ocidental poderiam perguntar-se como a sabedoria confuciana difere da *phronêsis*, ou "sabedoria prática", do pensamento aristotélico. Existem algumas semelhanças surpreendentes. Tanto para Confúcio quanto para Aristóteles, a sabedoria é algo muito diferente da inteligência teórica e não pode ser incluída plenamente num conjunto de normas. Enquanto alguns filósofos (como os moístas e os utilitaristas ocidentais) imaginam que a ética é quase como a matemática, os confucianos e aristotélicos concebem a sabedoria como algo mais semelhante à habilidade de um mestre artesão, que pode ser aprendida, mas não codificada. Além disso, tanto para os confucianos quanto para os aristotélicos, a sabedoria requer compreensão e comprometimento com outras virtudes. No entanto, existem também importantes diferenças entre as duas visões. Para Aristóteles, a *phronêsis* é a virtude mestra que engloba todas as outras. A Bondade, pelo contrário, é a virtude oniabrangente no pensamento de Confúcio.

> ***Mito:*** *"Os caracteres chineses são todos figuras".*
>
> ***Fato:*** *Menos de 3% dos caracteres chineses eram originalmente pictogramas ou ideogramas. Então o que são eles? Leia o Apêndice B para descobrir.*

A retidão, o respeito, a confiabilidade e a coragem são quatro virtudes importantes para Confúcio, mas muito mais limitadas do que a Bondade. A pessoa boa possuirá estas virtudes menores, mas nenhuma delas é, por si só, suficiente para tornar Boa uma pessoa. A retidão é a integridade de uma pessoa que não fará o que é errado, mesmo quando confrontada com tentações fortes. O mesmo termo chinês é usado para descreve a probidade das ações que a pessoa correta realiza. Com efeito, muitos intérpretes dos *Analectos* traduzem-na coerentemente como "probidade", por pensarem que (para Confúcio pelo menos) ela é primariamente uma qualidade das ações e não o nome de uma virtude. Na medida em que possa ser considerada uma virtude, fica claro que uma pessoa correta faz o que é correto, mesmo diante do perigo ou da sedução da riqueza: "O cavalheiro compreende a probidade, enquanto a pessoa insignificante compreende o proveito" (4.16)[4].

---

3. Entre outras passagens a respeito da sabedoria (às vezes traduzida também como "conhecimento" ou "compreensão") estão: 2.17*, 5.18*, 7,20, 7.28, 8.9, 11.12, 15.4*, 15.8*, 15.34*, 16.8, 16.9, 17.3*, 17.24*, 19.23* e 20.3*.

4. Entre outras passagens que discutem a probidade/retidão estão: 1.13*, 2.24*, 4.10, 5.16*, 6.22*, 7.3, 7.16, 12.10*, 12.20*, 13.4, 14.12, 14.13, 15.17*, 15.18, 16.10* e 16.11*.

O respeito e a confiabilidade são virtudes que Confúcio frequentemente menciona juntas (1.4, 1.8*, 5.28, 7.25*, 12.10*, 15.6*). O respeito é uma espécie de dedicação ou lealdade, especialmente quando esse compromisso conflita com o interesse pessoal de alguém (5.19). No entanto, Confúcio realça que o respeito nunca é lealdade cega: "Se você tem amor a alguém, poderá deixar de estimulá-lo? Se você é respeitoso com alguém, poderá deixar de instruí-lo?" (14.7).

Como sugere a estrutura do caractere, ser confiável (*xin* 信) é ser uma pessoa (*ren* 人) que cumpre sua palavra (*yan* 言): ser honesto e sincero. Isto é importante para Confúcio, porque ele vê uma diferença essencial entre Bondade genuína e aparência superficial de Bondade que é proporcionada pelo fato de ser "loquaz" (15.11) ou ter uma "língua ágil" (1.3). Um verdadeiro cavalheiro é discreto (12.3*) e não promete mais do que pode entregar (14.27).

Confúcio distingue entre ser corajoso e ser temerário. Por isso, quando o sempre voluntarioso Zilu mostra uma disposição de meter-se numa situação perigosa, Confúcio observa secamente: "A predileção de Zilu pela coragem excede a minha" (5.7*). Não é falta de coragem uma pessoa estar relutante em expor-se a um perigo desnecessário. Mais exatamente, "falta de coragem é ver o que é correto e, no entanto, não fazê-lo" (2.24*). Isto se assemelha à visão da maioria dos eticistas da virtude ocidentais. No entanto, Aristóteles e Platão consideravam a coragem uma virtude extremamente importante, ao passo que Confúcio raramente a menciona e parece gastar mais tempo desencorajando a coragem excessiva do que encorajando a coragem genuína (8.2, 8.10*, 14.4, 14.21, 17.8, 17.23 e 17.24*; mas compare-se 9.29). Isto pode ter algo a ver com o fato de que um paradigma da coragem (tanto na China quanto no Ocidente) é a bravura na batalha; no entanto, Confúcio queria desencorajar ao máximo seus contemporâneos de pensar em termos militaristas.

Diversas outras virtudes são nomeadas nos *Analectos*, mas as mencionadas acima são as mais importantes.

3 Cultivo ético e natureza humana

Não causa surpresa que a concepção que um filósofo tem da natureza humana e a teoria que ele tem do cultivo ético estejam em geral estreitamente relacionadas: a maneira como devemos cultivar o potencial humano para sermos virtuosos depende de qual é esse potencial. Vimos no capítulo anterior que Confúcio realça tanto o pensar quanto o aprender no cultivo ético (2.15). Mas Confúcio foi vago acerca da importância relativa destes dois fatores e da maneira como se relacionam com a natureza humana. Por conseguinte, este foi o tema de intenso debate na tradição confuciana posterior. Aqui apresentarei uma interpretação de Confúcio que está próxima da de Xunzi. No entanto, não esqueçamos que, no último milênio, a maioria dos confucianos acreditou que a posição de Mengzi elabora da melhor forma o que está implícito no pensamento de Confúcio[5].

Um dos discípulos mais próximos de Confúcio observou que não se podia ouvi-lo falar a respeito da natureza humana (5.13). Com efeito, sua única declaração explícita sobre o tema é que "Por natureza as pessoas são semelhantes; elas divergem como resultado da prática" (17.2). Mas isto é tão vago que é compatível com quase todas as compreensões; a natureza humana pode ser boa, má, ou moralmente neutra. Contudo, Confúcio parece ter uma visão implícita da natureza humana. Ele elogia um discípulo que compara o cultivo ético com o laborioso processo de esmerilhar e polir o jade (1.15). Além disso, no que tem sido chamado de "autobiografia espiritual" de Confúcio, ele descreve como se comprometeu a aprender aos 15 anos de idade e somente cinquenta e cinco anos mais tarde, com a idade de setenta anos, pôde "seguir os desejos do [seu] coração sem ultrapassar os limites do decoro" (2.4). E, numa declaração a seu discípulo mais talentoso, Confúcio caracteriza a Bondade como "dominar-se a si mesmo e voltar-se para os ritos" (12.1). Tomados em conjunto, estes comentários sugerem que os humanos não estão congenitamente inclinados para as virtudes e que a natureza humana é realmente muito resistente ao cultivo ético. Tornar-se ético é um processo de re-formar uma natureza com desejos e disposições que são ativamente opostos à virtude (como arrogância, combatividade, inflexibilidade, cobiça e luxúria). Embora o pensar seja certamente importante, o que é realmente decisivo para tornar-se uma pessoa melhor é reformar-se estudando os textos clássicos, participando dos rituais comunitários e tomando como modelos pessoas sábias e dignas.

À primeira vista talvez não esteja claro por que a questão da natureza humana é importante, mas consideremos algumas das alternativas à visão de Confúcio, que

5. Para Xunzi, cf. Capítulo 10; para a visão de Mengzi, cf. Capítulo 6; para visões confucianas posteriores a respeito de Confúcio, cf. Capítulo 12.

examinaremos em capítulos posteriores. Os moístas sustentavam que a natureza humana é moralmente neutra e altamente maleável, de modo que os humanos podem facilmente ser levados a cuidar de todos imparcialmente. Yang Zhu afirmava que a natureza humana é egoísta, de modo que tentar forçar os humanos a agir em benefício dos outros é impraticável. Mengzi argumentava que a natureza humana é boa, de modo que sentimos congenitamente compaixão pelos outros, mas este cuidado é naturalmente mais forte para com nossos parentes e amigos do que para com os estranhos. Por fim Xunzi declarou explicitamente que a natureza humana é má, no sentido de que nossos desejos inatos são opostos ao Caminho, de modo que precisamos cultivar laboriosamente as virtudes que não temos de nascença.

III – Limitações do confucionismo

Agora que compreendemos (pelo menos num nível básico) o que é o Caminho de Confúcio, estamos prontos para analisar algumas objeções comuns lançadas contra ele. Vimos que Confúcio está comprometido com uma apropriação ponderada e revivalista da cultura e não com um tradicionalismo cego. Entretanto, Confúcio declara: "Eu transmito em vez de criar" (7.1) e muitos confucianos posteriores realçaram os aspectos conservadores de seus ensinamentos. Os moístas levantam uma objeção sensível a este tipo de tradicionalismo:

> Os confucianos dizem: "Um cavalheiro se conforma com o antigo em vez de criar". Nós lhes respondemos: Na antiguidade Yi criou o arco, Zhu criou a armadura, Xi Zhong criou os veículos e Qiao Chui criou os barcos. Diriam eles que os curtidores, os armeiros e os carpinteiros de hoje são todos cavalheiros, enquanto Yi, Yu, Xi Zhong e Qiao Chui foram todos eles pessoas insignificantes? Além disso, alguns daqueles que os confucianos seguem devem ter sido criadores. Assim (de acordo com seu próprio ensinamento) aquilo com que eles se conformam é o Caminho das pessoas insignificantes[iii].

Se os confucianos reconhecem que os sábios do passado criaram coisas novas (como Fu Xi ensinando as pessoas a caçar, Shen Nong inventando a agricultura e a esposa do Imperador Amarelo descobrindo o segredo da fabricação da seda), como podem eles negar que pessoas do presente e do futuro continuarão a inovar e criar textos, instituições, invenções e ideias de valor?

Uma segunda limitação do confucionismo é que ele não tem uma concepção pluralista do bem-viver. A hierarquia social chinesa tradicional era, do topo até a base, composta de eruditos-agricultores-artesãos-comerciantes. Teoricamente as pessoas reconheciam que cada classe era necessária para o funcionamento adequado da sociedade e que a pertença a uma classe deveria ser determinada pelo talento e não pelo nascimento (assim Shun, nascido como agricultor, tornou-se o Imperador Shun). No entanto, ser um erudito é simplesmente uma vida melhor do que ser um agricultor, o que é uma vida melhor do que ser um comerciante. Em contrapartida, de acordo com o pluralismo, existe mais de uma maneira de viver uma vida boa. O pluralista diz que um senador, um professor de jardim de infância, um diretor-presidente de uma empresa, um mecânico de automóveis e um músico de *jazz* têm todos o potencial de levar uma vida igualmente digna[6].

Resumindo: o confucionismo tradicional tem duas grandes limitações: 1) ele supõe que toda inovação cultural, social e ética de valor já ocorreu; e 2) ele não reconhece a pluralidade de modos de vida que valem a pena. Os defensores contemporâneos do confucionismo enquanto filosofia reconhecem que estas limitações são fraquezas. No entanto, argumentam que as intuições e valores fundamentais do confucionismo podem ser tornados compatíveis com o reconhecimento da evolução social e do pluralismo. Por exemplo, os confucianos contemporâneos concordam que a democracia é uma forma de governo muito melhor do que a monarquia paternalista que o próprio Confúcio imaginava. No entanto, eles acrescentarão que mesmo as democracias precisam de funcionários governamentais que tenham virtudes como a Bondade, a sabedoria e o respeito. De maneira semelhante, os confucianos de hoje reconhecem que muitos tipos diferentes de cerimônias de casamento e de funeral podem cumprir as mesmas funções dos rituais da época de Confúcio.

Continua a haver muito debate sobre até que ponto o confucionismo pode ser tornado compatível com a vida moderna e se um confucionismo modernizado seria um anacronismo pitoresco ou uma contribuição valiosa para o pensamento contemporâneo. Neste particular, o confucionismo está no mesmo barco com outros grandes sistemas tradicionais de pensamento, entre os quais o budismo, o cristianismo, o hinduísmo, o islamismo e o judaísmo.

---

6. Cf. Apêndice A para uma análise do pluralismo e uma explicação de como ele difere do relativismo.

IV – O particularismo de Confúcio

Observamos que a ética moderada da virtude está logicamente subordinada ao consequencialismo ou à deontologia da norma, enquanto a ética radical da virtude considera que o bom caráter é mais fundamental. O Caminho de Confúcio parece ser uma espécie de ética radical da virtude. Para Confúcio o Caminho não visa simplesmente produzir as melhores consequências em geral. Com efeito, Confúcio sugere que visar o benefício é característico de uma pessoa insignificante e não de um verdadeiro cavalheiro. Confúcio certamente levava muito a sério as normas éticas, como as fornecidas pelos rituais. No entanto, existe algo mais fundamental do que os rituais, já que Confúcio permite mudanças rituais ou até violações do ritual em alguns casos.

Consideremos a enorme variação nas respostas que Confúcio dá à mesma pergunta. Quando lhe perguntam a respeito da Bondade, ele dá cinco respostas diferentes a cinco discípulos diferentes (6.22, 12.1, 12.2, 12.3* e 17.6*). Perguntam-lhe sobre como governar um Estado em seis ocasiões e em cada ocasião ele dá uma resposta diferente (12.7, 12.11, 12.14*, 12.17, 13.1* e 13.16). A variabilidade de Confúcio desconcertava evidentemente até alguns de seus próprios discípulos. Em certa ocasião, o discípulo de Confúcio Zilu perguntou se alguém deveria pôr imediatamente em prática um ensinamento moral que aprendeu. Confúcio respondeu negativamente, dizendo a Zilu que é preciso primeiro procurar o conselho de pessoas mais velhas antes de agir. Posteriormente, Ran Qiu fez a mesma pergunta: Deveria alguém pôr imediatamente em prática um ensinamento moral que ouviu? Confúcio respondeu que, na verdade, alguém deveria agir imediatamente. Um terceiro discípulo ouviu os dois diálogos e perguntou a Confúcio por que ele deu respostas diferentes à mesma pergunta. Confúcio respondeu simplesmente: "Ran Qiu é excessivamente cauteloso, de modo que eu quis estimulá-lo. Zilu, por outro lado, é muito impetuoso, e por isso procurei contê-lo" (11.22).

Confúcio esperava produzir cavalheiros, pessoas que tivessem a Virtude genuína (independentemente de sua classe social original). Estes cavalheiros se compadeceriam do sofrimento dos outros e teriam a sabedoria de saber como responder às complexas e fluidas situações políticas e sociais que enfrentavam. Eles iriam levar a sério e geralmente proteger as normas morais, os rituais e as leis transmitidas pela tradição; mas suas virtudes os capacitariam a ir além de quaisquer normas ou formulações, se os detalhes de uma determinada situação o exigissem.

Será que precisamos de uma orientação mais específica do que esta a respeito de seguir o Caminho? Alguns filósofos desejam um padrão mais claro e mais direto para a ética. Abordaremos um tal pensador no próximo capítulo.

Questões para revisão

1) Como o consequencialismo difere da deontologia?
2) Como o consequencialismo da norma difere do consequencialismo do ato?
3) Como a deontologia da norma difere da deontologia do ato?
4) Explique o espectro generalismo-particularismo.
5) Quais são as quatro questões que a ética da virtude aborda?
6) Qual a diferença entre ética moderada e ética radical da virtude?
7) O que é a Bondade para Confúcio?
8) Quais são os diferentes aspectos da sabedoria para Confúcio?
9) Explique as quatro outras grandes virtudes que Confúcio analisa.
10) Como a visão implícita que Confúcio tem da natureza humana parece exigir que ele enfatize um pouco mais o aprender do que o pensar?

4
Consequencialismo moísta

Quando alguém apresenta alegações, deve primeiramente estabelecer um padrão de avaliação. Fazer alegações na ausência de um tal padrão é como procurar estabelecer na superfície de um torno de oleiro onde o sol se levanta e se põe. Sem um padrão fixo, não se pode averiguar claramente o que é certo e errado, ou o que é benéfico e prejudicial.

Mozi. “Uma condenação do fatalismo”.

De acordo com um mito registrado no *Livro dos Documentos*, o sábio-rei Yao ordenou que os irmãos Xi e He determinassem os tempos dos solstícios e equinócios. Acima temos uma ilustração de um dos irmãos Xi usando um gnômone para executar esta tarefa.

Apresentei um retrato simpático do confucionismo, mas nem todos na China antiga tinham uma visão positiva de Confúcio ou dos confucianos em geral. O primeiro grande movimento filosófico e social alternativo foi o moísmo, que dizia que um confuciano típico

> é indolente e arrogante. Autocomplacente no beber e no comer e muito preguiçoso para trabalhar, ele muitas vezes passa fome e frio e corre o risco de congelar e morrer de inanição, mas falta-lhe a capacidade de evitá-los. Ele se comporta como um mendigo, pega a comida como um hamster, olha inexpressivamente como um bode e se rebela como um porco. Quando todos os cavalheiros riem dele, ele fica irritado e exclama: "O que homens indisciplinados sabem a respeito de um bom confuciano como eu?" Na primavera e no verão ele mendiga cereais. Depois de reunir os cinco tipos de cereais, ele frequenta a execução de funerais. [...] Quando ocorre uma morte numa família rica ele se alegra muito, porque é sua oportunidade de obter roupa e comida[i].

Na mesma passagem, os moístas acusaram Confúcio de tudo, desde hipocrisia até estimular uma guerra simplesmente por causa de um ressentimento contra um governante.

O fundador deste movimento, Mozi, viveu no século V a.C. Não sabemos muita coisa sobre sua vida, mas uma historieta intrigante é a seguinte: Mozi ouviu dizer que o Estado de Chu estava planejando atacar o Estado de Song e imediatamente visitou o governante de Chu para tentar dissuadi-lo. O governante não se convenceu com os argumentos de Mozi de que o ataque seria tanto incorreto quanto desvantajoso para Chu; por isso Mozi tirou seu cinturão e o colocou no chão na forma de uma muralha. Ele convidou o comandante-geral de Chu para explicar como ele romperia a muralha. O general propôs nove estratégias e Mozi explicou como Song podia fazer malograr cada uma delas. Frustrado, o general disse: "Eu sei como derrotar você, mas não o direi". Mozi astutamente respondeu: "E eu sei como você pode me derrotar, mas não o direi". O governante de Chu insistiu que Mozi dissesse o que ele pensava ser a estratégia secreta do general, e Mozi explicou que o general planejava assassiná-lo para que ele não pudesse dizer ao povo de Song como repelir os ataques de Chu. Contudo, acrescentou Mozi, eu já tenho trezentos discípulos nas muralhas da capital de Song. Mesmo se você me matar, eles usarão minhas técnicas contra você. Em razão disto o governante de Chu abandonou seu plano de atacar Song e deixou Mozi partir[ii].

Como esta historieta sugere, os moístas se opunham às operações militares agressivas visando obter riqueza ou poder. Neste ponto eles não discordavam dos confucianos. Onde os moístas se diferenciavam dos confucianos era na promoção da guerra defensiva inventando novas tecnologias militares defensivas, que eles ensinavam livremente. Os moístas acreditavam que, se cada Estado pudesse montar uma forte defesa, cada um chegaria a reconhecer a futilidade da guerra, ocasionando assim a paz. Por exemplo, uma estratégia ofensiva comum tanto na China quanto no Ocidente consistia em cavar túneis por baixo de uma muralha defensiva a fim de fazer desmoronar a muralha ou introduzir sorrateiramente tropas na cidade. Uma das inovações moístas consistia em cavar um túnel no interior de uma cidade e instalar no solo um grande tambor, que ressoaria com o som dos sapadores inimigos e amplificaria o som, de modo que eles podiam ser detectados. Mais de dois mil anos depois, o programa de televisão *Mythbusters* recriou a técnica moísta e verificou que ela funciona tão bem como os amplificadores eletrônicos contemporâneos ou até melhor![iii]

I - O padrão fixo do consequencialismo

A ênfase moísta na tecnologia militar defensiva não foi, porém, a diferença mais fundamental deles em relação ao confucionismo. Como sugere a citação que encabeça este capítulo, o Caminho de Mozi se baseia na busca de um padrão fixo. Comparemos isto com o particularismo que ocupava um lugar central no Caminho de Confúcio. Ele disse: "Em relação ao mundo, o cavalheiro não tem nenhum preconceito pró ou contra qualquer coisa. Ele apenas procura estar do lado do que é correto" (4.10). Os moístas perguntariam como é possível determinar o que é correto, sem antes estabelecer um "padrão de avaliação" (*Readings*, p. 111).

Os moístas encontraram seu padrão fixo na perspectiva do Céu. "Eu me atenho à vontade do Céu como um fabricante de carruagens se atém ao seu compasso e um carpinteiro se atém ao seu esquadro", disse Mozi. Isto fornece "o mais claro padrão em todo o mundo" (94). Evidentemente, também Confúcio apelou ao Céu como uma justificação para o seu Caminho. Mas para os moístas o que é mais característico acerca da perspectiva do Céu é que ele é perfeitamente imparcial: o Céu "lança luz sobre tudo imparcialmente" e "reivindica tudo imparcialmente" (93). Consequentemente, a obrigação "de uma pessoa benévola consiste em promover o que é benéfico para o mundo e eliminar o que é prejudicial" (68), sem qualquer parcialidade em relação a seu próprio Estado, cidade, família ou amigos. Mozi tinha grandes esperanças de que essa imparcialidade seria uma panaceia para os males de seu tempo:

> Se as pessoas considerassem os Estados de outras pessoas da mesma maneira como consideram o seu, quem incitaria seu próprio Estado a atacar o Estado de um outro? Pois ele agiria em relação aos outros como agiria em relação a si mesmo. [...] Se as pessoas considerassem as famílias de outras pessoas da mesma maneira como consideram a sua, quem incitaria sua própria família a atacar a família de um outro? Pois ele agiria em relação aos outros como agiria em relação a si próprio" (*Mozi* 16; *Readings*, p. 68-69).

Mozi avalia as ações ou as normas em termos de seu benefício para as pessoas em geral, o que faz do moísmo uma forma de consequencialismo. Qualquer ética consequencialista precisa de uma concepção do que é considerado benefício em oposição ao que é considerado prejuízo. O utilitarismo de Jeremy Bentham identificava o prazer como aquilo que é bom ou benéfico e a dor como aquilo que é mau ou prejudicial. Os moístas caracterizam de maneira mais objetiva o benefício como riqueza, densidade populacional e ordem social; e o prejuízo como pobreza, despovoamento e caos social (por exemplo, *Readings*, p. 61, 80, 110).

A concepção moísta de benefícios requer alguma explicação. Pode parecer surpreendente que qualquer filósofo chinês defenda a densidade populacional como uma meta em si. No entanto, o problema da superpopulação da China é um fenômeno recente. A China antiga tinha a preocupação oposta. Tantas vidas eram perdidas devido a guerras, doença e fome que os Estados competiam para atrair imigrantes a fim de cultivar suas terras e preencher as fileiras de seus exércitos. A riqueza pode parecer mais óbvia como uma meta. No entanto, é importante compreender que por "riqueza" os moístas entendiam bens materiais que satisfazem as necessidades humanas básicas. Eles consideravam que os artigos de luxo desperdiçam bens que seriam gastos melhor em outras coisas:

> Qual a finalidade das roupas? É proteger-nos contra o frio do inverno e o calor do verão. A maneira apropriada de fazer roupas consiste em fazê-las de tal forma que mantenham a pessoa quente no inverno e fresca no verão e nada mais. Tudo o que não contribui para estes objetivos deveria ser eliminado. Qual a finalidade das casas? É proteger-nos do vento e do frio do inverno, do calor e da chuva do verão e impedir a entrada dos assaltantes e ladrões. Assegurados estes objetivos, nada mais é necessário. Tudo o que não contribui para estes objetivos deveria ser eliminado (*Mozi* 20; *Readings*, p. 78).

A ordem pode parecer um objetivo vago, mas os moístas entendiam por "ordem" simplesmente uma sociedade na qual a violência, o roubo e a guerra civil são reduzidos na medida do possível (e teoricamente eliminados).

II - Críticas ao confucionismo

Com base em seus valores consequencialistas, os moístas rejeitavam diversos aspectos das práticas rituais confucianas. Os funerais confucianos desperdiçam riqueza, argumentavam os moístas, porque exigem coisas como esquifes interiores e exteriores, trajes especiais para os falecidos e utensílios rituais que são deixados no túmulo. Diminuem a população, porque estimulam o luto a ponto de pôr em perigo a saúde e desestimular a procriação. Finalmente, já que as pessoas que estão de luto por seus parentes são proibidas de trabalhar, a ordem social decairá na medida em que aqueles que estão no governo abandonam seus postos oficiais e os agricultores abandonam seus campos. Os moístas não queriam, é claro, eliminar completamente o sepultamento. Defendiam simplesmente "moderação nos funerais", para que fossem menos dispendiosos. Quanto ao luto, diziam eles, "deve haver choro quando alguém vê o falecido e quando se afasta do túmulo. Mas, logo que as pessoas voltam para suas casas, deveriam retomar seu modo de vida individual" (89).

> ***Mito:*** *"Uma maldição chinesa tradicional é: 'Que você possa viver em tempos interessantes'".*
>
> ***Fato:*** *Nunca se encontrou uma fonte chinesa para esta curiosa citação.*

Muitos outros rituais confucianos envolviam execuções musicais e danças rituais requintadas. Por conseguinte, quando Mozi proclamava repetidamente "As execuções musicais estão erradas", ele estava criticando o confucionismo. A postura moísta a respeito da música é facilmente mal-interpretada. Os moístas não eram contra toda música e certamente não proibiam o simples cantar e dançar. Aquilo a que os moístas se opunham eram execuções orquestrais rebuscadas feitas por músicos e dançarinos profissionais. Os moístas argumentavam que essas execuções desperdiçam recursos de três maneiras pelo menos. Em primeiro lugar, cobrar impostos do povo para poder fabricar os instrumentos e o vestuário ritual dos dançarinos. Depois, homens e mulheres qualificados precisavam ser afastados de suas ocupações produtivas para tocar os instrumentos e executar as danças. Finalmente, o público que comparecia às execuções estaria se ausentando de suas ocupações[1].

---

1. Cf. *Mozi* 32; *Readings*, p. 105-110.

O desafio mais significativo ao confucionismo provém talvez da imparcialidade da ética moísta. Lembremos que os confucianos defendiam o cuidado diferenciado, a doutrina de que se deve cuidar mais dos amigos e parentes e ter obrigações morais mais fortes com eles do que com os estranhos. (*Analectos* 13.18, onde Confúcio condena um filho que entrega seu pai por roubar, é uma expressão clássica desta postura.) Os moístas rejeitavam firmemente esta doutrina, afirmando que "os que são parciais em seus procedimentos com os outros é que são a causa real de todas as grandes injustiças no mundo. Por isso nosso mestre Mozi diz: 'Eu condeno a parcialidade'" (68). No entanto, os moístas reconheciam que o cuidado diferenciado era a percepção do senso comum da maioria das pessoas em sua sociedade (como é também na nossa). Consequentemente, os moístas precisavam *argumentar* a favor desta conclusão.

Um argumento é diferente tanto de uma afirmação quanto de uma altercação. Uma *afirmação* é uma declaração que alguém ainda não fundamentou. Uma *altercação* é uma expressão mútua de desacordo, geralmente uma expressão que envolve alguma animosidade. Portanto, se Susan diz simplesmente: "A pena de morte é assassinato", ela está fazendo uma afirmação. Se John e Susan estão na frente de uma prisão e John canta: "Que os culpados paguem por seus crimes!", enquanto Susan, do outro lado da barricada, grita: "A pena de morte é assassinato!", eles estão tendo uma altercação. Ao contrário tanto da afirmação quanto da altercação, um *argumento* procura fornecer uma boa justificativa para aceitar determinada conclusão. Diferentes culturas e diferentes épocas históricas têm diferentes concepções do que é considerado um bom argumento. No entanto, em toda cultura que foi estudada, os humanos se envolvem em argumentação e distinguem, de uma maneira ou de outra, entre argumentos bons e maus. Por isso, a fim de compreender outra cultura, precisamos levar a sério seus argumentos enquanto argumentos. Em outras palavras, precisamos avaliar se seus argumentos fornecem realmente boas justificativas para suas conclusões. Tentar compreender os argumentos de outra cultura sem julgar se eles são persuasivos é como tentar aprender francês sem sequer usá-lo para dizer ou fazer alguma coisa.

Existem alguns argumentos nos *Analectos*. No entanto, uma das razões para os moístas serem tão importantes é que eles foram os primeiros a usar amplamente a argumentação explícita na filosofia chinesa. Uma das técnicas argumentativas desenvolvidas pelos moístas é o "experimento mental" (também conhecido por seu nome alemão "Gedankenexperiment"). Num experimento mental, você imagina o que aconteceria numa situação hipotética, como uma maneira de descobrir fatos ou valores que você não percebeu anteriormente serem consequências de suas atuais crenças e compromissos. Isto é um pouco abstrato; por isso vejamos como os moístas usam o experimento mental para argumentar a favor do cuidado imparcial:

> Suponhamos que existem duas pessoas: uma que defende a parcialidade e uma que defende a imparcialidade. [...] E, portanto, quando seus amigos estão com fome, a pessoa parcial não lhes dá comida. Quando seus amigos passam frio, ela não os veste. Quando seus amigos estão doentes, ela não cuida deles. [No entanto] quando os amigos da pessoa imparcial estão com fome, ela lhes dá comida. Quando seus amigos passam frio, ela os veste. Quando seus amigos estão doentes, ela cuida deles. [...] Suponhamos que alguém precisa colocar a armadura e o capacete e partir para a guerra numa região desabitada, vasta e desprotegida, onde a vida e a morte são incertas; ou suponhamos que alguém foi enviado por seu governante ou primeiro-ministro para os longínquos Estados de Ba, Yue, Qi ou Jing e não pode ter certeza de chegar até lá ou mesmo de retornar de sua missão. Em tais condições de incerteza, a quem alguém confiaria o bem-estar de seus pais, esposa e filhos? Preferiria ele que eles estivessem aos cuidados de uma pessoa imparcial ou preferiria que estivessem aos cuidados de uma pessoa parcial? Creio que, em tais circunstâncias, não haveria nenhum tolo em todo o mundo. Mesmo que alguém não defenda a imparcialidade, ele certamente confiaria sua família à pessoa que é imparcial. Contudo, isso é condenar a imparcialidade em palavras, mas preferi-la nos atos, com o resultado de que suas ações não estão de acordo com o que ele diz. E assim não vejo qual razão uma pessoa no mundo que ouviu falar da imparcialidade pode dar para condená-la (*Mozi* 16; *Readings*, p. 69-70).

Às vezes as pessoas dão a isto o nome de argumento do cuidador. Quando você encontra um argumento num texto, você deve primeiro procurar parafrasear o argumento em suas próprias palavras, deixando claro qual conclusão o argumento está tentando estabelecer. Em seguida, você deve avaliar o argumento, determinando por que você pensa que ele fornece ou não uma boa justificativa para sua conclusão.

Existe mais de uma maneira correta de parafrasear e avaliar um argumento, mas é assim que eu interpreto o argumento do cuidador. Os moístas nos convidam a imaginar uma situação na qual somos enviados numa missão perigosa da qual podemos não retornar. Numa situação dessas, deveríamos confiar o cuidado de nossa esposa, filhos e pais idosos a uma pessoa parcial ou a uma pessoa imparcial?

A pessoa imparcial (que segue os ensinamentos moístas) cuidaria de nossos parentes como se fossem seus próprios parentes. A pessoa parcial, pelo contrário, não cuidaria absolutamente de nossos parentes. Os moístas concluem que qualquer um preferiria deixar seus parentes aos cuidados da pessoa imparcial. Eles pensam que isso demonstra que todos nós estamos comprometidos a apoiar a imparcialidade, quer a reconheçamos ou não.

Avaliemos agora o argumento moísta. Em primeiro lugar, é verdade que nós preferiríamos um cuidador imparcial a um cuidador parcial? Dada a maneira como os moístas caracterizaram nossas duas opções, parece claro que nós preferiríamos de fato a pessoa imparcial como cuidador, porque a pessoa parcial não cuidaria absolutamente de nossos parentes. No entanto, existe um problema importante com o argumento moísta, porque ele nos está dando o que é tecnicamente chamado de "falsa dicotomia". Numa falsa dicotomia, alguém diz que devemos escolher ou P ou Q, mas na realidade existem outras opções disponíveis. Os moístas sugerem que precisamos escolher entre um cuidador que cuida de todos imparcialmente e um cuidador que é tão egoísta a ponto de não cuidar senão de si mesmo. Mas existe aqui obviamente uma terceira opção: um confuciano, que até certo ponto cuida de todos, mas cuida mais de seus amigos do que de estranhos. Portanto, a verdadeira questão é a seguinte: você confiaria sua família 1) a alguém que é completamente egoísta e *não* cuida absolutamente da família de você, 2) a um moísta, que cuida da família de você *tanto quanto* ele cuida de qualquer outro, ou 3) a um confuciano, que cuida *mais* da família de você do que dos estranhos pelo fato de ser amigo de você? Existe uma boa razão para acreditar que um confuciano seu amigo muitas vezes executaria melhor a tarefa de cuidar da família de você do que um moísta. Talvez haja algumas circunstâncias especiais nas quais um imparcialista cuidaria melhor da nossa família do que um confuciano; mas, já que seu argumento oferece uma falsa dicotomia, os moístas não mostraram que todos nós somos implicitamente comprometidos com a imparcialidade.

Os moístas não só argumentam a favor do cuidado imparcial, mas também respondem a algumas objeções lançadas contra ele, entre as quais a sugestão de que ele é impraticável por exigir um nível de imparcialidade que é incompatível com a natureza humana. O argumento moísta da praticabilidade cita diversos exemplos de governantes que realizaram notáveis modificações do comportamento humano aparentemente natural entre seus súditos:

> No passado, o rei Ling do Estado de Chu tinha afeição por cinturas finas. Durante seu reinado as pessoas de Chu faziam apenas uma refeição por dia e ficavam tão fracas a ponto de não poder levantar-se sem o apoio de um bastão nem caminhar sem encostar-se num muro. Reduzir a alimentação é algo muito difícil de fazer, mas multidões de pessoas o faziam para agradar ao rei Ling. Numa única geração as pessoas mudaram porque queriam estar de acordo com os desejos de seu superior (*Mozi* 16; *Readings*, p. 75).

Os moístas apresentam também outros exemplos: o de um governante que apreciava tanto a bravura que seus soldados entravam em navios em chamas a uma ordem sua e o de um governante cujos súditos vestiam roupas grosseiras e desconfortáveis para agradá-lo. Com base nisto, eles concluem:

> Se houvesse somente superiores que gostassem muito das pessoas, que estimulassem sua prática através de recompensas e elogios e ameaçassem com castigos e punições os que as infringem [...], as pessoas começariam a cuidar imparcialmente umas das outras e a favorecer umas às outras, tão naturalmente como o fogo sobe e a água escorre para baixo (*Mozi* 16; *Readings*, p. 76).

Neste ponto as pessoas muitas vezes objetam que os moístas são incoerentes, porque obrigar os súditos a morrer de inanição, ou a entrar em navios em chamas, ou vestir roupas desconfortáveis é uma *violação* do cuidado imparcial em vez de ser um exemplo do mesmo. Mas esta objeção não atinge o ponto essencial dos moístas. Eles não estão defendendo as políticas específicas dos governantes precedentes. Simplesmente os citam para ilustrar o fato geral de que as motivações e disposições humanas são quase infinitamente maleáveis. Em outras palavras, os moístas negam que exista uma natureza humana fixa que impõe coações práticas e éticas ao nosso comportamento. Mais exatamente, os humanos são moldados pelas recompensas e punições no seu ambiente. Por isso, os humanos podem ser levados a agir de acordo com o cuidado imparcial (ou, na verdade, de acordo com qualquer outro).

Portanto, como deveríamos avaliar o argumento da praticabilidade? A preponderância de distúrbios alimentares e de expectativas irrealistas acerca do peso e da imagem corporal em nossa própria sociedade confere grande pungência ao exemplo do rei Ling de Chu. No entanto, os moístas apresentavam uma pretensão universal a respeito da plasticidade das motivações humanas, com base em apenas uns poucos exemplos específicos. É esta a fraqueza de qualquer exemplo baseado em fatos isolados. A fim de avaliar adequadamente a pretensão moísta, precisamos considerar muito mais indícios sobre até que ponto o comportamento humano varia em diferentes ambientes culturais. A antropologia moderna empreendeu justamente este tipo de investigação. Mas as descobertas são complexas e as conclusões dos antropólogos são variadas.

A antropologia ocidental desenvolveu-se contra o pano de fundo dos pensadores iluministas que tendiam a presumir que a natureza humana é fixa e universal. Quando outras culturas deixavam de manifestar o que era considerado um comportamento humano normal, eram descartadas como primitivas ou inferiores à cultura ocidental. No entanto, a antropologia do século XX, especialmente sob a influência de Franz Boas e suas alunas Margaret Mead e Ruth Benedict, adotou a diversidade de práticas culturais. Com efeito, alguns chegaram até a sugerir que os humanos são quase inteiramente uma *tabula rasa*, uma lousa em branco, sobre a qual a experiência e o condicionamento social escrevem. Em outras palavras, eles se aproximavam da postura moísta.

Recentemente alguns antropólogos defenderam uma postura mais moderada, que talvez faça mais justiça à evidência concreta. As culturas humanas têm em comum certos traços gerais: todas as culturas fazem brincadeiras ou piadas, têm algum tipo de rituais para lamentar os mortos, compõem versos e os distinguem da prosa, reconhecem as mesmas expressões faciais para sete emoções básicas (raiva, felicidade, medo, surpresa, nojo, tristeza e desprezo), têm pelo menos algum tabu contra alguns tipos de incesto, assinalam de alguma forma a distinção entre masculino e feminino e assim por diante. No entanto, a maneira específica como estes traços são manifestados varia de uma cultura para outra. Para tomar um exemplo óbvio, todas as culturas têm uma língua, mas as línguas faladas variam[iv].

Como isto se aplica à questão do cuidado imparcial? Existem certamente algumas pessoas que conseguem chegar ao cuidado imparcial. Por exemplo, monges budistas como o Dalai Lama e freiras católicas como Madre Teresa alcançaram, ao que parece, essa compaixão universal; em busca desta meta, emitiram o voto de celibato para desestimular apegos que poderiam atrapalhar a imparcialidade. No entanto, nós admiramos esses indivíduos em parte por serem tão incomuns.

As formas específicas que o cuidado diferenciado assume variam grandemente. Na cultura chinesa tradicional, o indivíduo tem sérias obrigações até para com parentes muito distantes em sua família extensa. Em contraposição, nos Estados Unidos de hoje algumas pessoas têm apenas uma comunicação esporádica – ou comunicação nenhuma – com membros da família extensa. Apesar disso, a grande maioria das pessoas, em toda cultura estudada, pratica alguma versão do cuidado diferenciado. Por exemplo, não é absolutamente excepcional o fato de que eu, embora espere que todas as crianças sejam felizes, cuido mais de meus próprios filhos do que dos filhos de meu vizinho e sinto que tenho uma obrigação ética maior para com meus próprios filhos. Portanto, a evidência sugere que converter as pessoas ao cuidado imparcial não pode ser feito com tanta facilidade "como o fogo sobe e a água escorre para baixo" (76).

III - Filosofia política

Uma brilhante inovação moísta foi o uso do argumento de um estado-de-natureza. O argumento de um estado-de-natureza começa com uma hipótese sobre como a vida era para os humanos antes da instituição do governo e da estrutura social. Em seguida, procura tirar conclusões sobre o motivo por que estas condições justificam a instituição do governo e da sociedade. No Ocidente, diversos filósofos, entre os quais Thomas Hobbes e John Locke, usaram formas deste argumento. Mas a versão moísta é original, característica e intrigante:

> Nos tempos antigos, pouco depois que as pessoas vieram à existência e antes de haver governos ou leis, cada pessoa seguia sua própria norma para decidir o que era certo e errado. E assim onde havia uma única pessoa havia uma única norma, onde havia duas pessoas havia duas normas, onde havia dez pessoas havia dez normas diferentes. Quantas pessoas havia, tantas normas eram reconhecidas. Desta maneira, as pessoas chegavam a aprovar suas próprias normas para o que é certo e errado e desse modo condenavam as normas das outras. [...] Em todo o mundo, as pessoas usavam água, fogo e veneno para prejudicar-se e ferir-se umas às outras, a tal ponto que, se tinham força para poupar, não a usavam para ajudar-se umas às outras; se tinham excesso de bens, deixavam-nos apodrecer em vez de distribuí-los umas às outras; e se tinham doutrinas úteis, as escondiam em vez de ensiná-las umas às outras. O caos reinante no mundo era semelhante ao que encontramos entre os pássaros e as feras. É evidente que aquilo que tornava o mundo caótico era a falta de governantes. Portanto, o mais digno e capaz no mundo era escolhido e instalado como o Filho do Céu (*Mozi* 11; *Readings*, p. 65).

Este argumento começa com a hipótese de que, sem governo ou socialização, haveria uma variedade quase ilimitada de valores ou normas humanos. Isto é coerente com a noção moísta de que não existe uma natureza humana fixa. Se houvesse uma natureza humana, esperaríamos que os humanos concordassem a respeito de pelo menos algumas normas, mesmo no estado-de-natureza. Mas se os moístas têm razão ao dizer que as motivações humanas são produtos de seu ambiente, então a falta de uma estrutura social comum deveria levar os humanos a uma estonteante diversidade de direções.

Os moístas argumentam que esta diversidade de normas levará à violência e ao caos. Talvez John acredite num sólido direito à propriedade privada, enquanto Jim pensa que a propriedade deveria ser comum. Susan pensa que o adultério deve ser considerado um delito, mas Sally defende o amor livre. Então Jim toma algo que John pensa que lhe pertence, e por isso John põe fogo nas plantações de Jim como retaliação. Susan descobre que seu marido a traiu com Sally, e por isso coloca veneno na água potável de Sally. Enquanto não houver acordo a respeito de normas e nenhuma autoridade militar ou policial comum para exigir seu cumprimento, essas disputas e violência continuarão interminavelmente. Os moístas acreditavam que foi este caos que levou a escolher pela primeira vez uma pessoa extremamente benévola e inteligente para ser Filho do Céu (ou seja, o governante do mundo). O Filho do Céu decidia por todos os outros o que era certo e errado e nomeava pessoas dignas como ministros a fim de ajudá-lo no cumprimento destas normas. Depois dizia às pessoas: "Quando seu superior aprova algo como certo, você também deve aprová-lo. Quando seu superior condena algo como errado, você também deve condená-lo" (66). Os moístas concluíam: "Se examinarmos cuidadosamente como a boa ordem foi mantida no mundo, o que encontramos? Não foi simplesmente porque o Filho do Céu foi capaz de unificar as normas seguidas no mundo que ele conseguiu manter nele a boa ordem?" (67).

De acordo com a doutrina moísta, o governo do primeiro Filho do Céu foi bem-sucedido por causa da aplicação adequada de punições e recompensas. Os que transgrediam as normas de seus superiores eram punidos. Os que seguiam as normas e executavam bem suas tarefas recebiam elogio, prosperidade e promoções. Os moístas eram admiravelmente meritocráticos: acentuavam que essas recompensas deviam basear-se em talento e resultado concretos, não no fato de alguém ter ancestrais aristocráticos ou ser um parente do rei (61-63). Os governantes deviam seguir os antigos sábios-reis no costume de "honrar os dignos", a política de que mesmo "quem trabalhou como camponês, ou artesão ou comerciante, se tivessem talento, eram promovidos, recebiam um alto posto e um generoso salário, era-lhes confiada responsabilidade e eram autorizados a mandar que obedecessem às suas ordens" (63).

A doutrina moísta da maleabilidade das motivações humanas desempenha novamente um papel aqui. Os moístas acreditavam que recompensas e punições adequadas resultariam não só em submissão comportamental às normas sociais padronizadas, mas levaria concretamente cada um a aceitar pessoalmente essas normas (exatamente como os soldados do rei de Yue, que se tornaram tão comprometidos com a valentia a ponto de queimar-se ou afogar-se a uma ordem sua [75-76]).

Do nosso ponto de vista contemporâneo, a postura moísta pode parecer extremamente autoritária. Mas é importante não esquecer que nem os moístas nem os confucianos - nem qualquer outra pessoa na China antiga - consideravam a democracia um sistema político. Já que a China nessa época era um Estado vasto com uma população composta em grande parte de camponeses analfabetos e sem meios fáceis de transporte ou comunicação, a democracia não teria sido viável de modo algum. Além disso, os moístas reconhecem algum papel para a crítica ao governo: "Se um superior comete alguma transgressão, deve-se apresentar uma queixa adequada" (66). Evidentemente, esta crítica devia estar de acordo com as normas oficiais.

Uma limitação final ao autoritarismo da filosofia política moísta é que as normas e ações do Filho do Céu não são arbitrárias: "O Filho do Céu não cria seu próprio padrão. Cabe ao Céu governá-lo" (91). E que padrão o Céu usa? "O Céu deseja que [o mundo] tenha vida e tem aversão à morte; deseja que tenha riqueza e tem aversão à pobreza; deseja que tenha boa ordem e tem aversão à desordem" (91). Em outras palavras, o Filho do Céu é responsável perante o Céu, e o Céu ordena que o governante beneficie imparcialmente as pessoas maximizando sua riqueza, densidade populacional e ordem social.

IV - Teoria do mandamento divino

Devemos agora enfrentar uma questão que contornamos até este momento. Mozi diz que segue a "vontade do Céu" porque ela é "o mais claro padrão em todo o mundo" (94). Mas ele diz também que "a tarefa de uma pessoa benévola consiste em promover o que é benéfico para o mundo e eliminar o que é prejudicial" (68). Ele pensa obviamente que estes dois padrões coincidem: a vontade do Céu é que sejamos benévolos. Mas que padrão é mais fundamental para o pensamento de Mozi? Em outras palavras, será que o Céu nos manda ser benévolos porque é correto ser benévolo, ou a benevolência só é correta porque o Céu dita que ela é correta? Suponhamos que o Céu deixe de ditar a benevolência e, ao invés, nos mande empreender guerras agressivas de conquista: Será que neste caso Mozi diria que as guerras agressivas são agora corretas (porque o Céu as ordenou), ou diria ele que a guerra agressiva ainda é errada (porque a benevolência é correta, independentemente da vontade do Céu)?

Esta questão foi muito debatida no Ocidente desde que foi levantada no *Êutifron* de Platão. Nesse diálogo, Sócrates pergunta se uma ação é pia porque os deuses a aprovam ou se os deuses a aprovam porque ela é pia. Sócrates argumenta que os deuses aprovam ações porque elas têm a qualidade de serem pias, independentemente da vontade dos deuses. Séculos mais tarde, um brilhante filósofo cristão medieval, Guilherme de Ockham, defendeu a conclusão oposta. Ele disse que o que torna moralmente correta uma ação é simplesmente o fato de que Deus quer que ela seja correta. A posição de Ockham veio a ser conhecida como teoria do mandamento divino.

Os defensores da posição platônica salientam que, se a teoria do mandamento divino for verdadeira, então não há nenhum motivo para Deus ter preferido "ama teu próximo" em vez de "assassina cruelmente o inocente" como um requisito moral. Se Deus tivesse desejado o último, este seria então um requisito moral. No entanto, isto parece absurdo. Por outro lado, os defensores da teoria do mandamento divino perguntam como é possível, por qualquer padrão, constranger um ser supremo. Os moístas parecem adotar este princípio quando observam que

> um padrão não é dado pelos subordinados para governar seus superiores, mas antes deve provir dos superiores para governar os subordinados. [...] Os cavalheiros do mundo compreendem claramente que o Filho do Céu governa os três altos-conselheiros e os senhores feudais, os ministros e funcionários do povo. Mas que o Céu governa o Filho do Céu é algo que as pessoas ainda não entendem claramente (*Mozi* 26; *Readings*, p. 91).

Não penso que Mozi tenha alguma vez abordado esta questão diretamente, de modo que não podemos determinar definitivamente sua opinião. No entanto, existem evidências históricas e considerações teóricas que sugerem que Mozi provavelmente rejeitava a teoria do mandamento divino. As evidências históricas são que os moístas posteriores, ao formular sua posição, aparentemente suprimiram toda referência ao "Céu"[2]. É improvável que o teriam feito se a vontade do Céu fosse uma noção fundamental na ética de Mozi. O que motiva filósofos como

---

2. Examinaremos os moístas posteriores no Capítulo 7.

Ockham é a crença de que Deus é radicalmente diferente do mundo por Ele criado. Pelo fato de Deus ser tão diferente, Ele não pode ser limitado por qualquer coisa que não seja sua própria vontade, e nós (enquanto criaturas finitas) não podemos entendê-lo racionalmente. O Céu tem algumas características semelhantes às de Deus como é concebido nas tradições judaica, cristã e islâmica. No entanto, no pensamento chinês primitivo, Céu, Terra e Humanos são geralmente concebidos como formando um todo interdependente, com hierarquia, mas sem transcendência metafísica. Por isso, as pressuposições metafísicas subjacentes que motivam a teoria do mandamento divino estão simplesmente ausentes na China antiga.

V – "Contra o fatalismo" e a dialética

Embora os moístas acreditem no Céu, eles se opõem vigorosamente a uma crença naquilo que eles chamam de fatalismo. O fatalismo, no sentido como os moístas entendem o termo, é a doutrina de que "se alguém está fadado a viver por muito tempo, então ele viverá por muito tempo; se alguém está fadado a morrer jovem, ele morrerá jovem. Se algo está fadado a acontecer, então não importa quão arduamente alguém tente mudar isto, de que adiantará?" (110-111). Ao argumentar contra o fatalismo, os moístas desenvolveram uma intrigante teoria das formas de argumentação (chamada "dialética" ou "retórica" no Ocidente):

> Quando alguém apresenta alegações, deve primeiramente estabelecer um padrão de avaliação. Fazer alegações na ausência de um tal padrão é como procurar estabelecer na superfície de um torno de oleiro onde o sol se levanta e se põe. E assim, ao avaliar alegações, deve-se usar os três medidores (*Mozi* 35; *Readings*, p. 111).

A palavra traduzida aqui por "medidor" é literalmente "gnômone". Embora os gnômones já não façam mais parte de nossa vida cotidiana, a civilização como a conhecemos nunca se teria desenvolvido sem eles. Em sua forma mais simples, um gnômone é uma vareta reta perpendicular ao chão. Embora muito elementar, é um instrumento muito útil de informação astronômica. Se você está no hemisfério norte, quando a sombra projetada pelo gnômone é a mais curta, ele aponta exatamente para o norte. Os gnômones podem também dizer-nos o tempo do dia (como parte de um relógio de sol) e determinar quando ocorrem os solstícios e os equinóxios. Assim podemos ver por que os moístas recorrem ao gnômone como uma metáfora para padrões evidenciais em geral.

Os moístas dizem que os três gnômones (ou medidores, como os chamaremos) são precedente, evidência e aplicação:

- "Olha-se para cima em busca de precedentes entre os negócios e ações dos antigos sábios-reis".
- "Olha-se para baixo para examinar a evidência do que as pessoas ouviram e viram".
- Implementa-se isso como política de Estado e averigua-se se produz ou não benefício para o Estado, as famílias e o povo" (*Mozi* 35; *Readings*, p. 111).

Os moístas aplicam o medidor de precedentes à existência do destino, perguntando retoricamente: "Será que alguma lei dos antigos reis diz alguma vez: 'As bênçãos não podem ser invocadas e o desastre não pode ser evitado; a reverência não produzirá nenhum bem e a crueldade não causará nenhum mal'?"[v] Eles citam também textos nos quais os antigos sábios criticavam Tirano Jie e Tirano Zhou por causa de suas crenças de que seus reinos estavam destinados (e, portanto, eles não precisavam preocupar-se em governar com benevolência)[vi]. Mas por que deveríamos preocupar-nos com o que os sábios-reis fizeram ou disseram? Os sábios-reis são considerados autoridades confiáveis porque governaram bem e com sucesso devido à sua benevolência e inteligência. Por conseguinte, suas ações são bons modelos para a maneira como deveríamos agir e suas declarações são guias confiáveis para a verdade. Em termos modernos, poderíamos imaginá-los como pessoas que fornecem testemunho especializado sobre os problemas. Exatamente como tenho bons motivos para acreditar no que Bill Gates diz sobre a maneira de montar e gerir um negócio, assim tenho motivos para confiar no que é dito por governantes bem-sucedidos como os sábios-reis Shun ou Wu. Significa isto que eles estão sempre certos? É evidente que não. O testemunho especializado pode estar equivocado (exatamente como um gnômone pode deixar de funcionar num dia nublado). Apesar disso, é um indicador útil da verdade.

O medidor da evidência é a confirmação obtida por nossos sentidos da visão, da audição, do toque, do olfato e do paladar. Já que apelamos frequentemente para a evidência empírica em nossa própria cultura, isto pode parecer um indicador familiar e não problemático da verdade. No entanto, os moístas usam a evidência empírica de uma maneira muito estrita para julgar se uma determinada entidade existe ou não. Assim os moístas argumentam contra a existência do destino perguntando simplesmente:

> Desde a antiguidade até o presente, desde os inícios dos humanos, será que alguém viu algo como o destino, ou ouviu o som do destino? É evidente que não. Se alguém considera estúpidas as pessoas comuns e inconfiáveis seus sentidos da audição e da vista, então por que não pesquisar as declarações registradas dos senhores feudais? Mas desde a antiguidade até o presente, desde os inícios dos humanos, será que algum deles ouviu o som do destino ou viu algo como o destino? É evidente que não[vii].

O medidor de aplicação é um teste pragmático: Será que as consequências do agir de acordo com uma doutrina são benéficas ou prejudiciais? Evidentemente, pode ser benéfico acreditar numa doutrina, mesmo que seja falsa. Por exemplo, o pensamento positivo pode nos tornar melhores em várias atividades, mesmo que nos dê uma visão um tanto demasiadamente otimista da situação. De maneira geral, porém, compartilhamos a intuição moísta de que as crenças verdadeiras funcionam, enquanto as crenças falsas falham. Os moístas argumentam que a consequência do fatalismo consiste em tornar as pessoas preguiçosas e complacentes:

> Nos tempos antigos, as pessoas miseráveis se entregavam à bebida e à comida e eram preguiçosas em seu trabalho. Em consequência disso, sua alimentação e roupa se tornaram insuficientes e o perigo da fome e do frio foi se aproximando. Elas não reconheceram: "Eu fui estúpido e insolente e não fui diligente no trabalho". Ao invés, diziam: "É simplesmente meu destino ser pobre"[viii].

Os moístas acusam os confucianos de defender o fatalismo[ix]. No entanto, isto parece uma interpretação errônea. Confúcio estimulava seus alunos a se esforçar sempre para melhorar a si mesmos e tornar o mundo um lugar melhor. Ele acreditava também que, com o passar do tempo, o Céu restabeleceria o Caminho no mundo. No entanto, Confúcio sabia que às vezes acontecem coisas ruins às pessoas e que nossos melhores esforços podem fracassar; por isso pensava que as pessoas seriam mais felizes e menos tristes se aprendessem a aceitar *psicologicamente* a má sorte quando lhes acontecesse, ainda assim *se esforçando* para fazer o melhor que puderem. Por exemplo, quando um dos discípulos de Confúcio expressou tristeza por precisar partir para o exílio como resultado de um contratempo político, outro discípulo animou-o dizendo:

> Ouvi dizer: "Vida e morte são governadas pelo destino, riqueza e honra são determinadas pelo Céu". Um cavalheiro é respeitoso e livre de erros. É reverente e ritualmente correto em seu procedimento com os outros. Desta maneira dentro dos Quatro Mares todos são seus irmãos (*Analectos* 12.5).

Isto não significa estimular o discípulo triste a desistir. Pelo contrário, a questão é que ele precisa continuar fazendo o melhor que puder, mesmo aceitando psicologicamente a maneira como as coisas são[3].

Embora os moístas tivessem uma compreensão mais clara da noção confuciana do destino, penso que eles ainda discordavam dela. Confúcio acreditava que não existe nenhuma garantia de que a ação correta será recompensada ou de que a maldade será punida. Em contraposição, um aspecto-chave do pensamento moísta era que o virtuoso seria bem-sucedido e prosperaria, enquanto o malvado fracassaria e sofreria. Isto leva a um dos aspectos mais controversos do Caminho moísta.

VI – "Sobre os fantasmas" e a verdade

Seu consequencialismo, seu interesse pela tecnologia e seu habilidoso uso da argumentação tornam os moístas semelhantes a muitos filósofos seculares ocidentais modernos. Por isso, seu ensaio "Sobre os fantasmas" muitas vezes surpreende os leitores com sua firme insistência em que existem fantasmas e espíritos e que eles intervêm nos assuntos humanos para recompensar os virtuosos e punir os malvados:

> O rei Xuan de Zhou assassinou seu ministro Du Bo, embora este fosse completamente inocente. Antes de morrer, Du Bo disse: "Meu senhor está me matando, embora eu seja completamente inocente. Se os mortos são realmente inconscientes, isto será o fim. Mas, se os mortos têm consciência, dentro de três anos meu senhor o saberá!" Três anos mais tarde o rei Xuan e vários senhores feudais estavam caçando num lugar remoto. Havia várias centenas de carruagens e vários milhares de homens a pé; o grupo de caçadores enchia todo o campo. Ao meio-dia em ponto, Du Bo apareceu numa carruagem modesta puxada por cavalos brancos. Trajava roupas escarlates e um chapéu, segurava um arco escarlate e segurava firmemente flechas escarlates sob o braço. Perseguiu o rei Xuan de Zhou e o alvejou enquanto ele se afastava em sua carruagem; a flecha trespassou o coração do rei e lhe estilhaçou a coluna. O réu Xuan sucumbiu em sua própria carruagem e, adornado com seu próprio estojo de arcos, morreu. Nenhum dos homens de Zhou que estavam ali no momento deixou de presenciar o fato e ninguém, mesmo em lugares remotos, deixou de ouvir falar a respeito. O acontecimento foi registrado na crônica da corte dos Zhou (*Mozi* 31; *Readings*, p. 96).

3. Cf. também *Analectos* 6.10, 9.5, 11.9 e 14.36 e *Mengzi* 2B13.

Embora a maioria de nós ache inacreditáveis histórias como esta, os moístas apelam para cada um dos três medidores para defender a existência de fantasmas e espíritos. Quanto ao precedente, eles observam que "desde as pessoas comuns até os nobres, todos dizem que os sábios-reis das três dinastias são modelos adequados de conduta" (99). Estes sábios-reis prestavam muita atenção ao executar os sacrifícios rituais e faziam declarações oficiais aos fantasmas e espíritos nos túmulos dos ancestrais e no altar de terra. Isto mostra que "nos tempos antigos, os sábios-reis sempre mostravam sua devoção aos fantasmas e espíritos desta maneira e sua devoção era generosa e substancial" (101).

Recorrendo ao medidor de evidência, os moístas declaram que "se existem realmente pessoas que ouviram e viram algo, deve-se aceitar que essas coisas existem. Se ninguém ouviu ou viu nada, deve-se aceitar que essas coisas não existem" (95). Mas existem, afirmam os moístas, muitos casos de pessoas que ouviram e viram fantasmas e espíritos. O caso do fantasma de Du Bo vingando-se do rei Xuan é um exemplo excelente. Os moístas obviamente o escolhiam cuidadosamente para responder a objeções que eles previam. – Talvez o rei Xuan simplesmente imaginou ter visto algo. Não! O fantasma foi visto claramente por "diversos milhares" de pessoas em "pleno meio-dia". – Talvez eles viram *algo*, mas talvez tenha sido apenas um nevoeiro ou um animal e o rei Xuan morreu de susto ou estafa. Não! O fantasma deixou evidência física concreta de suas ações: o coração do rei Xuan foi trespassado e sua coluna estilhaçada.

Finalmente, os moístas argumentam que a crença em fantasmas e espíritos satisfaz o medidor de aplicação, porque "se a capacidade dos fantasmas e espíritos de recompensar os dignos e punir os malvados puder ser estabelecida firmemente como um fato em todo o império e entre as pessoas comuns, ela certamente trará ordem ao Estado e grande benefício ao povo" (104). Isto porque as pessoas que não acreditam em fantasmas e espíritos pensam erroneamente que podem escapar impunes dos delitos cometidos. Na verdade, porém, "mesmo nos vales mais profundos ou vastas florestas, naqueles lugares escondidos onde ninguém vive, você deve agir sempre adequadamente. Pois os fantasmas e espíritos verão o que você faz!" (99).

"Sobre os fantasmas" impressionou alguns leitores que o consideraram tão incompatível com o tom racional do resto do Caminho moísta a ponto de chegarem a argumentar que os moístas não acreditavam realmente na existência ou nas ações de fantasmas e espíritos. Esta suspeita ganha algum apoio da seguinte passagem:

> Se fosse o caso de os fantasmas e espíritos não existirem realmente, então tudo o que fizéssemos, ao oferecer sacrifícios, seria gastar recursos de vinho e painço. Mas, embora estivéssemos gastando estes recursos de vinho e painço, não estaríamos simplesmente despejando o vinho numa vala ou numa sarjeta ou jogando fora o painço. Primeiramente os membros do clã e as pessoas que vivem nas aldeias e cidades têm todos uma oportunidade de beber o vinho sacrificial e participar das ofertas. E assim, mesmo que os fantasmas e espíritos não existissem, estas ofertas ainda seriam um meio de acolher e unir mais a família e reunir e intensificar a amizade entre as pessoas que vivem nas aldeias e cidades (*Mozi* 31; *Readings*, p. 104).

Portanto, talvez os moístas não acreditem realmente em fantasmas e espíritos, mas querem simplesmente estimular "as pessoas" a acreditar neles a fim de promover a ordem social. Os rituais comunitários são simplesmente uma técnica para "intensificar a amizade". Além disso, "se pudéssemos simplesmente persuadir as pessoas do mundo a *acreditar* que os fantasmas e espíritos podem recompensar os dignos e punir os malvados, então como poderia o mundo ficar desordenado?" (95; grifo meu).

Apoio ulterior a esta hipótese vem do desconforto que alguns leitores sentem com os três medidores enquanto indicadores da verdade. Será que a precedência não é de fato um apelo falacioso à autoridade? A evidência empírica pode parecer um teste da verdade, mas talvez seja de fato apenas um indicador daquilo que parece plausível às pessoas. Por fim, a questão da verdade de uma doutrina não é completamente diferente da questão se o fato de acreditar nela terá consequências boas?

Em resposta aos argumentos acima apresentados, observamos em primeiro lugar que muitas pessoas brilhantes acreditaram em entidades sobrenaturais, inclusive os filósofos Agostinho e Tomás de Aquino. Portanto, é uma mentalidade tacanha sugerir que os moístas não poderiam realmente ter acreditado em fantasmas e espíritos simplesmente por serem inteligentes. Além disso, embora a aplicação moísta dos três medidores nos possa parece estranha, estes padrões estão concretamente em uso na sociedade atual:

- Precedente: O diretor nacional de saúde determinou que fumar é perigoso para sua saúde.

• Evidência: O celacanto é um peixe que foi considerado extinto, mas recentemente foram encontradas amostras em redes de pesca.

• Aplicação: O remédio herbáceo feito da equinácea não ajuda o corpo a combater a infecção, porque as pessoas ficam doentes e continuam doentes pelo mesmo período de tempo quer o tomem ou não.

Por fim, os moístas afirmam repetidas vezes e inequivocamente que os fantasmas e espíritos existem realmente. Uma citação do próprio Mozi declara: "Os fantasmas do passado e do presente não são diferentes. Existem fantasmas celestes, existem fantasmas e espíritos das montanhas e das águas e existem também pessoas que morrem e se tornam fantasmas"[x]. Em "Sobre os fantasmas" os moístas, frustrados, perguntam seis vezes: "Como podemos duvidar de que existem fantasmas e espíritos?" Os moístas chegam até a advertir as pessoas que, se os sacrifícios aos espíritos algum dia cessarem,

> o Senhor do Céu, os fantasmas e espíritos irão discutir isto entre si lá em cima, dizendo: "O que é melhor? Ter ou não ter essas pessoas? Suponho que para nós não faz diferença nenhuma se elas existem ou não!" Então, se o Senhor do Céu, os fantasmas e espíritos enviarem calamidades e punições lá de cima e abandonarem essas pessoas, isso não seria simplesmente adequado? (*Mozi* 25; *Readings*, p. 85).

O uso deste argumento pelos moístas seria falacioso e sofístico se eles não acreditassem realmente em fantasmas e espíritos[xi].

VII – Importância histórica

O moísmo é um sistema filosófico original e convincente. Em seu esforço por encontrar um padrão quantificável claro para avaliação ética nas consequências das ações, ele tem algumas semelhanças com o utilitarismo ocidental. No entanto, em sua reverência para com o Céu e confiança na atuação de fantasmas e espíritos, faz lembrar a teologia. Seus bem-argumentados questionamentos dos suntuosos funerais, do luto prolongado, das execuções musicais requintadas e do cuidado diferenciado devem ter suscitado sérias dúvidas acerca do confucionismo.

O moísmo deixou de existir como movimento filosófico independente no final do Período dos Estados Combatentes, mas enriqueceu profundamente a filosofia chinesa com seu uso pioneiro de técnicas como os experimentos mentais e os argumentos do estado-de-natureza. Confucianos posteriores como Mengzi (Capítulo 6) e Xunzi (Capítulo 10) não apenas reagiram contra o moísmo, mas absorveram alguns de seus conceitos e técnicas argumentativas. Além disso, o moísmo foi muito apreciado por muitos filósofos chineses do século XX, particularmente no Movimento da Nova Cultura (Capítulo 12), que buscou uma alternativa ao confucionismo.

Embora moísmo e confucionismo possam parecer opostos polares, surgiu outra posição filosófica que questionou ambos de maneira muito fundamental. Passamos a considerar esta filosofia a seguir.

Questões para revisão

1) Que tipo de teoria ética normativa é o moísmo? Que tipo é o confucionismo?

2) Quais são os três benefícios que o moísmo procura maximizar?

3) Por que os moístas pesquisaram a tecnologia militar?

4) Por que os moístas se opuseram às práticas confucianas do funeral e do luto?

5) A que tipos de música os moístas se opuseram e por quê?

6) Como um argumento é diferente de uma afirmação ou de uma altercação ou disputa?

7) O que é um experimento mental? Qual é o nome alemão para ele?

8) Explique o argumento do cuidador para o cuidado imparcial.

9) O que é uma falsa dicotomia?

10) O que é um argumento de estado-de-natureza? Explique a versão moísta do mesmo.

11) O que é a postura moísta a respeito da natureza humana? Se correta, como ela apoia suas visões a respeito do cuidado imparcial e do estado-de-natureza?

12) O que é a teoria do mandamento divino? Quais são alguns dos argumentos a favor e contra ela? Quais são alguns argumentos a favor e contra atribuir essa teoria aos moístas?

13) O que os moístas entendem por "fatalismo"? Qual era a visão confuciana a respeito do destino?

14) O que é um gnômone?

15) O que são os três medidores? Como os moístas os aplicam ao fatalismo e à existência de fantasmas e espíritos? Quais são alguns argumentos a favor e contra a hipótese de que os moístas não acreditavam realmente em fantasmas e espíritos?

16) Como Confúcio ou outros confucianos poderiam responder a algumas das objeções lançadas pelos moístas?

5
Yang Zhu e o egoísmo

Yang Zhu favorecia o ser "para nós mesmos".
Se arrancar um cabelo de seu corpo fosse beneficiar
o mundo inteiro, ele não o faria.

Mengzi 7A26.

Uma árvore bonsai é uma planta cuja natureza foi deformada artificialmente.

Yang Zhu argumentava que deveríamos agir de acordo com a natureza humana e que pertence à natureza humana ser egoísta ou, como ele se expressa, ser "para nós mesmos". Consequentemente, tanto o Caminho moísta quanto Caminho confuciano são contrários à natureza humana, porque ambos exigem que estejamos dispostos a sacrificar-nos pelo bem-estar dos outros. Esta linha de argumento tem alguma plausibilidade especialmente em seu contexto original. Tanto os moístas quanto os confucianos afirmavam estar seguindo a vontade do Céu. Mas a natureza humana é implantada em nós pelo Céu, e o que parece mais natural a qualquer humano do que fazer o que o beneficia?

O parágrafo precedente apresenta um esboço da visão de Yang Zhu, mas deparamos com dois problemas para compreendê-lo mais detalhadamente. Um problema é textual e o outro é conceptual. A dificuldade textual é que nenhum escrito de Yang Zhu chegou até nós. Tudo o que sabemos sobre Yang Zhu é o que outras pessoas disseram a respeito dele. Neste capítulo apresentarei uma reconstrução possível do Caminho de Yang Zhu, baseando-me em textos que podem refletir sua influência. Mas não esqueçamos que muitos estudiosos irão discordar da minha exposição.

A dificuldade conceitual está em compreender exatamente o que são egoísmo e natureza humana. Por isso, antes de voltar-nos para as especificidades da formulação de Yang Zhu, precisamos ter clareza sobre 1) a distinção entre egoísmo psicológico e egoísmo ético e 2) a noção da natureza de uma coisa.

I – O que é o egoísmo?

O egoísmo psicológico e o egoísmo ético são muitas vezes confundidos um com o outro, mas na realidade são doutrinas muito diferentes. A fim de compreender o argumento de Yang Zhu, precisamos esclarecer esta confusão. Por conseguinte, exporei estas doutrinas antes de abordar o próprio Yang Zhu.

De maneira vaga e intuitiva, o egoísmo psicológico diz que cada um *cuida* apenas de si mesmo, enquanto o egoísmo ético diz que cada um *deve* cuidar apenas de si mesmo. De maneira mais precisa e técnica, o egoísmo psicológico é a doutrina segundo a qual o único objeto das motivações de alguém é o interesse pessoal. O egoísmo psicológico é, portanto, uma afirmação descritiva; ele afirma que algo ocorre. O egoísmo ético é a doutrina segundo a qual o único bom motivo que alguém tem para fazer algo é o interesse pessoal. O egoísmo ético é, portanto, uma afirmação prescritiva; ele afirma que as pessoas devem agir de certa maneira.

1 Egoísmo psicológico

Minha experiência é que muitos não filósofos consideram plausível o egoísmo psicológico. Por isso, ficam surpresos ao verificar que quase todos os filósofos sérios consideram o egoísmo psicológico óbvia e demonstravelmente falso. Com efeito, apenas um grande filósofo defendeu o egoísmo psicológico: Thomas Hobbes. Os filósofos continuam a achar Hobbes interessante apesar de seu compromisso com o egoísmo psicológico, e não por causa dele. Sendo assim, por que os filósofos estão tão confiantes que o egoísmo psicológico está errado?

Apresento dois exemplos simples e intuitivos, cada um dos quais mostra a falsidade do egoísmo psicológico:

- Benevolência: Meus filhos viram um comercial sobre crianças empobrecidas e famintas em outro país. Concordaram em renunciar a uma parte de suas mesadas semanais a fim de patrocinar uma criança desse país, ajudando a fornecer-lhe comida, remédios e educação. Em outras palavras, meus filhos ficaram incomodados com o sofrimento de outras crianças, e isto os motivou a renunciar a alguns bens que poderiam ter usado em benefício próprio. Por isso, meus filhos têm pelo menos algumas motivações que não são totalmente egoístas. Portanto, o egoísmo psicológico é falso.

- Autodestruição: Tenho uma amiga que continua tentando deixar de fumar por motivos de saúde. No entanto, ela fracassou repetidamente em seus esforços por causa de seu desejo insaciável de nicotina. Em outras palavras, minha amiga cede a seu desejo de fumar, embora em seu raciocínio o fumar não esteja entre seus melhores interesses. Por isso, minha amiga tem pelo menos uma motivação que não é totalmente egoísta. Portanto, o egoísmo psicológico é falso.

Examinemos estes exemplos um pouco mais atentamente. Quando discutimos as motivações e os sentimentos humanos, podemos distinguir entre o sujeito de um sentimento e o objeto do sentimento. Em outras palavras, podemos perguntar: *Quem tem este sentimento?*, mas também: *A que se refere este sentimento?* Por exemplo, suponhamos que perguntamos se Brad Pitt ama Jennifer Aniston ou Angelina Jolie. Compreendemos a pergunta porque, embora haja apenas um sujeito do sentimento (Brad é aquele que sente amor), existem dois potenciais objetos dos sentimentos (ele ama ou Jennifer ou Angelina – ou ambas). Evidentemente, existem casos especiais nos quais o sujeito e o objeto do sentimento é o mesmo. Por que tomo vitaminas? Porque nem sempre eu como corretamente e quero assegurar-me de que tenho todos os nutrientes de que preciso. Por isso, sou o sujeito desta motivação (aquele que deseja tomar as vitaminas), mas sou também o objeto da motivação (eu tomo as vitaminas para meu próprio benefício).

No exemplo da benevolência, meus filhos são os sujeitos do sentimento, e o objeto de seu sentimento é o sofrimento de outra criança. No exemplo autodestrutivo, minha amiga é o sujeito da motivação e o objeto é satisfazer seu desejo insaciável de nicotina (que a leva a agir contra seu interesse pessoal). Note-se que em nenhum dos exemplos o objeto do sentimento ou motivação é o interesse pessoal.

Existem algumas maneiras de as pessoas tentarem evitar estes fatos. Uma das mais comuns é argumentar que as únicas motivações que a pessoa realmente tem são maximizar seu prazer e minimizar sua dor. No caso da benevolência, meus filhos estavam tristes por causa do sofrimento de outra criança e suas ações eram de fato apenas uma maneira de atenuar seu próprio sofrimento, o que é simplesmente interesse pessoal. Do mesmo modo, no caso autodestrutivo, minha amiga estava sofrendo por causa da abstinência de nicotina, e ela fumava apenas como uma maneira de atenuar seu próprio sofrimento, o que é simplesmente interesse pessoal. No entanto, estes contra-argumentos são ambos falaciosos. Vejamos como.

No caso da benevolência, o defensor do egoísmo psicológico reconhece que meus filhos sentiam dor. Mas qual é o objeto de sua dor? A que se refere sua dor? A única resposta disponível é esta: meus filhos estão aflitos com o sofrimento de outra criança. Mas se alguém disser isto, ele terá admitido que meus filhos estão preocupados com algo que não é eles próprios. Sim, meus filhos não gostam da dor que sentem, e esta dor faz parte da explicação de suas ações; mas nós não temos uma explicação completa do motivo por que meus filhos doam parte de suas mesadas, a não ser que levemos em conta a pessoa (exterior a eles mesmos) cujo sofrimento lhes causa dor. Se não estivessem preocupados com a criança sofredora, eles não sentiriam nenhuma dor para aliviar.

O mesmo tipo de resposta não pode ser dado no caso autodestrutivo. Minha amiga deseja fumar a fim de atenuar seu próprio sofrimento. De modo que ela é tanto o sujeito quanto o objeto de seu prazer e de seu sofrimento. Não seria este então um caso de agir por interesse pessoal? Não! Lembremos que, no exemplo, minha amiga entende que não é de seu interesse pessoal fumar. Ela acredita que o prazer obtido através do fumar é ultrapassado pelo custo que isto traz para sua saúde. Quando minha amiga cede à tentação de fumar, ela está fazendo algo que lhe dá prazer (e, assim, lhe traz *algum* benefício). No entanto, mesmo de acordo com seu próprio critério, o prazer que ela obtém do fumar não vale o dano causado à sua saúde. Por conseguinte seu fumar não está absolutamente no seu melhor interesse. Portanto, sua motivação para fumar não provém simplesmente de um puro interesse pessoal.

Uma segunda maneira de as pessoas tentarem evitar os contraexemplos consiste em atribuir às pessoas crenças ou motivações ocultas que são de puro interesse pessoal. Talvez meus filhos doem realmente dinheiro para ajudar outra criança porque querem que outras pessoas os ajudem se algum dia eles passarem necessidade. Talvez o prazer de fumar compense realmente o dano causado à saúde de minha amiga. Ora, concordo certamente que às vezes as pessoas agem de uma maneira que parece benévola ou de uma maneira que parece autodestrutiva, mas de fato não é. O problema com esta linha de argumento é que ela requer que atribuamos sistematicamente motivações fingidas ou subconscientes a pessoas em literalmente bilhões de casos. Na grande maioria desses casos não existe evidência para atribuir essas motivações a não ser o desejo de isolar o egoísmo psicológico da falsificação. Não existe evidência de que meus filhos sofrem por causa da preocupação de que poderiam nascer (renascer?) em pobreza esmagadora num país com pouca infraestrutura que foi devastado por um tsunami. Não há motivo para atribuir-lhes a crença de que dar dinheiro para alguém do outro lado do mundo é uma rede de proteção melhor para seu próprio bem-estar do que economizá-lo em proveito próprio. Analogamente, o que dizer quando

> **Mito:** *"Os biscoitos da sorte são uma sobremesa chinesa tradicional".*
>
> **Fato:** *Embora sejam um artigo principal dos restaurantes chineses nos Estados Unidos, a maioria das pessoas na China nunca viu um biscoito da sorte. Por serem tão populares nos Estados Unidos, alguns empresários na China importaram biscoitos da sorte, mas estes nunca se tornaram populares.*

minha amiga afirma que fumar não é de seu interesse pessoal? Será que ela está mentindo? Será que ela de alguma maneira pensa subconscientemente que fumar está entre seus melhores interesses pessoais? Uma explicação muito mais simples é que as motivações das pessoas geralmente giram em torno daquilo em torno do qual parecem girar.

Por fim, um bom critério a respeito do interesse pessoal – que, ironicamente, é muitas vezes mal-interpretado como aprovação do egoísmo psicológico – é que frequentemente uma pessoa tem interesse pessoal em preocupar-se com coisas alheias a ela. Uma pessoa que só se preocupa consigo mesma terá provavelmente uma vida vazia e enfadonha. Pelo contrário, uma pessoa com diversos interesses sinceros por outras pessoas, atividades e causas tem mais chance de ter uma vida plena e empolgante. A isto se dá às vezes o nome de paradoxo do egoísmo. Mas isto não é uma aprovação do egoísmo (de qualquer tipo). O que isto acarreta é que, se você se preocupa consigo mesmo, você procurará interessar-se também por outras coisas. Aqui vai uma ilustração. Pelo fato de eu me interessar por questões levantadas pela filosofia, eu gosto de ler, escrever e ensinar filosofia. É certamente de meu interesse pessoal sentir prazer, mas não posso sentir este tipo particular de prazer se não me interessar realmente por filosofia. Assim, é de meu interesse pessoal preocupar-me não só comigo mesmo, mas também com a filosofia.

O personagem Cartman do seriado cômico *South Park* ilustra como seria um genuíno egoísta psicológico. Quando Butters é preso por engano por um crime cometido por Cartman, Kile e Stan, Cartman fica eufórico:

Cartman: – Vocês viram, rapazes, tudo deu certo.

Kyle: – Eu me sinto mal, Cartman.

Cartman: – O quê? Como você pode sentir-se mal? Um outro vai pagar por nosso crime.

Kyle: – Isto torna as coisas ainda piores.

Cartman: – Mas, Kyle, parece que você não compreende. Nós não seremos punidos por isto. Nunca.

Kyle: – Sei.

Cartman: – Então, como você pode sentir-se mal?

Stan: – Ele se sente culpado por tê-lo feito e por deixar que outro pague pelo crime.

Cartman: – Mas ele não está se metendo em apuros.

Stan: – Não importa se você se mete ou não em apuros, ainda assim você pode sentir-se mal. [*Para Kyle:*] Penso que você tem razão, Kyle. Talvez devamos confessar.

Cartman: – O quê? Atenção, rapazes! Não há nada para sentir-se mal! Estamos a salvo!

Kyle: – Nós nos sentimos mal por causa de outras pessoas.

Cartman: – Por causa de outros? Quer dizer que você pensa que poderá se meter em apuros *mais tarde*?[i]

Kyle e Stan têm sentimentos humanos normais. Eles se preocupam com outras pessoas (eles são benévolos) e têm também uma consciência de jogo limpo (eles são corretos) e, por isso, incomoda-os que Butters seja punido por algo que eles cometeram. Cartman, pelo contrário, não tem sinceramente nenhuma preocupação a não ser consigo próprio. Por conseguinte, ele não se importa absolutamente que Butters sofra. Com efeito, ele tem até dificuldade de entender o que poderia estar motivando Kyle e Stan.

A troca de opiniões entre Cartman e seus amigos é não só divertida, mas também ilustra o defeito intransponível do egoísmo psicológico. *Existem* no mundo algumas pessoas como Cartman e, quando as encontramos, é triste ou até assustador em vez de engraçado. Mas em sua maioria as pessoas se parecem mais com Kyle e Stan. E o que é sumamente importante: *o egoísmo psicológico nos deixa sem nenhum meio de explicar a diferença entre pessoas como Cartman e pessoas como Kyle e Stan.* Se o egoísmo psicológico fosse correto, todos na história da espécie humana seriam exatamente como Cartman. Mas não são. Portanto, o egoísmo psicológico falha como hipótese explicativa para o comportamento humano.

2 *Egoísmo ético*

Embora o egoísmo psicológico esteja morto, o egoísmo ético ainda é uma postura séria que poderia ser verdadeira. Novamente, o egoísmo psicológico é uma afirmação descritiva (embora falsa), enquanto o egoísmo ético é uma afirmação prescritiva. O egoísmo ético é a doutrina segundo a qual o único bom motivo que alguém tem para fazer algo é que isto é de seu interesse pessoal. Se uma ação não é absolutamente do interesse pessoal geral de uma pessoa, ela não tem nenhum motivo para fazê-la. O egoísta ético pode admitir de bom grado que existem muitos casos como os exemplos de benevolência e de autodestruição supracitados, mas ele afirmará que não só minha amiga está louca para fumar, mas também meus filhos estão loucos para doar uma parte de suas mesadas. O egoísta ético admitirá que a maioria das pessoas *não* é como Cartman – mas deveria ser.

II – O que é a natureza de uma coisa?

As relações entre a natureza humana, o Céu e o Caminho foram expressas sucintamente pela *Doutrina do Meio*, um texto confuciano antigo: "O que é mandado pelo Céu chama-se a 'natureza' de alguém. Seguir sua natureza chama-se o 'Caminho'"[ii]. Já que tanto os confucianos quanto os moístas afirmavam estar seguindo o Céu, eles precisavam reconhecer que seguir sua natureza é seguir o Caminho.

Quando Yang Zhu disse que pertence à natureza humana ser "para nós mesmos", estaria ele defendendo o egoísmo psicológico ou o egoísmo ético? Para responder a isto precisamos de uma compreensão mais clara do que se entende por natureza de uma coisa. Como se pode ver pela estrutura do caractere, a palavra chinesa para natureza (*xing* 性) está relacionada etimologicamente com uma palavra que significa "nascer" ou "viver" (*sheng* 生). Diferentes pensadores enfatizam uma conotação ou a outra. Assim "natureza" pode referir-se às características inatas de uma coisa, mas pode também referir-se às características que uma coisa irá desenvolver no decurso de sua vida, se tiver um ambiente propício. Uma passagem de outro texto antigo ilustra estes sentidos:

> Pertence à natureza da água ser clara. A terra a perturba; e por isso ela é incapaz de ser clara. Pertence à natureza das pessoas viver até à velhice. As coisas as perturbam; por isso elas são incapazes de viver até à velhice. As coisas são aquilo mediante o qual alguém nutre a natureza. Elas não são aquilo que alguém nutre com a natureza. [...] Por isso, em relação às coisas que alguém ouve, vê e saboreia, o sábio escolhe o que é benéfico para sua natureza e evita o que é prejudicial à sua natureza. Este é o Caminho para manter intacta sua natureza[iii].

A água é clara por natureza, mas pode ser misturada com terra, o que a torna turva. Se ela for deixada tranquila, a terra se depositará no fundo e a água será novamente clara. Os humanos, se tiverem um ambiente saudável (com comida, roupa etc.), viverão até a velhice. Mas, se abusarem das coisas (por exemplo, vinho em demasia), ou se correrem atrás da riqueza a ponto de esta expô-los ao perigo (por exemplo, fazendo inimigos políticos), isto pode encurtar-lhes a vida. Por conseguinte, os bens materiais deveriam ser usados para nutrir a própria vida; não se deveria gastar a própria vida na busca de bens materiais.

"Natureza" é um conceito parcialmente descritivo e parcialmente normativo. Quantas patas tem uma aranha? A resposta óbvia é oito; mas algumas aranhas têm menos de oito patas por causa de alguma lesão e aranhas mutantes podem ter nove patas ou mais. Entretanto, dizermos que uma aranha tem oito patas porque temos uma concepção do que é natural para uma aranha, o que supõe um curso normal e sadio de desenvolvimento dessa criatura.

Apliquemos isto a uma planta. Qual é a natureza do zimbro chinês? Ele é uma árvore sempre-verde com folhas estreitas, que chega a ter entre um e dezoito metros de altura. Será que as sementes do zimbro chinês são também árvores? Ora, elas têm o potencial de se tornar árvores, se tiverem um ambiente propício (com água, luz do sol e solo fértil). Mas a maioria das sementes nunca realiza concretamente seu potencial de tornar-se árvores. O zimbro chinês é também uma preferência popular para bonsais. Os artistas de bonsais colocam a planta em potes extremamente rasos e a podam regularmente. Estes fatores ambientais criam uma árvore que pode ser muito bonita, mas também inteiramente artificial.

Nós temos geralmente uma noção intuitiva da natureza de determinada planta ou determinado animal. Esta natureza não é idêntica nas características de cada membro individual da espécie (por exemplo, algumas aranhas perderam uma pata, alguns zimbros chineses são mantidos com uma altura de quinze centímetros). Ela pode até nem sempre ser idêntica às características da maioria dos membros da espécie (por exemplo, a maioria dos ovos das aranhas e das sementes das plantas não chega à idade adulta). Mais exatamente, a natureza de algo é aquilo que ela será em condições ideais para sua vida.

Dada esta concepção, o que significa dizer que pertence à natureza humana ter interesses meramente pessoais? *Não* significa que todos os humanos têm, na realidade, interesses meramente pessoais. Exatamente como uma aranha lesada pode ter sete patas e um zimbro chinês bonsai pode não passar de quinze centímetros de altura, assim alguns humanos podem ter motivações que não são de interesse pessoal. Mas motivações humanas diferentes do interesse pessoal são o resultado de uma deformação artificial da natureza humana. Assim Yang Zhu não é um egoísta psicológico. Mais exatamente, ele é uma espécie de egoísta ético.

III – Primeiros debates sobre o Caminho de Yang Zhu

Uma obra filosófica que pode refletir a influência das ideias de Yang Zhu é o "Ladrão Zhi", um breve diálogo imaginário entre seu notório personagem do título e Confúcio (*Readings*, p. 369-375). Ladrão Zhi era famigerado por liderar um grupo de salteadores que roubava dos poderosos e dos fracos indiscriminadamente. No diálogo, Confúcio procura Ladrão Zhi, esperando convertê-lo ao Caminho confuciano. No entanto, Ladrão Zhi descreve Confúcio como "esperto e *artificial*" e o repreende: "Você ousa *criar* o que é certo e o que é errado. [...] Você *fabrica* cegamente a piedade filial e o amor fraterno [...]" (371). Sem se deixar intimidar, Confúcio prontifica-se a negociar com os governantes dos vários Estados a favor de Ladrão Zhi. Em troca pelo término de suas atividades criminosas, os outros governantes farão de Zhi um governante de seu próprio Estado. Confúcio lhe diz: "Você pode recomeçar no mundo, dispersando suas tropas, depondo suas armas, reunindo sua família e sacrificando a seus ancestrais" (372).

Em resposta, Ladrão Zhi diz a Confúcio: "Este Caminho seu é um negócio maluco, fraudulento, inútil, vazio e artificial. Não é uma maneira de realizar seu verdadeiro eu". O que é o "verdadeiro eu" ou "essência humana" de uma pessoa? Ladrão Zhi explica que "os olhos desejam ver cores. Os ouvidos desejam ouvir sons. A boca deseja provar sabores. E as emoções desejam satisfação. [...] Se você não está satisfazendo seus desejos e tratando com carinho seus dias, você não entende o Caminho" (374). Os mais antigos humanos entendiam este Caminho:

> No tempo de Shen Nong, eles se deitavam mortos de cansaço e levantavam bem acordados. Conheciam suas mães, mas não seus pais, e viviam junto com os cervos. Cultivavam seu próprio alimento e teciam suas próprias roupas e não tinham nenhuma ideia de prejudicar uns aos outros. *Este* era o ponto alto que a Virtude alcançou! (372)

Observe-se que este é outro exemplo de um argumento do estado-de-natureza. No mais antigo uso moísta deste argumento, a condição humana pré-civilizada é uma condição de conflito e sofrimento sem fim. Somente o estabelecimento da autoridade governamental, incluído o uso de punições, é que resgata os humanos desta difícil situação unificando as normas humanas. No entanto, em "Ladrão

Zhi", o estado-de-natureza anterior à civilização é uma utopia, na qual os humanos satisfazem facilmente seus desejos básicos de coisas como alimento e sexo, sem a necessidade de violência, competição ou ganância inútil. Longe de ser nossa salvação, o desenvolvimento de instituições governamentais destrói este estado paradisíaco. Por exemplo, entre os supostos sábios que moístas e confucianos veneram, o Imperador Amarelo guerreou "até o sangue escorrer por cem léguas" e "Tang exilou seu senhor, Wu assassinou Tirano Zhou, e desde então os fortes oprimem os fracos e os muitos tiranizam os poucos". Por que isto aconteceu? Porque estas pessoas (como Confúcio) "foram todas violentamente contra sua essência e sua natureza, porque o proveito as confundiu acerca de seu verdadeiro eu" (373). Em outras palavras, as pessoas lutam para obter poder político, conquistar uma reputação por Virtude e acumular mais riqueza do que elas podem gastar. O resultado é que elas sofrem, causam sofrimento aos outros e até morrem. Ladrão Zhi observa que Bi Gan foi supostamente um ministro leal, mas acabou tendo o coração arrancado do peito[1]. Até o próprio Zilu, discípulo de Confúcio, morreu de morte violenta como resultado de tentar seguir os ensinamentos de seu Mestre.

Foi provavelmente algum simpatizante dos ensinamentos de Yang Zhu quem escreveu este diálogo; por isso ele termina com Confúcio deslumbrado com os argumentos de Ladrão Zhi – e talvez até convencido por eles. No entanto, outro texto apresenta Mozi tendo a última palavra num diálogo com um certo Wu Mazi, que parece estar influenciado pelas ideias de Yang Zhu. Wu Mazi afirma:

> "Quando eu sou espancado sinto dor. Quando outros são espancados a dor não chega até mim. Por que deveria eu resistir ao que não me causa dor e não resistir ao que me causa dor? Portanto, eu prefiro mandar matá-los para beneficiar-me a deixar-me matar para beneficiá-los".
>
> Mozi respondeu: "Esta sua visão deve ser mantida em segredo ou ser contada aos outros?"
>
> Wu Mazi respondeu: "Por que deveria eu manter minha opinião para mim? Evidentemente irei contá-la aos outros".
>
> Mozi disse: "Então, se alguém está satisfeito com a doutrina de você, haverá uma pessoa disposta a matá-lo a fim de beneficiar-se. Se dez pessoas estiverem

1. Para Shen Nong, o Imperador Amarelo, Bi Gan e as outras figuras mencionadas neste parágrafo, cf. Capítulo 1.

> satisfeitas com a doutrina de você, haverá dez pessoas dispostas a matá-lo a fim de beneficiar-se. [...] Por outro lado, se uma pessoa não estiver satisfeita com a doutrina de você, haverá uma pessoa disposta a matá-lo como propagador de uma doutrina má. Se dez pessoas não estiverem satisfeitas com você, haverá dez pessoas dispostas a matá-lo como propagador de uma doutrina má. [...] Então, afinal, onde está o benefício da doutrina de você?"[iv]

Aqui Mozi fornece um dos argumentos clássicos contra o egoísmo ético: parece não ser do interesse pessoal do egoísta ético que outras pessoas aceitem o egoísmo ético. A melhor situação, partindo da perspectiva do egoísta comprometido, é aquela em que ele é o único egoísta ético numa sociedade de pessoas altruístas. Os altruístas o beneficiarão, enquanto ele pode aproveitar-se deles. No entanto, a maior probabilidade de isto ser bem-sucedido só se verifica se os altruístas não sabem que o egoísta ético não é um deles. Alguns filósofos consideram isto uma refutação do egoísmo ético. No entanto, os egoístas éticos respondem que não existe nada lógica ou praticamente incompatível com seu desejo de que outras pessoas não acreditem na verdade.

Um terceiro texto fornece um diálogo entre Yang Zhu, Meng Sunyang (um de seus seguidores) e Qin Guli (um moísta):

> Qin Guli perguntou a Yang Zhu: "Se você pudesse ajudar o mundo inteiro com a perda de um cabelo de seu corpo, você o faria?"
>
> Yang Zhu respondeu: "Com certeza o mundo não seria ajudado por um único cabelo".
>
> "Supondo que isso ajudaria, você não faria?"
>
> Yang Zhu não lhe respondeu. Meng Sunyuang disse: "Você não compreendeu o que está no coração de meu Mestre. Deixe-me dizê-lo. Suponhamos que por um fragmento de sua pele você pudesse obter mil fragmentos de ouro, você o daria?"
>
> "Eu daria."
>
> "Suponhamos que, amputando um membro na junta, você pudesse ganhar um Estado, você o faria?"
>
> Qin Guli ficou em silêncio por algum tempo.
>
> Meng Sunyang continuou: "Que um cabelo vale menos do que a pele e que a pele vale menos do que um membro é suficientemente claro. No entanto, continue

agregando ao único cabelo e ele equivale à pele; continue agregando mais pele e ela equivale a um membro. Um único cabelo é certamente uma coisa entre as dez mil partes do corpo, como pode alguém tratá-lo levianamente?"[v]

O desafio de Qin Guli a Yang Zhu é que é absurdo não estar disposto a sacrificar algo tão inútil quanto um único cabelo da sua cabeça se isso beneficiasse o mundo inteiro. Em resposta, Meng Sunyang leva Qin Guli a admitir que daria um fragmento da pele por mil peças de ouro, mas não daria um membro inteiro nem mesmo para controlar todo um Estado. Meng Sunyang conclui com uma pergunta retórica. Se convertermos a pergunta numa declaração, ela parece significar o seguinte: Não se pode tratar nem sequer um único cabelo levianamente, porque ele é certamente uma entre as dez mil partes do corpo. Mas como isto é uma resposta à objeção de Qin Guli a Yang Zhu?

Talvez Meng Sunyang atribua a Qin Guli o seguinte argumento: Já que um só cabelo é absolutamente inútil, é absurdo estar disposto a sacrificá-lo para beneficiar outros. A resposta de Meng Sunyang é que, se qualquer parte do corpo, não importando quão pequena ela seja, fosse absolutamente inútil, então partes maiores do corpo compostas destas partes também seriam inúteis. Mas partes grandes do corpo de alguém, como os membros, certamente não são inúteis. Portanto, mesmo um único cabelo tem algum valor, embora seja muito pequeno. Já que um cabelo tem algum valor, não é absurdo não estar disposto a sacrificá-lo em benefício de outros.

Como Qin Guli poderia responder a isto? Em particular, será que Qin Guli supõe que um cabelo é absolutamente inútil ou simplesmente que seu valor é extremamente pequeno? Consideremos também um ponto mais geral: Estaria Yang Zhu relutante em admitir que não iria sacrificar um cabelo para beneficiar o mundo?

IV - O debate contemporâneo

Muitos pensadores tradicionais, tanto no Oriente quanto no Ocidente, apelaram para uma visão da natureza humana como base para seus argumentos. Entre os filósofos e cientistas contemporâneos, alguns diriam que a noção da natureza de uma coisa deveria ser jogada na lata de lixo da história, enquanto outros defendem o apelo à natureza humana.

Alguns dos que rejeitam a noção de natureza humana afirmam que é simplesmente implausível acreditar num Céu ou num Deus que dota os humanos de uma natureza. Outros mostram que o apelo à natureza humana tem sido usado para justificar vários tipos de opressão, classificando alguns grupos de pessoas como sendo de certa forma menos do que plenamente humanos. Por fim, muitos antropólogos afirmam que a grande variedade de culturas humanas florescentes mostra que não existe uma natureza humana única e universal.

Em resposta, alguns biólogos argumentam que a evolução explica por que os humanos desenvolveram uma natureza comum, não importando se existe ou não algum poder superior. O próprio Charles Darwin acreditava que, como os humanos são animais sociais que confiam em seu "bando" para sobreviver, a benevolência é um traço selecionado pela evolução. Além disso, alguns filósofos sugerem que movimentos sociais progressistas também recorrem a concepções de natureza humana. O argumento de que todos os humanos compartilham uma natureza comum constituiu a base filosófica para defender a igualdade de direitos das mulheres, opor-se à discriminação contra *gays* e lésbicas e criticar a escravidão. É também comum os proponentes contemporâneos da natureza humana apresentarem dela uma concepção pluralista em vez de monística. Em outras palavras, existe uma só natureza humana, que demarca quais estilos de vida são práticos e vantajosos para os humanos. No entanto, existe mais de uma maneira de instanciar esta natureza.

O debate a respeito da natureza humana é obviamente de permanente relevância, mas nosso interesse primeiro aqui é examinar como ele desempenhou um papel no pensamento chinês mais antigo. Por isso, no próximo capítulo consideraremos um filósofo confuciano que recorreu à sua própria concepção de natureza humana para argumentar tanto contra Yang Zhu quanto contra os moístas.

Questões para revisão

1) Explique a diferença entre egoísmo psicológico e egoísmo ético.

2) Explique a diferença entre o sujeito e o objeto de um sentimento ou desejo.

3) Use a distinção entre o sujeito e o objeto de um desejo para explicar as diferentes atitudes de Cartman e Kyle em relação à prisão de Butters por causa do crime cometido por eles.

4) Explique o paradoxo do egoísmo.

5) O que diria um egoísta ético a respeito de minha amiga que não consegue abandonar o fumo? O que ele diria de Madre Teresa devotando sua vida a ajudar os necessitados?

6) Explique como o Céu, o Caminho e a natureza humana estão relacionados entre si.

7) Explique os dois sentidos da natureza de uma coisa.

8) O que os seguidores de Yang Zhu disseram que estava errado com o confucionismo e também com o moísmo?

9) De acordo com os seguidores de Yang Zhu, por que algumas pessoas seguem equivocadamente o confucionismo ou o moísmo?

10) Explique a diferença entre o uso moísta e o uso yanguista do argumento de um estado-de-natureza.

11) Imagine uma filosofia extremamente ascética que desestimula seus adeptos de apreciar música, boa comida e sexo e os estimula a dormir sobre tábuas de madeira e tomar banho frio. Como se poderia usar a noção de "natureza humana" para criticar essa filosofia?

6
Mengzi e a natureza humana

As doutrinas de Yang Zhu e de Mozi preenchem o mundo. Se uma doutrina não tende para Yang, então ela tende para Mo.

Mengzi 3B9.

Mengzi é chamado às vezes de Segundo Sábio (superado apenas por Confúcio) por causa de sua imensa influência sobre o confucionismo.

Corria o ano de 319 a.C. Estamos em Liang, capital do Estado de Wei. O rei Hui de Liang convidou os eruditos mais sábios de toda a China para comparecer e oferecer seus conselhos sobre a forma de governar. A corte real é um saguão elevado, com vistas para um átrio lá embaixo. A arquitetura é intimidante: os que chegam para ver o rei precisam atravessar o átrio e depois subir os degraus sob seu augusto olhar. Até o mais eminente dignitário pode ser desculpado por sentir alguma apreensão.

Hoje o confuciano Mengzi foi favorecido com uma audiência real. Ele se inclina ritualmente em direção ao rei antes de subir os degraus e entrar no saguão. O rei dirige-se a Mengzi com o máximo respeito enquanto diz: "Venerável senhor, você não levou em consideração centenas de léguas de distância para chegar, de modo que deve ter um meio para trazer proveito ao meu Estado".

Imediatamente Mengzi retruca: "Por que precisa Vossa Majestade falar em proveito? Que seja simplesmente benevolência e retidão!"

Todos ficam chocados, titubeando com a audácia de Mengzi de repreender o rei. Antes de poderem recuperar o fôlego, Mengzi explica:

> Se Vossa Majestade diz: "Como posso eu trazer proveito ao meu Estado?", os conselheiros especiais dirão: "Como posso eu trazer proveito ao meu clã?" e os nobres e plebeus dirão: "Como posso eu trazer proveito a mim mesmo?" Superiores e subordinados irão tirar proveito uns dos outros e o Estado correrá perigo. Quando o governante de um Estado que pode pôr em campo dez mil carros de guerra é assassinado, será invariavelmente por um clã que pode pôr em campo mil carros de guerra. Quando o governante de um Estado que pode pôr em campo mil carros de guerra é assassinado, será invariavelmente por um clã que pode pôr em campo uma centena de carros de guerra. Mil carros dentre dez mil ou uma centena dentre mil não é sem dúvida uma quantidade pequena. Mas, se alguém simplesmente põe a retidão em último lugar e o proveito em primeiro, ninguém ficará satisfeito sem roubar mais. Nunca os benévolos abandonaram seus pais. Nunca os corretos puseram seu governante em último lugar. Que Vossa Majestade fale apenas de benevolência e retidão. Por que deveria alguém falar em "proveito"? (*Mengzi* 1A1).

A resposta corajosa de Mengzi notifica o rei de que, diferentemente de tantas outras pessoas da corte real, ele não é um bajulador sicofanta que só diz ao rei o que este quer ouvir. A resposta de Mengzi é também um brilhante argumento filosófico. Poderia parecer que ele estava pondo objeções ao proveito em si. Mas com que fundamento Mengzi dá instruções ao rei Hui para que evite enfatizar o proveito? Enfatizar o proveito é em si mesmo não proveitoso. Um confuciano posterior resumiu a intenção de Mengzi concisamente: "Um cavalheiro nunca deixa de desejar o proveito; mas, se alguém está focado unicamente no proveito, isto leva ao prejuízo. Se existe apenas benevolência e retidão, a pessoa não buscará o proveito, mas nunca deixará de obter proveito"[i]. Aqui Mengzi está elaborando com muito mais detalhes uma postura insinuada por Confúcio, que advertiu: "Se nos seus negócios você se entrega à busca do proveito, você despertará muito ressentimento" (4.12), mas também observou: "Os que são sábios seguem a Bondade porque sentem que obterão proveito dela" (4.2).

Quem é este brilhante, mas atrevido, defensor do Caminho de Confúcio?

Temos poucos detalhes da vida de Mengzi, além dos contidos em seu texto epônimo, o *Mengzi*. Ele nasceu em Zou, um pequeno Estado próximo ao Estado de Lu, terra natal de Confúcio, ambos situados no que é hoje a província de Shandong. Seu pai morreu quando ele era jovem. Em sua sociedade patriarcal, isto deve ter deixado a ele e sua mãe em circunstâncias precárias. No entanto, sua mãe ainda conseguiu mandá-lo estudar na escola confuciana de Zisi, neto de Confúcio.

Existem diversas histórias famosas a respeito da mãe de Mengzi que são encantadoramente edificantes, sejam ou não verdadeiras. Uma delas diz que "a mãe de Mengzi deslocou-se três vezes" (*Meng mu san qian* 孟母三遷) a fim de encontrar um ambiente apropriado no qual seu filho pudesse crescer. Após a morte do marido, ela mudou-se com o filho primeiramente para perto de um cemitério e o jovem sábio simulava executar rituais fúnebres. Pensando que isto era impróprio para uma criança, a mãe de Mengzi mudou-se para uma casa perto de uma feira-livre, mas seu filho começou a imitar alguém apregoando mercadorias pelas ruas. Ainda insatisfeita, a mãe de Mengzi mudou-se para uma casa ao lado de uma escola. Ali Mengzi simulava ser um professor, o que finalmente agradou à mãe.

Quando Mengzi começou a frequentar a escola, sua mãe perguntava-lhe todos os dias o que ele havia aprendido. Certo dia a resposta dele mostrou uma casual indiferença em relação aos seus estudos. Em resposta, "a mãe de Mengzi cortou os fios" (*Meng mu duan ji* 孟母斷機) do tecido que ela estava entrelaçando e desse modo estragou-o. Seu trabalho de tecelã era provavelmente uma das suas poucas fontes de renda, de modo que Mengzi ficou surpreso por ela ter desperdiçado uma peça de tecido. A mãe explicou que, se ele desperdiçava um dia de aprendizado, era tão ruim como ela desperdiçar um dia de trabalho. Daí em diante, Mengzi sempre se dedicou plenamente ao seu trabalho escolar.

Quando adulto, Mengzi viajava de um Estado a outro, procurando encontrar um governante que pusesse em prática um "governo benévolo". Com isso ele entendia governar mediante "cavalheiros" virtuosos que visassem o bem-estar das pessoas como um todo. Mengzi acentuava que a maioria das pessoas entrará para o crime se forem pobres e famintas:

> Não ter um meio de sustento constante, e ainda assim ter um coração constante – só um erudito é capaz disto. Quanto às pessoas, se elas não têm um meio de sustento constante, segue-se que não terão um coração constante. Ninguém desprovido de um coração constante evitará a dissipação e o mal. Quando, em consequência disso, elas mergulham no crime, ir e punir as pessoas é prendê-las numa armadilha. Quando existem pessoas benévolas em posições de autoridade, como é possível elas prenderem as pessoas numa armadilha? (1A7; *Readings*, p. 122).

Por conseguinte, o governo tem a obrigação de assegurar que as necessidades básicas das pessoas sejam satisfeitas. Mengzi ofereceu conselhos muito mais específicos do que Confúcio a respeito de como assegurar os meios de sustento das pessoas, inclusive recomendações sobre tudo, desde porcentagem de tributação, passando pela administração da propriedade agrícola, até a tabela salarial para os empregados do governo (por exemplo, 3A3). No entanto, como sugerem as referências a "um erudito" e a "um coração constante", Mengzi concordava com Confúcio que o cultivo ético é crucial tanto para o bem-estar individual quanto para o bem-estar social. Assim, Mengzi defendia um sistema educacional que ensina às pessoas como ser um bom pai, filho, governante, ministro, cônjuge e amigo (3A4).

Encontramos em Mengzi uma ênfase nos cinco temas que consideramos característicos de todos os confucianos: alcançar a felicidade no mundo cotidiano, uma apropriação revivalista da tradição, relações familiares como base das obrigações éticas e do cuidado diferenciado, o ritual como meio de expressar e reforçar seus vínculos com os outros e a força eticamente transformadora da educação[1]. Além disso, Mengzi concordava com Confúcio ao considerar que a guerra é, na melhor

1. Cf. Capítulo 2 para estes temas.

das hipóteses, um lamentável último recurso. No que veio a tornar-se um provérbio chinês, ele declarou que tentar governar pela força bruta é tão ineficaz como "subir numa árvore em busca de um peixe" (*Yuan mu qiu yu* 緣木求魚, 1A7)[2].

No entanto, Mengzi não podia simplesmente repetir o que Confúcio dissera. O confucionismo estava agora sob ataque por parte de uma diversidade de filosofias alternativas. Mengzi via duas posturas como concorrentes principais ao Caminho: "as doutrinas de Yang Zhu e Mozi preenchem o mundo. Se uma doutrina não tende para Yang Zhu, então ela tende para Mozi. Yang Zhu é 'para si mesmo'. Isto significa não ter um governante. Mozi é 'cuidado imparcial'. Isto significa não ter um pai. Não ter um pai e não ter um governante é ser um animal" (3B9; *Readings*, p. 135-136).

Em resposta aos moístas, Mengzi argumentou que a imparcialidade por eles exigida era incompatível com a natureza humana, e por isso não era nem prática nem desejável. Nisto Mengzi concordava com Yang Zhu. No entanto, Yang Zhu também estava errado, porque na natureza humana existe mais do que desejos de interesse pessoal. Em vez de serem deformações artificiais da natureza humana, a benevolência e a retidão são tão naturais como o fruto que brota de um pessegueiro. Vejamos mais detalhadamente como Mengzi argumenta a favor destas afirmações.

I - Os moístas, o proveito e a imparcialidade

Já vimos uma parte do argumento de Mengzi contra o moísmo. Quando Mengzi repreende o rei Hui: "Por que precisa alguém falar em 'proveito (*li*)'?" (1A1), ele está também criticando implicitamente os moístas, que afirmam que "a tarefa de uma pessoa benévola consiste em promover o que é benéfico (*li*) para o mundo e eliminar o que é prejudicial" (68). Por exemplo, os moístas argumentam contra a guerra agressiva com a justificativa de que ela não é benéfica, nem mesmo para o Estado agressor. Quando Mengzi encontra alguém que planeja dissuadir os governantes de empreender uma guerra argumentando que a guerra não traz proveito, ele objeta:

> Sua intenção, venerável Senhor, é realmente grande. Mas seu lema é inaceitável. Se você persuade os reis de Qin e Chu mediante o proveito, os reis de Qin e Chu

---

2. Para mais informações sobre as opiniões de Mengzi sobre a guerra, cf. 4A14*, 6B8* e 7B1*, 7B2*, 7B3 e 7B4*.

porão de lado os três exércitos porque sentem prazer no proveito. Os oficiais dos três exércitos sentirão prazer em ser postos de lado porque se deleitam no proveito. Os que são ministros adotarão o proveito ao servir a seus governantes. As crianças adotarão o proveito ao servir a seus pais. Os irmãos mais moços adotarão o proveito ao servir a seus irmãos mais velhos. Os governantes e os ministros, os pais e os filhos, os irmãos mais novos e os irmãos mais velhos acabam abandonando a benevolência e a retidão. As pessoas adotarem o proveito em seu contato uns com os outros, e ainda assim não serem destruídas – uma coisa assim nunca aconteceu (*Mengzi* 6B4*).

Como fizera com o rei Hui, Mengzi argumenta aqui que visar maximizar o proveito ou o benefício é contraproducente. O que realmente beneficiaria a todos é uma sociedade na qual as pessoas agem de acordo com a benevolência e a retidão. Mas, se todos pensam apenas em termos de proveito, eles acabarão traindo e prejudicando outras pessoas e grupos em nome daquilo que eles pensam ser benéfico. A crítica de Mengzi tem algo em comum com a dos filósofos modernos, que dizem que nossa sociedade está obcecada com benefícios quantificáveis a tal ponto que ignoramos considerações de moralidade em favor do mais importante.

A objeção mais fundamental de Mengzi ao moísmo é que a imparcialidade por este exigida é impraticável e perversa porque é contrária à natureza humana. Isto aparece mais diretamente em seu diálogo com o moísta Yi Zhi (*Mengzi* 3A5). Mengzi chama a atenção que o próprio Yi Zhi proporcionara a seus pais funerais cuidadosamente preparados. O apego natural de Yi Zhi a seus pais era, portanto, tão forte que o levou a ignorar seu compromisso abstrato com o princípio moísta de enterros sóbrios.

Como vimos, uma fraqueza teórica do moísmo primitivo é que ele considera quase infinitamente maleáveis as motivações humanas. Yi Zhi sustenta o que parece ser uma versão modificada do moísmo, destinada a torná-lo mais plausível psicologicamente. Ele sugere que "o amor é sem distinções, mas é concedido em primeiro lugar aos próprios pais". Assim Yi Zhi parece concordar com a afirmação confuciana de que os filhos aprendem a amar e ter compaixão pelos outros primeiramente na família (*Analectos* 1.2), mas argumenta que esta compaixão natural deveria ser redirecionada até alcançar a todos igualmente, atingindo assim a meta moísta do "cuidado imparcial".

Mengzi sugere que o moísmo revisionista de Yi Zhi ainda resulta numa postura que é psicologicamente impraticável: "Será que Yi Zhi sustenta realmente que o afeto de alguém por seu sobrinho é igual ao afeto que ele sente pelo filho de um vizinho?" Mengzi resume sua objeção com o aforismo: "O Céu, ao produzir as coisas no mundo, faz com que tenham uma só fonte, mas Yi Zhi lhes dá duas fontes". A primeira fonte é nosso amor inato aos membros da família (que é naturalmente mais forte em relação a eles do que em relação aos estranhos), enquanto a segunda fonte é a doutrina moísta da imparcialidade. Ora, para os moístas (como também para os confucianos) a vontade do Céu e o Caminho coincidem. Portanto, uma vez que os moístas reconhecem que nosso amor maior aos membros da família faz parte da natureza implantada em nós pelo Céu, eles não podem afirmar coerentemente que faz parte do Caminho suprimir estas motivações a fim de conseguir a imparcialidade.

Em alguns aspectos, o argumento de Mengzi contra os moístas é estruturalmente semelhante ao de Yang Zhu. Yang Zhu e Mengzi concordam que devemos seguir nossa natureza e que o Caminho moísta é contrário à natureza. No entanto, Yang Zhu afirma que a natureza humana tem apenas interesses pessoais, enquanto Mengzi argumenta que a natureza humana é boa (6A6). Vejamos como.

II - Yang Zhu e a natureza humana

Na passagem talvez a mais famosa do *Mengzi*, nosso filósofo defende a bondade da natureza humana com um experimento mental:

> O motivo por que eu digo que todos os humanos têm corações que não são insensíveis aos outros é o seguinte. Suponhamos que alguém de repente viu uma criança prestes a cair num poço: Em tal situação qualquer um terá um sentimento de sobressalto e compaixão – não porque procure cair nas boas graças dos pais da criança, não porque busque fama entre seus vizinhos e amigos e não porque tenha aversão ao som dos gritos da criança. Disto podemos ver que, se alguém não tem um coração compassivo, ele não é um humano (*Mengzi* 2A6).

O experimento mental de Mengzi especifica que a situação acontece "de repente". Isto sugere que a reação é natural, porque a pessoa não tem tempo para calcular as possíveis vantagens ou desvantagens que ela terá. Notemos também o que Mengzi *não* diz aqui. Ele não afirma que qualquer um iria realmente fazer algo para salvar a criança. Uma pessoa pode congelar-se no momento de crise, ou pode (após um momento de reflexão) pensar em razões egoístas para deixar que a criança se afogue. Mengzi requer apenas que compartilhemos sua intuição de que qualquer humano teria pelo menos uma pontada momentânea de compaixão à vista de uma criança prestes a cair num poço; inversamente, "se alguém não tem um coração compassivo, ele não é um humano".

Mengzi usa um experimento mental semelhante para defender a existência de outras reações éticas inatas:

> A vida é algo que eu desejo; a retidão é também algo que eu desejo. Se não puder ter ambas, eu renuncio à vida e escolho a retidão. [...] Não é o caso que somente a pessoa digna tem este coração. Todos os humanos o têm. A pessoa digna simplesmente nunca o perde.
>
> Uma cesta de comida e uma tigela de sopa – se alguém os obtém, viverá; se alguém não os obtém, morrerá. Mas, se forem dadas com desprezo, mesmo uma pessoa sem lar não as aceitará. Se forem pisoteados, mesmo um mendigo não as aceitará (*Mengzi* 6A10).

A passagem anterior defendia um "coração compassivo" inato, que é a base da benevolência; esta segunda passagem defende que todos os humanos se recusam a fazer certas coisas vergonhosas que de outro modo os beneficiariam, e este "coração" é a base da retidão. Assim, enquanto Yang Zhu afirmava que a natureza humana consiste apenas em desejos egoístas de comida, sexo, conforto físico e sobrevivência, Mengzi usa estes experimentos mentais para argumentar que a natureza humana inclui também motivações caracteristicamente éticas.

Mas as afirmações de Mengzi não são desmentidas pelo simples fato da maldade humana? Se nós somos todos congenitamente benévolos e corretos, por que sempre há alguém que prejudica outra pessoa ou compromete sua integridade? Contudo, esta objeção interpreta equivocadamente a postura de Mengzi. Mengzi não afirma que *os humanos* são congenitamente bons; ele afirma que *a natureza humana* é congenitamente boa. Lembremos nosso exame anterior do conceito da "natureza" de uma coisa (Capítulo 5). Pertence à natureza de um pessegueiro produzir fruto, mas ele deixará de realizar sua natureza se lhe for negado um ambiente propício (com água, luz do sol etc.). Pertence à natureza de uma rã ter quatro pernas, mas ela nunca as desenvolverá se for comida enquanto girino. Mengzi usa uma metáfora agrícola cuidadosamente escolhida para explicar como isto se aplica à natureza humana. Ele diz que o "coração compassivo" (manifestado quando alguém vê a criança prestes a cair num poço) é "o *broto* da benevolência", enquanto o "coração desdenhoso" (ilustrado pelo mendigo faminto que recusa uma porção de comida dada com desprezo) é "o *broto* da retidão" (2A6, 6A10). Assim como o broto de um zimbro chinês ainda não é uma árvore, mas tem um potencial ativo de desenvolver-se ate chegar a uma árvore madura, assim o "broto da benevolência" e o "broto da retidão" são potenciais de plena benevolência e plena retidão. Mas nós precisamos desenvolver este potencial a fim de tornar-nos plenamente virtuosos. Como explica Mengzi ao lhe pedirem que esclareça sua postura: "No tocante ao que eles são genuinamente, os humanos podem tornar-se bons. É isso que eu entendo ao dizer que suas naturezas são boas. Quanto ao fato de eles não se tornarem bons, isso não é culpa do seu potencial" (6A6). Enquanto nosso potencial para a virtude não está plenamente desenvolvido, as reações dos brotos serão fortuitas e contraditórias. Por isso os humanos podem mostrar grande afabilidade e até abnegação numa situação e chocante indiferença ao sofrimento dos outros numa situação ligeiramente diferente.

> ***Fato:*** *A pólvora, a bússola magnética e a imprensa com tipos móveis foram todas inventadas na China muito antes de serem usadas no Ocidente. Foi dito que estas foram as inovações tecnológicas fundamentais responsáveis pelo surgimento do mundo moderno.*

Consequentemente, a doutrina de Mengzi de que a natureza humana é boa é perfeitamente compatível com o fato de que os humanos muitas vezes deixam de fazer o bem. Mas será que Mengzi tem razão ao afirmar que todos os humanos têm pelo menos os *brotos* da benevolência e da retidão? Todos nós estamos muito familiarizados com o exemplo arrepiante do psicopata: um "humano" (como um assassino serial) ao qual falta a compaixão ou simpatia comum. A metáfora de Mengzi da Montanha dos Bois é uma explanação dos raros casos de pessoas às quais parecem faltar os brotos da virtude:

> As árvores da Montanha dos Bois eram belas outrora. Mas, como a montanha fazia fronteira com um grande Estado, machadinhas e machados as abateram. Poderia ela continuar verdejante? Graças ao repouso que recebia durante o dia ou durante a noite, e à umidade da chuva e do orvalho, não deixou de haver brotos ou rebentos crescendo ali. Mas vinham então bois e ovelhas e os devoravam. Por isso era como se fosse estéril. Vendo-a estéril, as pessoas acreditavam que nunca houve uma árvore ali. Seria esta a natureza da montanha?
>
> Quando consideramos o que está presente nas pessoas, pode-se dizer que lhes falta realmente o coração de benevolência e retidão? Aquilo pelo qual eles descartam seu coração genuíno é simplesmente igual às machadinhas e machados em relação às árvores. Com eles assediando-o dia e noite, pode alguém conservar sua beleza? [...] Outros veem alguém que é como um animal e pensam que

> ali nunca houve qualquer capacidade. É isto que um humano é verdadeiramente? (*Mengzi* 6A8).

Mengzi reconhece que algumas pessoas parecem não ter os brotos da virtude. No entanto, não é isto "que um humano é verdadeiramente" (6A6, 6A8). Mengzi sustenta que um ambiente mau (como privação física, falta de orientação ética ou mesmo paternidade/maternidade abusivas) destruiu seus brotos.

III - As virtudes

Mengzi concordava com Confúcio que prosperar ou viver bem é algo que os humanos deveriam fazer enquanto estão neste mundo (em vez de algo a ser realizado após a morte) através de uma vida com sua família e amigos e participação nas atividades rituais comunitárias. No entanto, Mengzi apresenta uma descrição muito mais específica e clara da natureza humana, do cultivo ético e das virtudes do que Confúcio. Mengzi aponta quatro virtudes cardeais, cada qual fundamentada em nossas reações emocionais inatas:

> Todos os humanos têm o coração compassivo. Todos os humanos têm o coração desdenhoso. Todos os humanos têm o coração respeitoso. Todos os humanos têm o coração aprovador e desaprovador. O coração compassivo é a benevolência. O coração desdenhoso é a retidão. O coração respeitoso é o decoro. O coração aprovador e desaprovador é a sabedoria. Benevolência, retidão, decoro e sabedoria não estão unidos a nós exteriormente. Nós os temos inerentemente. É que nós simplesmente não refletimos sobre eles. Por isso se diz: "Procure-o e você o obterá. Abandone-o e você o perderá" (*Mengzi* 6A6).

A benevolência é compaixão ou simpatia pelos outros. A pessoa benévola sente dor com o sofrimento dos outros e se alegra com sua felicidade. Os moístas também enfatizam este termo, mas para eles é teoricamente uma preocupação puramente imparcial com os outros. Para um confuciano como Mengzi, porém, a compaixão deve estender-se a todos, mas deveria ser mais forte para com os que estão ligados a alguém por vínculos como parentesco e amizade. A benevolência confuciana é, portanto, semelhante às pequenas ondulações ao redor de uma pedra jogada num lago, que partem do centro, mas gradualmente diminuem em força à medida que se movem para fora. Isto se relaciona com a hipótese confuciana de que é o amar e ser amado na família que faz germinar nossa capacidade de compaixão.

A retidão é a integridade de uma pessoa que se recusa a rebaixar-se fazendo o que é indigno ou vergonhoso, mesmo se, fazendo-o, colhesse benefícios. Assim, por exemplo, uma pessoa correta não irá aceitar um donativo dado com desprezo (6A10), esmolar para obter artigos de luxo (4B33) ou trapacear num jogo (3B1). Assim como a benevolência, a capacidade de retidão é inata, mas seu crescimento é estimulado primeiramente na família, onde o respeito pelas opiniões dos mais velhos é interiorizado como um sentimento ético de pudor. Expressa em termos deontológicos, a benevolência é uma virtude manifestada particularmente em nossas *obrigações* de ajudar os outros, enquanto a retidão envolve *proibições* de ações que atentariam contra nossa integridade.

A sabedoria tem muitos aspectos, cada um dos quais é ilustrado pela história do sábio Boli Xi (5A9). Quando o governante de Yu fez concessões absurdas ao Estado de Jin, Boli Xi sabia que estas políticas resultariam na destruição de Yu. Reconhecendo que este governante era demasiadamente refratário a escutar seu conselho, Boli Xi fugiu para o Estado de Qin, cujo governante mostrava grande potencial. Boli Xi esperou até ser abordado respeitosamente pelo governante de Qin, mas depois serviu tão competentemente como seu ministro que o governante se tornou famoso. Assim Boli Xi mostrou grande sabedoria ao julgar o caráter dos governantes de Yu e Qin. Manifestou grande habilidade de raciocínio instrumental (ou seja, encontrando os melhores meios para alcançar determinado fim) nos excelentes conselhos que deu quando era ministro do governante de Qin. Revelou seu compromisso com a retidão ao insistir que o governante de Qin lhe mostrasse respeito ao solicitar uma audiência. Mostrou também prudência ao fugir de Yu quando a situação era impossível de resolver. Pode causar surpresa aos leitores que fugir era virtuoso nesta situação, mas não esqueçamos que uma pessoa boa cuida de seu próprio bem-estar; ela apenas não cuida de si excessivamente (cf. 4B31). Boli Xi combina assim as quatro partes da sabedoria: ser um bom juiz do caráter dos outros, habilidade no raciocínio sobre meios-fim, uma compreensão das outras virtudes e compromisso com elas, e prudência.

A palavra traduzida por "decoro" é a mesma palavra usada para "ritos" ou "rituais". Isto é apropriado porque o decoro é a virtude que consiste em executar os ritos com motivações apropriadas. Em comparação com alguns outros confucianos, Mengzi tem relativamente pouco a dizer sobre os ritos (portanto, pouco a dizer sobre o decoro como uma virtude). Mas uma maneira de conceitualizar o decoro é o fato de ele ser manifestado quando nós expressamos deferência ou respeito aos outros através de ações ritualizadas (tais como inclinar-se, permitir que outro passe antes pela porta etc.).

IV - Cultivo ético

Mengzi sustenta que, ao nascer, nós temos apenas brotos das quatro virtudes cardeais. Como passamos dos brotos para as virtudes plenas? Como já observamos, é responsabilidade de um governante assegurar que as pessoas desfrutem segurança e tenham satisfeitas as necessidades básicas da vida, porque poucas pessoas serão capazes de cultivar a virtude se estiverem sujeitas à fome, ao frio, à falta de moradia e à violência. Mengzi salienta também dois outros fatores como obstáculos ao crescimento da virtude: doutrinas perniciosas e falta de esforço ético individual.

Na época de Mengzi, como também em nossa época, muitas pessoas ou negavam serem capazes de virtude ou se opunham à virtude como algo ingênuo. De acordo com a classificação de Mengzi, "aqueles que dizem 'eu sou incapaz de morar na benevolência e seguir a retidão'" são pessoas "que se descartam a si mesmas" e "aqueles cujas palavras são opostas ao decoro e à retidão" são pessoas "que se destroem a si mesmas" (4A10). Ambas as atitudes são barreiras que impedem o crescimento moral. Portanto, uma parte importante do autocultivo moral mengziano consiste em simplesmente ter consciência e sentir prazer nas manifestações dos brotos, quando os temos. Em outras palavras, nós reforçamos e fortalecemos nossas motivações benévolas e corretas quando agimos motivados por elas com consciência e aprovação. Como se expressa Mengzi: "Se alguém se deleita neles, eles crescem. Se eles crescem, como poderão ser detidos? Se não podem ser detidos, sem a pessoa dar-se conta seus pés começam a caminhar no compasso deles e suas mãos dançam de acordo com seu ritmo" (4A27).

Mais de uma vez Mengzi diz que as pessoas deixam de desenvolver-se moralmente pelo simples fato de não se empenharem na "reflexão" (6A6, 6A15). O termo chinês pode também significar "concentrar-se em" ou "ansiar por" ou "ter saudades de", como quando alguém sente saudades de um ente querido ausente (*Analectos* 19.6). Como explica Arthur Waley, "reflexão" refere-se a

> um processo que está apenas a uma pequena distância da observação concreta. Nunca há qualquer sugestão de um longo processo interior de cogitação ou

> raciocínio, no qual toda uma série de pensamentos são deduzidos um do outro, produzindo no plano físico uma dor de cabeça e no plano intelectual uma teoria abstrata. Precisamos imaginar [a reflexão] de preferência como um fixar a atenção [...] sobre uma impressão absorvida recentemente de fora e destinada a ser imediatamente re-exteriorizada numa ação[ii].

A reflexão é, portanto, uma atividade mental com um foco ao mesmo tempo interno e externo. A pessoa reflete sobre seus próprios sentimentos virtuosos, mas reflete também sobre os aspectos das situações que suscitam esses sentimentos.

Um diálogo muito discutido entre Mengzi e o rei Xuan de Qi ilustra as etapas do desenvolvimento moral. Mengzi pergunta ao rei sobre como ele havia poupado um boi que estava sendo levado ao matadouro porque, nas palavras do rei, "não posso suportar sua aparência apavorada, como a de um inocente sendo levado para o local da execução". Mengzi explica ao rei que a afabilidade que ele mostrou para com o boi é o mesmo sentimento que ele precisa exercitar para ser um grande rei. O rei Xuan fica satisfeito e responde: "Examinei-me a mim mesmo e tentei encontrá-lo, mas não compreendi meu coração. Você falou, e em meu coração havia um sentimento de compaixão". Mengzi ajudou o rei a *refletir sobre* e avaliar sua própria afabilidade inata. Este é um primeiro passo importante para estimular o crescimento dos brotos de virtude do rei. Em seguida Mengzi questiona o rei:

> No caso presente, vossa afabilidade é suficiente para alcançar os pássaros e as feras, mas os benefícios não chegam aos cidadãos. Por que só este caso é diferente? Por conseguinte, não levantar uma pena se deve a não usar sua própria força. Não enxergar uma carroça de lenha se deve a não usar sua própria visão. Os cidadãos não receberem cuidado se deve a não usar sua própria afabilidade. Por isso, o fato de Vossa Majestade não ser um autêntico rei se deve a não agir; não se deve a não ser capaz (*Mengzi* 1A7; *Readings*, p. 120).

Este diálogo levanta muitas questões intrigantes e complicadas. Estaria Mengzi apresentando ao rei algum tipo de *argumento* a respeito do motivo por que ele deve cuidar dos cidadãos? Talvez Mengzi esteja dizendo efetivamente ao rei: vós concordais que é correto mostrar compaixão por um boi sofredor (Caso A), mas vosso povo está também sofrendo devido a vossos impostos exorbitantes, guerras de conquista, governo corrupto e assim por diante (Caso B). O Caso B é semelhante ao Caso A em todos os aspectos relevantes. Portanto, a fim de ser coerente, vós deveis mostrar compaixão para com vosso povo. Alternativamente, talvez Mengzi deseje apenas convencer o rei de que ele é *capaz* de governar com benevolência: vós podeis mostrar compaixão por um simples animal, de modo que certamente podeis também mostrar compaixão por um humano sofredor.

Minha própria opinião é que nenhuma das duas análises é inteiramente correta. Penso que Mengzi está levando o rei a *refletir sobre* semelhanças relevantes entre o sofrimento do boi e o sofrimento de seus súditos. Mas este não é um argumento em favor da simples coerência. Afinal de contas, Mengzi deixa claro também nesta passagem que abater animais é eticamente admissível, mesmo que os "cavalheiros" sejam demasiadamente compassivos para fazê-lo eles mesmos. Por isso Mengzi está pedindo ao rei que trate seus súditos melhor do que ele tratou o boi, e não da mesma maneira. Mengzi deseja que o rei reconheça a capacidade de compaixão que ele próprio demonstrou. No entanto, não é apenas a capacidade que Mengzi está averiguando. Ele deseja articular a comparação entre o boi e os cidadãos de maneira a estimular que a compaixão do rei flua de um caso para o outro. Por exemplo, Mengzi lembra ao rei que ele poupou o boi por causa de "sua aparência apavorada, como a de um inocente sendo levado para o local da execução". Ele espera que isto leve o rei a refletir sobre o sofrimento de seus próprios súditos inocentes e simpatize com esse sofrimento. Em outras palavras, Mengzi está ajudando o rei a alcançar o crescimento ético cognitivo como um meio para alcançar o crescimento ético afetivo[3].

Mengzi descreve este processo de crescimento ético como "expandir" ou "encorpar" as manifestações dos brotos. Em outras palavras, todos nós teremos reações corretas ou benévolas a certas situações paradigmáticas. Sentimos amor aos pais, o que é uma manifestação de benevolência, ou nos recusamos a permitir que as pessoas se dirijam a nós desrespeitosamente, o que é uma manifestação de retidão. No entanto, existem outras situações nas quais não temos estas reações, embora pertençam à mesma "categoria" (3B3). Por exemplo, uma pessoa que consideraria vergonhoso ter um negócio ilícito poderia considerar normal mentir a seu governante para obter algum benefício político. A "reflexão" é o processo pelo qual identificamos as semelhanças relevantes entre aqueles casos nos quais já temos as reações apropriadas e outros casos nos quais ainda não reagimos de maneira apropriada. Isto orienta nossas emoções de tal forma que chegamos a sentir

3. Para mais detalhes sobre a "reflexão", cf. *Mengzi* 4A1*, 4B20*, 6A6 e 6A15 e *Analectos* 2.15 e 15.31.

de maneira semelhante a respeito dos casos. Ou como Mengzi se expressa sucintamente: "Todas as pessoas têm coisas que elas não suportam. Expandir esta reação para aquilo que elas suportarão é benevolência. Todas as pessoas têm coisas que elas não fazem. Expandir esta reação para aquilo que elas farão é retidão" (7B31).

A expansão não é uma questão de aprender a aplicar um conjunto de normas explícitas. Em outras palavras, Mengzi não é um deontologista da norma. Mengzi se assemelha a Confúcio pelo fato de ter uma concepção comparativamente particularista da sabedoria. Por exemplo, um filósofo rival tentou certa vez apanhar Mengzi numa armadilha usando um dilema ético. Ele começou perguntando: "Que homens e mulheres não devem tocar-se ao entregar alguma coisa um ao outro – é isso o ritual?" Quando Mengzi reconheceu que sim, seu interlocutor perguntou: "Se sua cunhada estiver se afogando, você a puxaria para fora com a mão?" O oponente pensa ter pego Mengzi na armadilha, mas Mengzi responde:

> Não puxar para fora sua cunhada quando ela está se afogando é ser um animal. Que homens e mulheres não devem tocar-se ao entregar alguma coisa um ao outro é o ritual; mas, se sua cunhada está se afogando, puxá-la para fora com a mão é discernimento (*Mengzi* 4A17).

O ritual que Mengzi discute poderia inicialmente parecer exótico ou demasiadamente estrito. Mas consideremos o fato de que mestres e patrões prudentes em nossa própria sociedade sabem que é sensato evitar qualquer contato desnecessário com seus alunos ou subordinados. Mas suponhamos que você está perto de uma aluna que está prestes a cair de uma escada de mão. Você deixaria a aluna cair ou usaria seu discernimento e a agarraria?

Este particularismo não é relativismo. Mengzi pensa que existe uma ótima maneira de responder em qualquer situação dada, e ela não é uma questão de opinião pessoal ou cultural. Por isso, após ter descrito como os sábios do passado agiram de maneiras diferentes, Mengzi insiste que, se eles "tivessem trocado de lugar, todos teriam agido como os outros agiram" (4B29; cf. 4B1* e 4B31*). Além disso, Mengzi reconhece algumas proibições éticas absolutas. Quando perguntado se existe alguma coisa que todos os sábios têm em comum, ele explica que existe: "Se qualquer um deles pudesse obter tudo debaixo do Céu realizando uma ação incorreta, ou matando uma pessoa inocente, ele não o faria" (2A2). No entanto, existem muito mais coisas no Caminho confuciano do que se pode captar em qualquer conjunto de normas.

Mengzi pensa que nós temos geralmente a capacidade de "expandir-nos" para aquilo que é exigido eticamente de nós. Certa vez, quando alguém se desculpou diante dele por não fazer imediatamente o que é correto, Mengzi respondeu:

> Suponhamos que existe uma pessoa que diariamente furtava um frango de seu vizinho. Alguém lhe diz: "Isto não é o Caminho de um cavalheiro". Ele diz: "Posso limitar-me a furtar um frango cada mês e esperar até o próximo ano para parar?" Se alguém sabe que não é correto, deveria parar imediatamente (*Mengzi* 3B8*).

No entanto, Mengzi acentua a importância de agir com sentimentos e motivações apropriados. Por isso, Mengzi elogia o sábio-rei Shun dizendo que "ele agia movido por benevolência e retidão. Ele não encenava a benevolência e a retidão" (4B19). Obrigar alguém a fazer o que ele acredita abstratamente ser correto é tratar a virtude como "externa" (6A4-5). Isto é não só deixar de ser genuinamente virtuoso, é eticamente prejudicial. Mengzi ilustra isto usando outra metáfora agrícola, a história do agricultor de Song:

> Você deve trabalhar na coisa, mas não visá-la diretamente. Cuide que o coração não a esqueça, mas não a "ajude" a crescer. Não seja como o homem de Song. Entre as pessoas do Estado de Song havia uma que, preocupada porque o cereal não crescia, dava puxões nas plantinhas. Cansado, voltou para casa e disse à família: "Hoje estou exausto. Ajudei o cereal a crescer". Seu filho saiu correndo e olhou para o campo. O cereal estava murcho. As pessoas no mundo que não "ajudam" o cereal a crescer são poucas. Os que o abandonam, pensando que não adianta fazer nada, são os que não arrancam as ervas daninhas. Os que "ajudam" o cereal a crescer são os que dão puxões nas plantinhas. Isto não só não ajuda realmente, mas até o prejudica (*Mengzi* 2A2; *Readings*, p. 127).

Para usar um exemplo moderno, eu não posso simplesmente decidir hoje que serei a próxima Madre Teresa e esperar ter repentinamente a inabalável compaixão de salvar o mundo. Se eu tentar fazê-lo, fracassarei e provavelmente acabarei sendo um cínico amargo. Eu deveria, ao invés, começar mostrando afabilidade mais sólida para com minha família e meus amigos e crescer gradualmente tornando-me uma pessoa melhor.

V – Cosmologia

Mengzi situa sua antropologia filosófica numa cosmovisão mais ampla: "Sondar seu próprio coração é compreender sua natureza. Se alguém compreende sua natureza, ele compreende o Céu" (7A1). Para Mengzi, o Céu não é tão antropomórfico como era para os moístas (cujo Céu é tão pessoal como o Deus das grandes tradições judaica, cristã e islâmica), mas também não tão naturalizado como era para confucianos posteriores como Xunzi. Portanto, por um lado, Mengzi às vezes considera o Céu quase idêntico ao curso natural (e amoral) dos acontecimentos (2B1*, 4A7*). Mas, por outro lado, o Céu proporciona um padrão moral. Assim, Mengzi cita aprobativamente uma ode que diz: "O Céu dá à luz o congregar pessoas. / Se existe uma coisa, existe uma norma" (6A6). Vemos tanto o aspecto naturalista quanto o aspecto moral do Céu em 1B3*, onde Mengzi analisa o problema da diplomacia entre Estados poderosos e Estados fracos: "Os que servem aos pequenos com os grandes se deleitam no Céu; os que servem aos grandes com os pequenos sentem um misto de temor e respeito em relação ao Céu". Em outras palavras, deveria acontecer (normativamente) que os suficientemente poderosos e generosos sirvam aos fracos. Mas acontece (descritivamente) que opor-se a Estados poderosos tem consequências perigosas.

A complexidade da visão de Mengzi é também evidente em seus comentários sobre a justificação política. Ele acentua que o Céu é a fonte última da legitimidade política. No entanto, o Céu se manifesta primariamente nas reações das pessoas comuns e não em alguma atuação sobrenatural: "Portanto, digo que o Céu não fala, mas simplesmente revela o mandato através das ações e negócios" (5A5*). O Céu é um agente causal que afeta o curso da história humana: "Quando ninguém faz algo, ainda assim ele é feito – isto se deve ao Céu. Quando ninguém se expande até ele, ainda assim ele é alcançado – este é o destino" (5A6*). Entretanto, quando os "cavalheiros" se descobrem incapazes de restaurar a ordem no mundo, eles não devem ser "amargos para com o Céu" (2B13). Mais exatamente, devem aceitar a vontade do Céu e mesmo assim empenhar-se em tornar o mundo um lugar melhor (7A1).

A fim de perseverar em face da adversidade sem tornar-se amargo, a pessoa deve cultivar seu *qi* 氣. Este é um dos aspectos mais intrigantes e, no entanto, difíceis-de-compreender do pensamento de Mengzi. *Qi* tem sido traduzido de várias maneiras, entre as quais "éter", "força material" e "matéria psicofísica". Na verdade, não existe tradução adequada, porque este é um conceito para o qual não temos nenhum análogo preciso. Para Mengzi e seus contemporâneos, *qi* é uma espécie de fluido, encontrado na atmosfera e no corpo humano, estreitamente ligado ao tipo e intensidade das reações emocionais da pessoa. O *qi*, portanto, cavalga o dualismo entre mente e corpo que se tornou uma fixação da filosofia pós-cartesiana no Ocidente: o *qi* é emoção fisicamente encanada. Eis dois exemplos que dão uma compreensão intuitiva do *qi*.

1) Você está com um grupo de pessoas na sala de estar de alguém, mantendo uma agradável conversa casual. Alguém tenta fazer um gracejo improvisado, mas este gracejo soa como uma sarcástica crítica pessoal a outro hóspede. Parece como se a atmosfera literal da sala tivesse mudado repentinamente, como se houvesse algo palpavelmente pesado no ar, tornando difícil e desconfortável a conversação ulterior. Esse "algo" é uma espécie de *qi* negativo, que é expressão e ao mesmo tempo reforço dos sentimentos das pessoas presentes[4].

2) Imaginemos uma bela manhã de abril. O sol já está brilhando quando você se levanta. O ar tem um aroma puro e fresco. Você se sente energizado para o dia que tem pela frente. Você não dá importância a quaisquer problemas e aborrecimentos menores. Sua disposição de ânimo positiva é em parte um produto do absorver algo do vibrante *qi* que circula neste dia de primavera[5].

Estes exemplos não nos deveriam levar a presumir que nós somos meramente passivos à influência do *qi*. Nosso coração pode resistir aos efeitos do *qi* negativo, como quando me recuso a deixar que meu medo me dissuada de fazer o que sei que é correto. Mengzi descreve isso como "manter sua vontade". No entanto, para ter sucesso no longo prazo, não posso continuar a obrigar-me a agir contra as solicitações do *qi*. Fazê-lo seria "lesar seu *qi*", produzindo finalmente uma pessoa desanimada (cujo *qi* "definhou"). Ao invés, deve-se cultivar um *qi* eticamente informado ("um *qi* que se harmonize com a retidão e o Caminho"). Este *qi* dá à pessoa a energia moral para perseverar diante dos perigos, desafios e contrariedades. Entre as pessoas sumamente cultas, este reservatório de força moral é tão profundo que é essencialmente inesgotável (ou "semelhante a um dilúvio", como se expressou Mengzi). O caminho para desenvolver este *qi* é simplesmente o gradual cultivo dos brotos de virtude (2A2; *Readings*, p. 126-127).

---

4. Compare-se isto com o exemplo de Mengzi em 7A36* do efeito do *qi* de uma pessoa augusta sobre a maneira como alguém se sente em sua presença.

5. Compare-se isto com o exemplo de Mengzi em 6A8 dos efeitos do *qi* matutino e vespertino sobre a restauração dos sentimentos éticos de alguém.

VI - Importância histórica

Mengzi afirmou que tinha desenvolvido o "*qi* semelhante a um dilúvio" e resultou que ele precisava da força moral que o acompanha; passou grande parte de sua vida adulta andando de um Estado para outro, na esperança de encontrar um governante que pusesse em prática o Caminho, mas seus esforços falharam. Recusava-se a encontrar-se com governantes a não ser que o tratassem com o decoro ritual devido a um conselheiro eminente. Isto podia parecer arrogante e seus discípulos o estimularam a ser flexível em seus princípios a fim de obter audiências com mais governantes. No entanto, Mengzi dizia que não havia esperança de transformar um governante que não demonstrasse estar disposto a aceitar sua orientação: "os que se curvam nunca foram capazes de endireitar os outros" (3B1*; 2B10*). Às vezes os governantes se encontravam com ele e elogiavam seus ensinamentos, mas não lhe conferiam nenhum cargo oficial. Ele aceitou o cargo de primeiro-ministro no Estado de Qi, mas renunciou quando ficou claro que o rei estava ignorando seus conselhos (2B6-12*; 2B13).

Mengzi acabou aposentando-se do serviço público e, com a ajuda de alguns de seus discípulos, editou uma coletânea de seus ditos e diálogos. Assim como Confúcio, Gandhi ou o Reverendo Martin Luther King Jr., ele foi uma pessoa engajada ativamente na luta por mudanças sociais positivas. No entanto, nunca viu a transformação social pela qual trabalhou, o que o deixou triste. Pelo fim da vida, lamentou: "Desde Confúcio até o tempo presente passaram-se pouco mais de cem anos. Não está longe a época de um sábio, e nós estamos perto do lar de um sábio. Mas onde está ele? Onde está ele?" (2B38*). Não obstante, Mengzi assegurou a seus discípulos que ele não estava ressentido; confiava que o Céu, a seu tempo, faria surgir um sábio para trazer paz ao mundo (2B13).

Ironicamente, somente após mais de mil anos depois da morte Mengzi alcançou sua maior influência. Quando o movimento conhecido entre nós como neoconfucionismo reviveu o confucionismo como uma alternativa ao budismo, ele exaltou Mengzi como o Segundo Sábio (atrás apenas do próprio Confúcio). Pensadores como Han Yu, Zhu Xi e Wang Yangming, embora discordassem de muitas outras coisas, concordavam que Mengzi foi o único que entendeu realmente o Caminho transmitido por Confúcio e tornou *explícitas* muitas coisas que estavam apenas *implícitas* nos ditos de Confúcio. Em particular, a doutrina de Mengzi de que a natureza humana é boa estava implícita nos ensinamentos de Confúcio.

Não estou certo se os neoconfucianos tinham razão ao dizer que Mengzi simplesmente tornou explícito o que estava implícito no pensamento de Confúcio. Embora Confúcio não diga quase nada sobre a natureza humana, seus comentários sobre a dificuldade de cultivar a virtude se parecem muito mais com os de Xunzi, o posterior crítico confuciano de Mengzi que afirmava que "a natureza humana é má" (Capítulo 10). Confúcio aprova a comparação entre o cultivo ético e o laborioso processo de esmerilhar e entalhar o jade (1.15), enquanto Xunzi compara o cultivo ético com submeter a madeira à ação do vapor e dobrá-la para introduzi-la numa roda de carroça, ou amolar a lâmina de metal até torná-la afiada (*Readings*, p. 256-257). São precisamente estes os tipos de metáforas para o cultivo ético que Mengzi contesta (6A1). Penso que os neoconfucianos foram também culpados de anacronismo ao atribuir a Mengzi certos conceitos metafóricos que só se desenvolveram muito mais tarde no pensamento chinês[iii].

No entanto, concordo entusiasticamente com os neoconfucianos que Mengzi merece seu lugar não só como um dos maiores sábios confucianos, mas também como um dos maiores filósofos da história mundial. Em particular, ele forneceu uma singular e inspiradora visão dos humanos como possuidores de disposições inatas, mas incipientes, para a virtude, as quais requerem cultivo a fim de chegarem à plena maturidade.

Questões para revisão

1) De acordo com a tradição, "a mãe de Mengzi deslocou-se três vezes" e "a mãe de Mengzi cortou os fios". Por que ela fez estas coisas?

2) O que Mengzi entende por "governo benévolo"?

3) De acordo com Mengzi, que atividade se assemelha a "subir numa árvore em busca de um peixe"?

4) Explique o argumento de Mengzi de que visar o proveito ou benefício é contraproducente.

5) Qual é a postura do moísta Yi Zhi e por que Mengzi pensa que ela é incoerente?

6) O que Mengzi entende com a afirmação de que "a natureza humana é boa"?

7) Explique o experimento mental da criança junto ao poço. O que você presume que Mengzi está defendendo?

8) Explique a historieta da Montanha dos Bois. O que você presume que Mengzi está ilustrando com esta metáfora?

9) Quais são as quatro virtudes cardeais de Mengzi? Dê um exemplo de como cada uma se manifesta.

10) Explique a historieta do rei Xuan e o boi. Apresente pelos menos duas interpretações do que Mengzi está tentando conseguir em sua discussão com Xuan.

11) Explique como ocorre a expansão. Qual o papel da reflexão neste processo?

12) Explique a historieta do agricultor de Song. Que afirmação você acredita que Mengzi está ilustrando com esta metáfora?

13) De que maneira Mengzi concebe o Céu como um Deus pessoal e de que maneira ele o concebe simplesmente como o operador impessoal do universo?

14) Apresente um exemplo concreto para ilustrar o que é o *qi*. Por que Mengzi pensa que é importante cultivar seu próprio *qi*? Como alguém o cultiva?

15) Que movimento posterior exaltou Mengzi como o Segundo Sábio? O que eles pensavam ser especialmente importante a respeito dele?

7
Linguagem e paradoxo na "Escola dos nomes"

Parti para Yue hoje, mas cheguei ontem.
Hui Shi

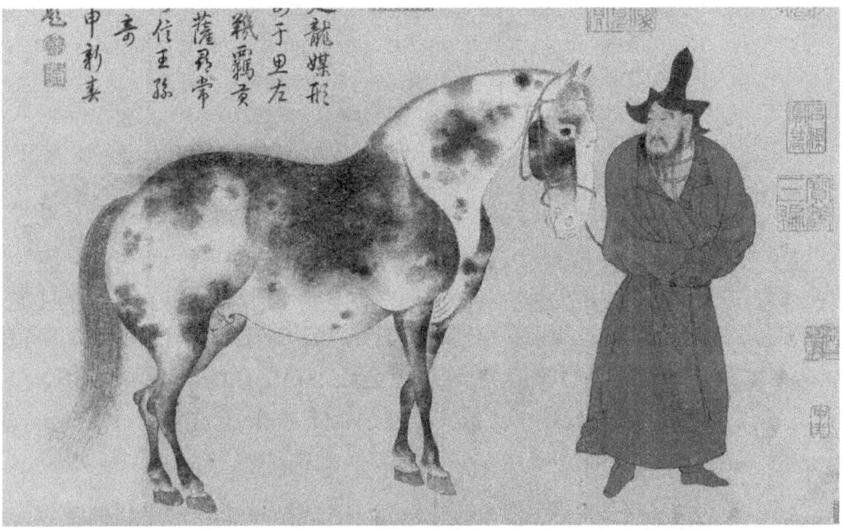

Pensadores da "Escola dos nomes" defenderam conclusões paradoxais como a afirmação de Gongsun Long de que "um cavalo branco não é um cavalo".

I – Deng Xi e as origens da "Escola"

Todas as tradições filosóficas têm alguns pensadores que gostam de criar argumentos engenhosos para conclusões paradoxais. Às vezes estes pensadores são sinceros e têm objetivos filosóficos sérios. Outras vezes eles são mais travessos e brincalhões. Na última categoria estava Deng Xi, a respeito do qual se conta a seguinte anedota:

> O Rio Wei é muito grande em extensão. Um homem rico de Zheng afogou-se nele e alguém recuperou seu corpo. A família do homem rico procurou comprá-lo, mas aquele que encontrou o corpo pediu uma grande quantia de dinheiro. A família relatou isto a Deng Xi, que disse: "Não se preocupem com isso. Ele certamente não conseguirá vendê-lo a nenhuma outra pessoa". O homem que encontrou o cadáver estava apreensivo a respeito disto e relatou a Deng Xi, que lhe disse: "Não se preocupe com isso. Eles certamente serão incapazes de comprar o cadáver de outra pessoa"[i].

Como este texto ilustra, Deng Xi defendia a doutrina de que "ambos os argumentos são aceitáveis", entendendo que cada lado de qualquer posição pode ser defendido com igualdade de razões. Deng Xi desenvolveu suas habilidades argumentativas no tribunal, onde representava as pessoas em processos envolvendo honorários. Era, portanto, um procurador chinês antigo. Existe aqui um interessante paralelo histórico com os sofistas da Grécia antiga. Os sofistas eram pagos para escrever discursos para uso nos tribunais e pelo menos alguns deles estavam dispostos a defender cada lado de um argumento, mas outros travaram e promoveram sérios e sutis debates filosóficos. Um dos sofistas gregos foi Protágoras, famoso por sua afirmação de que "os humanos são a medida de todas as coisas", que poderia ser interpretada como uma versão grega da afirmação chinesa de que "ambos os argumentos são aceitáveis".

Deng Xi foi o primeiro filósofo da "Escola dos nomes" (filósofos às vezes chamados também dialéticos ou sofistas). Na verdade, a "Escola dos nomes" não é um movimento organizado. É, ao invés, um rótulo (cunhado mais tarde na dinastia Han) para classificar pensadores que usavam argumentação sutil para defender conclusões paradoxais. Por conseguinte, colocaremos a expressão sempre entre aspas para distingui-la das seitas organizadas com mestres e discípulos, como os confucianos e os moístas.

Deng Xi viveu pelo final do Período das Primaveras e Outonos, mas os dois filósofos mais famosos da "Escola dos nomes", Hui Shi e Gongsun Long, viveram muito mais tarde, no final do século IV e início do século III a.C. Estes dois pensadores posteriores provocaram uma crise na filosofia chinesa, porque seus argumentos paradoxais minavam a confiança na confiabilidade da argumentação e até da própria linguagem. Isto pode não ter sido sua intenção. Hui Shi em particular parece ter-se empenhado na argumentação como um instrumento para uma filosofia séria. No entanto, pensadores posteriores precisaram responder de alguma forma a Hui Shi e Gongsun Long. No final deste capítulo consideraremos a tentativa moísta posterior de defender e reestruturar a argumentação. Em capítulos posteriores examinaremos como os daoistas e os confucianos reagiram.

Já tratamos de muitos argumentos filosóficos desafiadores neste livro, mas os argumentos que examinaremos neste capítulo são sutis e complicados de uma forma diferente. A melhor maneira de abordá-los é procurar divertir-se com enigmas e paradoxos.

II - Hui Shi

Hui Shi foi particularmente intrigante porque combinou uma carreira de estadista com sérias contribuições filosóficas. Conquistou proeminência como alto funcionário do rei Hui do Estado de Wei. O governante admirava-o tanto que conferiu a Hui Shi o título honorário de "tio do Rei". No entanto, quando Wei sofreu uma derrota militar decisiva, Hui Shi foi obrigado a fugir antes que os oficiais do Estado vitorioso de Qin o capturassem[1].

Como filósofo, Hui Shi é famoso por defender as Dez Teses:

1) Não existe nada fora do que é supremamente grande. Chamemo-lo "o grande um". Não existe nada dentro do que é supremamente pequeno. Chamemo-lo "o pequeno um".

2) Aquilo que não tem espessura não pode ser acumulado e, no entanto, pode ter a extensão de mil léguas.

---

1. Hui Shi era contemporâneo de Mengzi, mas Mengzi chegou a Liang (a capital de Wei) pouco depois de Hui Shi ter fugido. Consequentemente, nunca saberemos que fogos de artifício intelectuais teriam resultado se eles se tivessem encontrado e discutido.

3) O Céu é tão baixo quanto a Terra. Montanhas e pântanos estão no mesmo nível.

4) No momento em que o sol está no ponto mais alto, ele está se pondo. No momento em que uma coisa nasce, ela está morrendo.

5) Quando coisas muito semelhantes são diferenciadas de coisas menos semelhantes, isso se chama "pequena comparação". Quando as dez mil coisas são em tudo semelhantes e em tudo diferentes, isso se chama "grande comparação".

6) O Sul é ilimitado, embora seja limitado.

7) Parti para Yue hoje, mas cheguei ontem.

8) Anéis entrelaçados podem estar separados.

9) Conheço o centro do mundo: está ao norte de Yan e ao sul de Yue[2].

10) Cuide indiscriminadamente das dez mil coisas. Céu e Terra são um todo[ii].

Quais eram os argumentos de Hui Shi para estas teses? Nunca saberemos ao certo, porque nenhum dos escritos do próprio Hui Shi chegou até nós. No entanto, podemos fazer suposições bem fundamentadas com base no que parece ser argumentos influenciados por Hui Shi em outros textos primitivos. As Dez Teses se encaixam em três grupos: paradoxos espaciais (números 1 e 2), paradoxos de perspectiva (números 3-9) e uma afirmação ética (número 10). Vejamos uma possível interpretação de um dos paradoxos espaciais e de um dos paradoxos de perspectiva.

O "grande um" da Tese 1 refere-se provavelmente ao universo como um todo. Ele é certamente algo único (portanto, um "um"); mas, diferentemente de outras entidades, não existe nada que esteja além dele ou que o limite. Se houvesse algo fora do universo, seria apenas outra parte do universo, de modo que não estaria realmente "fora". O "pequeno um" da mesma tese se refere provavelmente a um ponto matemático, que tem localização, mas não extensão, profundidade ou largura. Nós tendemos a associar as origens da matemática formal a pensadores ocidentais como Euclides e os pitagóricos. No entanto, sabemos, a partir dos escritos moístas posteriores (que examinaremos na secção IV deste capítulo), que também pensadores chineses tinham o conceito de um ponto e viam nele algo fundamental para outras dimensões espaciais.

2. Yan era um Estado no extremo Norte, enquanto Yue era um Estado no extremo Sul.

A chave para entender a sétima tese ("Parti para Yue hoje, mas cheguei ontem") é observar a natureza relativa ou relacional de termos como "hoje" e "ontem". Suponhamos que parti para o Estado de Yue na terça-feira e cheguei na quarta-feira. Na terça-feira eu poderia dizer realmente: "Parti para Yue hoje", mas na quinta-feira eu poderia realmente dizer: "Cheguei a Hue ontem". O fato é que cada dia é um hoje, um ontem e um amanhã, tudo dependendo da nossa perspectiva.

Apresentarei abaixo uma interpretação possível das outras teses e da maneira como elas se relacionam com a afirmação ética da tese 10. Mas, antes de você prosseguir a leitura, convido-o a fazer uma pausa e apresentar sua própria interpretação.

- Tese 1: *Não existe nada fora do que é supremamente grande. Chamemo-lo "o grande um". Não existe nada dentro do que é supremamente pequeno. Chamemo-lo "o pequeno um"*. Você concorda com a interpretação que dei acima a respeito desta tese?

- Tese 2: *Aquilo que não tem espessura não pode ser acumulado e, no entanto, pode ter a extensão de mil léguas*. Um ponto matemático (o "pequeno um") da Tese 1) não tem extensão. Se tivesse, ele seria divisível em pontos ulteriores, mas não existe nada "dentro" de um ponto. Coisas sem nenhuma extensão não podem ser combinadas para produzir alguma coisa com extensão. No entanto, uma linha que tem mil léguas de extensão é feita de pontos.

- Tese 3: *O Céu é tão baixo quanto a Terra. Montanhas e pântanos estão no mesmo nível*. Se uma coisa é baixa ou alta depende do ponto de partida de onde você a mede. Por exemplo, Nova York é alta em relação ao Parque Nacional do Vale da Morte, mas é baixa em relação a Aspen. Por conseguinte, pode-se dizer que qualquer localidade tem qualquer altura, dependendo do ponto de referência em que nos situamos ao medir.

- Tese 4: *No momento em que o sol está no ponto mais alto, ele está se pondo. No momento em que uma coisa nasce, ela está morrendo*. Normalmente dizemos que o sol está "se pondo" um pouco antes de ele desaparecer no horizonte. Mas, na realidade, o sol está começando sua descida ao meio-dia. Por conseguinte, depende de nossa perspectiva o momento em que achamos que ele está se pondo. De forma semelhante, normalmente dizemos que alguém está "morrendo" quando sua morte é iminente; mas desde o momento do nascimento o indivíduo está se aproximando da morte.

• Tese 5: *Quando coisas muito semelhantes são diferenciadas de coisas menos semelhantes, isso se chama "pequena comparação". Quando as dez mil coisas são em tudo semelhantes e em tudo diferentes, isso se chama "grande comparação".* Quando agrupamos coisas, focalizamos algum aspecto no qual elas são semelhantes umas às outras e excluímos coisas que não são semelhantes nesse aspecto particular. Por exemplo, eu posso agrupar eu e você como "humanos" e distinguir-nos de Spot, Fluffy e Tweetie enquanto "animais". No entanto, a partir de outra perspectiva, eu poderia agrupar-me com Spot enquanto membros de minha família e agrupar você com Fluffy enquanto membros da família de você. Todos estes são exemplos de uma "pequena comparação". No entanto, quaisquer duas coisas no universo são semelhantes em pelo menos alguns aspectos (ou então não seriam "coisas") e diferentes em outros aspectos (ou então não seriam múltiplas coisas). Reconhecer isto é a "grande comparação".

• Tese 6: *O Sul é ilimitado, embora seja limitado.* O argumento de Hui Shi para esta tese depende de qual era para ele o formato da Terra. Se ele pensava que a Terra era esférica, o Sul seria "ilimitado", porque alguém que vai em direção ao Sul poderia continuar caminhado na mesma direção para sempre (já que ele giraria em torno do globo). No entanto, o Sul seria também "limitado", porque a circunferência da Terra seria um número limitado específico.

• Tese 7: *Parti para Yue hoje, mas cheguei ontem.* Apresentei acima um argumento para esta tese, mas apresento aqui uma explicação alternativa que ilustra como alguém poderia defender estas afirmações de maneiras diferentes. Talvez eu atravesse a fronteira entre meu Estado e Yue justamente à meia-noite: de terça-feira para quarta-feira. A fronteira faz parte dos dois Estados e a meia-noite faz parte dos dois dias, de modo que posso realmente afirmar que parti para Yue hoje (quarta-feira), mas cheguei ontem (terça-feira)[iii].

• Tese 8: *Anéis entrelaçados podem estar separados.* Imaginemos dois anéis entrelaçados de maneira que não se toquem. Em outras palavras, os anéis estão em ângulo reto um em relação ao outro, cada um passando pelo centro do outro. Estes anéis ainda estão "entrelaçados"; mas poder-se-ia dizer que estão "separados", porque existe espaço entre eles.

• Tese 9: *Conheço o centro do mundo: está ao norte de Yan e ao sul de Yue.* Na época de Hui Shi os chineses se consideravam ocupantes dos "Estados Centrais", em contraste com os "bárbaros" que viviam fora do centro. Mas Hui Shi chama a atenção que o "centro" é relativo à nossa perspectiva. Para os bárbaros que vivem ao norte de Yan, o centro do mundo é ali: para os bárbaros que vivem ao sul de Yue, o centro do mundo é ali.

- Tese 10: *Cuide indiscriminadamente das dez mil coisas. Céu e Terra são um todo.* Esta tese mostra que Hui Shi não tinha apreço apenas por paradoxos abstratos; havia um sério objetivo ético por trás de sua argumentação. A Tese 10 pode ser considerada uma conclusão que decorre das teses precedentes. Geralmente as pessoas têm "cuidado diferenciado": cuidamos mais de nós mesmos do que de outras pessoas e mais de nossa comunidade do que de estranhos. Para que este cuidado diferenciado seja justificado, precisa haver alguma distinção entre as coisas que não seja puramente arbitrária. As Teses 1 e 2 questionam a prática de dividir as coisas espacialmente umas das outras, enquanto as Teses 3 a 9 questionam as divisões qualitativas.

Consideremos a diferenciação espacial. Geralmente pensamos que uma entidade se distingue de outra (como eu de você) porque existe uma separação espacial entre nós. Mas as Teses 1 e 2 chamam nossa atenção para o fato de que o espaço é infinitamente divisível, de modo que não existem "lacunas" espaciais para distinguir uma coisa de outra. Consideremos um ponto, P1, que supostamente está na fronteira do meu corpo. Para qualquer ponto que selecionarmos, P2, que está do outro lado desta fronteira, existirá um outro ponto P3, que está entre P1 e P2. Podemos depois encontrar outro ponto, P4, entre P1 e P3, e assim por diante. Já que não existe nenhum ponto que é "próximo" depois de P1, a tentativa de estabelecer uma fronteira espacial deve ser convencional e arbitrária. Portanto, se queremos distinguir um indivíduo de outro ou uma comunidade de outra, e se presumimos que essa distinção nos dá uma justificação para dar um tratamento diferente aos dois, isso não pode ser na base da separação espacial apenas. Qualquer divisão entre coisas que justifique um tratamento diferenciado precisa basear-se numa distinção qualitativa.

As Teses 3, 4 e 7 procuram ilustrar como as distinções qualitativas – como, por exemplo, se uma cidade está situada num lugar alto ou baixo; quando o sol começa a se pôr ou uma pessoa começa a morrer; se pensamos na terça-feira como amanhã, hoje ou ontem – dependem da adoção arbitrária de uma perspectiva. A Tese 5 generaliza estes exemplos para deixar claro que toda diferenciação depende da perspectiva: para quaisquer duas coisas podemos adotar a perspectiva a partir da qual elas são diferentes (o que é simplesmente a "pequena comparação") ou a perspectiva a partir da qual elas são semelhantes ("grande comparação"). Em vez de enfatizar como você é diferente de mim (em classe social, educação, família etc.), posso optar por enfatizar como você é semelhante a mim (em ser humano, em precisar de alimento, em sofrer quando ferido). Não existe motivo para preferir a "pequena comparação", de modo que não há justificação para o cuidado diferenciado.

> ***Fato:*** *Os exames para o funcionalismo público britânico e suas posteriores contrapartidas nos Estados Unidos tomaram intencionalmente como modelo os exames para o funcionalismo público da China pré-moderna. Em ambas as culturas existe um permanente debate sobre se os exames, destinados a selecionar as pessoas com base no mérito e não nos antecedentes familiares, são justos e cuidadosos.*

Algumas das teses de Hui Shi talvez tivessem a intenção de ser analogias políticas. Isto é a coisa mais óbvia no caso da Tese 9, porque ela questiona o privilegiamento da civilização chinesa como ocupando o "centro" do mundo. Mas também a Tese 8 pode ter um objetivo político: assim como anéis entrelaçados podem ser vistos ou como unidos ou como separados, assim podem ser vistos o rei e o mais humilde camponês. Estes últimos estão separados por distância espacial, riqueza e *status* social; mas estão também unidos, porque o rei depende dos camponeses para a produção de alimentos, enquanto os camponeses dependem do rei para a distribuição de alimentos dos celeiros em tempos de escassez. Poderíamos fazer uma observação semelhante a respeito da separação entre eu e a pessoa que está a meio-mundo de distância, que colhe os cereais que acabam sendo usados no meu café da manhã.

Resumindo: o ponto central da filosofia de Hui Shi é que devemos "cuidar indiscriminadamente" de cada um e de cada coisa, porque todas as distinções espaciais e qualitativas entre as coisas são arbitrárias e, portanto, injustificadas. Evidentemente, esta é apenas uma maneira de entender os paradoxos de Hui Shi e sua inter-relação. Espero que você encontre outras interpretações próprias suas e talvez mais plausíveis. Em particular, uma das possibilidades é que deveríamos agrupar as Teses 1 a 4 como paradoxos espaciais e as Teses 5 a 8 como paradoxos qualitativos. Isto torna o arranjo das teses menos arbitrário, porque cada seção começaria com uma tese introdutória geral (1 e 5 respectivamente).

Hui Shi é uma figura fascinante para ser estudada, mas frustrante, porque precisamos conjecturar quais eram seus argumentos. Estamos em situação muito melhor em relação à próxima grande figura da "Escola dos nomes", Gongsun Long.

III - Gongsun Long

Gongsun Long é mais conhecido por um diálogo filosófico, intitulado "Sobre o cavalo branco", que foi conservado (*Readings*, p. 363-368). "Sobre o cavalo branco" faz lembrar, pelo estilo, os diálogos socráticos de Platão. Apresenta um debate entre duas figuras anônimas identificadas convencionalmente como o Defensor e o Objetor. O Defensor defende a admissibilidade da afirmação "Um cavalo branco não é um cavalo", enquanto o Objetor argumenta contra ela. Um dos argumentos do Defensor é uma *reductio ad absurdum*. Ele afirma que, se fosse verdade que um cavalo branco é um cavalo, querer um cavalo branco seria a mesma coisa que querer um cavalo preto ou amarelo.

> B: Se alguém quer um cavalo, isso se aplica a um cavalo amarelo ou preto. Mas se alguém quer um cavalo branco, isso não se aplica a um cavalo amarelo ou preto. Suponhamos que um cavalo branco fosse um cavalo. Então o que alguém quer [nos dois casos] seria a mesma coisa. Se o que ele quer fosse a mesma coisa, então [cavalo] branco não diferiria de cavalo. Se o que ele quer não difere, então como é que um cavalo amarelo ou preto às vezes é aceitável e às vezes inaceitável? (*Readings*, p. 365).

Podemos parafrasear o argumento do Defensor da seguinte maneira:

> B* (paráfrase de B): Se você fosse a uma cavalariça e pedisse simplesmente um cavalo, o tratador de cavalos poderia trazer-lhe um cavalo de qualquer cor: amarelo, preto etc. Mas se você pedir um cavalo branco, o tratador não poderia trazer-lhe um cavalo amarelo ou preto. No entanto, suponhamos que seja verdade que "um cavalo branco é um cavalo". Nesse caso, se você fosse a uma cavalariça e pedisse um cavalo branco, seria perfeitamente aceitável que o tratador lhe traga um cavalo preto. Se você reclamasse, o tratador poderia responder: "Um cavalo branco é um cavalo, de modo que querer um cavalo branco é querer um cavalo. Um cavalo preto é também um cavalo, de modo que dar a você um cavalo preto é dar a você um cavalo. Portanto, você quis um cavalo e eu lhe dei um cavalo".

Obviamente, está havendo aqui uma espécie de prestidigitação dialética, mas o estratagema consiste em identificar onde ela ocorre, porque cada passo individual no argumento do Defensor contém alguma plausibilidade.

Existe uma pretensão linguística subjacente ao argumento do Defensor:

> A: "Cavalo" é aquilo pelo qual alguém designa a forma. "Branco" é aquilo pelo qual alguém designa a cor. O que designa a cor não é o que designa a forma. Portanto, digo que um cavalo branco não é um cavalo (*Readings*, p. 364).

Tudo isto parece verdadeiro e inobjetável até chegar ao "Portanto, digo..." Por que o Defensor pensa que esta conclusão resulta daquilo que ele disse? A chave é uma suposição de que o Defensor não afirma aqui (mas deixa explícito mais adiante no diálogo, na seção C): "Um cavalo branco é um cavalo e branco". Com esta suposição em mente, podemos parafrasear o argumento do Defensor da seguinte maneira:

> A* (paráfrase de A): O termo "branco" refere-se a uma cor e o termo "cavalo" refere-se a uma forma. (A expressão "cavalo branco" refere-se a uma combinação de cor e forma.) Já que cor não é a mesma coisa que forma, "cavalo branco" e "branco" referem-se a coisas diferentes. Portanto, um cavalo branco não é um cavalo.

O Objetor procura isolar o equívoco que o Defensor está cometendo:

> E.1: Se existem cavalos brancos, não se pode dizer que não existem cavalos, por causa daquilo que se chama separabilidade do branco. Somente de acordo com aqueles que não fazem separação não se pode dizer que ter um cavalo branco é o mesmo que ter um cavalo. Portanto, o motivo de pensarmos que existem cavalos é apenas o fato de pensarmos que "cavalo" é "existem cavalos". Não é que pensamos que "existem cavalos brancos" é "existem cavalos". Portanto, pelo fato de existirem cavalos, não se pode dizer que um cavalo branco não é um cavalo (*Readings*, p. 366-367).

Em outras palavras:

> E.1* (paráfrase de E.1): Se existem cavalos brancos, então existem cavalos. Isto por causa da "separabilidade do branco". (De acordo com a "separabilidade do branco" na expressão "cavalo branco", podemos separar o termo "branco" ou o termo "cavalo".) Portanto, a razão por que passamos de "existem cavalos brancos" para "existem cavalos" é que nós separamos "cavalos" na primeira expressão. Não é que pensamos que as expressões "existem cavalos brancos" e "existem cavalos" são a mesma coisa. Portanto, dizemos que um cavalo branco é um cavalo pela mesma razão: nós apenas separamos "cavalo" da expressão "cavalo branco".

No entanto, o Defensor insiste que nem sempre se pode separar o termo "cavalo" da expressão "cavalo branco":

> E.2: "Cavalo" é indiferente à cor. Portanto [se você apenas quiser um cavalo], um cavalo amarelo ou um cavalo preto seriam, ambos, apropriados. "Cavalo branco" é escolhido pela cor. Assim [se você quiser um cavalo branco], um cavalo amarelo ou preto seria rejeitado por causa de sua cor. Portanto, somente um cavalo branco seria apropriado. Aquilo que não rejeita [como "cavalo" não

exclui um cavalo branco, amarelo ou preto] não é aquilo que rejeita [como "cavalo branco", que exclui um cavalo preto ou amarelo]. Portanto, digo que um cavalo branco não é um cavalo (*Readings*, p. 367).

A chave para compreender este diálogo é uma ambiguidade numa construção gramatical particular. Felizmente, a mesma ambiguidade existe em inglês e outras línguas, de modo que não é necessário ler o chinês clássico para compreendê-la. O que significa afirmar: "X não é Y"? Isto parece fácil de compreender, mas consideremos a diferença entre dizer "Batman não é um morcego" e "Batman não é Jimmy Olsen". A primeira frase nega que uma coisa faça parte de um determinado grupo, enquanto a segunda nega que uma coisa seja idêntica a outra coisa. Geralmente não notamos esta distinção, porque o contexto normalmente deixa claro o sentido intencionado. Consideremos agora "cavalos brancos não são cavalos"[3]. Isto pode ter dois sentidos:

1) O grupo de coisas que são não só brancas mas também cavalos *não faz parte do* grupo de coisas que são cavalos.

2) O grupo de coisas que são não só brancas mas também cavalos *não é idêntico* ao grupo de coisas que são cavalos.

Podemos expressar estes sentidos usando símbolos formais:

1*) NÃO [{coisas brancas} $\cap$ {cavalos} $\subseteq$ {cavalos}]

2*) NÃO [{coisas brancas} $\cap$ {cavalos} $\equiv$ {cavalos}]

A primeira afirmação em cada par é obviamente falsa. No entanto, a segunda afirmação em cada par é verdadeira. Quando o Defensor afirma "um cavalo branco não é um cavalo", parece como se estivesse sustentando a afirmação 1, e esta é a afirmação contra a qual o Objetor argumenta. No entanto, o Defensor está na realidade defendendo a afirmação 2! Todos os argumentos do Defensor fazem perfeitamente sentido se interpretarmos "um cavalo branco não é um cavalo" desta maneira. Por conseguinte, os argumentos do Objetor não têm força contra a posição do Defensor. Existem aqui duas lições importantes: Certifique-se de que você compreende uma posição antes de começar a criticá-la. Além disso, no decurso de um argumento, esteja atento para a possibilidade de você ter entendido mal a posição de seu oponente.

---

3. A frase chinesa original pode ser traduzida como "um cavalo branco não é um cavalo" ou como "cavalos brancos não são cavalos". Manobrei aqui a tradução porque é mais fácil ver a estrutura semântica da segunda frase.

Talvez o Defensor esteja explorando intencionalmente esta ambiguidade na expressão "um cavalo branco não é um cavalo". Lembremos que a tese que o Defensor está defendendo é que *pode ser* que um cavalo branco não é um cavalo. Poderíamos também traduzir isto da seguinte maneira: É *aceitável* que um cavalo branco não é um cavalo. Em outras palavras, o Defensor está apenas argumentando que "um cavalo branco não é um cavalo" *poderia* ser verdade, de acordo com certa interpretação. Ele poderia reconhecer que, de acordo com outra interpretação, "um cavalo branco *é* um cavalo". Assim, talvez o Objetor e o Defensor poderiam concordar se um entendesse plenamente a posição do outro.

E novamente, talvez não. Notemos que o Objetor afirma: "*não pode* ser que um cavalo branco não é um cavalo" (D; *Readings*, p. 366). O que muitas pessoas consideravam desnorteante ou até perigoso a respeito da "Escola dos nomes" é que ela parecia minar nossa confiança na possibilidade de usar a linguagem e a argumentação para orientar nossas ações e descrever o mundo. O Objetor pode estar desesperado para excluir a possibilidade de que "um cavalo branco não é um cavalo" seja verdade com base em *qualquer* interpretação. Se podemos sustentar afirmações bizarras como "parti para Yue hoje, mas cheguei ontem" e "um cavalo branco não é um cavalo", então talvez seja realmente verdade que "ambos os argumentos são aceitáveis" em qualquer tópico.

IV - Os moístas posteriores

Como vimos no Capítulo 4, os primeiros moístas levaram a argumentação a novos níveis de sofisticação. No entanto, eles se opuseram ao uso da argumentação para chegar a conclusões paradoxais, como as defendidas por Hui Shi e Gongsun Long. Por conseguinte, desenvolveu-se o movimento conhecido como moísmo posterior em oposição à "Escola dos nomes". Os escritos moístas posteriores são obras fascinantes de filosofia. Além de combater o que consideram sofismas, eles exploram questões relativas à filosofia da linguagem, à dialética (a teoria da argumentação), aos fundamentos da ética e até às ciências naturais, incluindo geometria, ótica e mecânica. Infelizmente, os escritos moístas posteriores chegaram até nós em forma fragmentária e difícil de interpretar. Por conseguinte, nesta seção irei muitas vezes parafraseá-los em vez de citá-los. Além disso, os moístas posteriores geralmente não identificam aqueles contra os quais é dirigido um determinado argumento. No entanto, muitas vezes compreendemos melhor seus argumentos se os considerarmos respostas a determinadas posições.

1 Resolvendo o paradoxo de Deng Xi

Lembremos a tese de Deng Xi de que em qualquer debate "ambos os argumentos são aceitáveis". Isto pode ser interpretado de diversas maneiras, e os moístas respondem a diversas formulações específicas. Assim, se alguém afirma que *nenhum lado num argumento é o lado correto*, os moístas posteriores respondem:

> Existem casos em que duas alternativas são ambas corretas ou ambas incorretas. Por exemplo, se você chama esta coisa de "cachorro" e eu a chamo de "cão", nós dois estamos corretos. Ou, se você chama um cachorro de "cavalo" e eu o chamo de "boi", nós dois estamos errados. No entanto, a argumentação genuína se refere a alternativas exclusivas, como por exemplo: se esta coisa determinada é "boi" ou "não boi". Uma, e só uma, destas opções pode ser verdadeira[iv].

Toda afirmação é verdadeira; nenhuma afirmação é falsa. Os moístas posteriores respondem:

> É autocontraditório negar que algumas afirmações são falsas. Ou você nega a falsidade de sua própria posição ou não a nega. Se você nega a falsidade de sua própria posição, então você não nega a falsidade (porque você admite que a negação de sua posição é falsa). Se você não nega a falsidade de sua própria posição, então você não nega a falsidade (porque você admite que sua posição é falsa). Em ambos os casos, você nega sua própria afirmação[4] [v].

Toda afirmação é autocontraditória. Os moístas posteriores respondem:

> É autocontraditório considerar toda afirmação autocontraditória. Se você afirma isto, ou suas palavras são verdadeiras ou não o são. O que é autocontraditório não é verdadeiro. Portanto, se sua afirmação é verdadeira, ela não é autocontraditória. Se ela não é verdadeira, certamente ela não é plausível[vi].

Quando analisarmos Zhuangzi (no Capítulo 9) consideraremos outra maneira de compreender a tese de Deng Xi, que os moístas podem não ter respondido com êxito.

---

4. Este argumento é notavelmente semelhante ao que Platão apresentou contra o relativismo pitagórico.

2 *Resolvendo os paradoxos de Hui Shi*

Em resposta aos paradoxos espaciais de Hui Shi, os moístas posteriores afirmam:

> Um "ponto" é "a unidade sem dimensão que precede todas as outras". Já que um ponto é o ponto-final de um segmento linear, não existe paradoxo no fato de que os comprimentos são compostos de pontos[vii].

Isto não solapa a asserção subjacente de Hui Shi de que a divisão espacial é arbitrária. No entanto, penso que com este argumento os moístas querem simplesmente mostrar que a noção de um "ponto" não é paradoxal. Eles tinham um sério interesse pelas ciências da geometria, da ótica e da mecânica, de modo que era importante para eles que a noção de um "ponto" matemático não fosse solapada.

O que os moístas posteriores estavam mais interessados em desmontar eram os paradoxos da perspectiva apresentados por Hui Shi. Eles usavam "isso" e "aquilo" como exemplos de termos perspectivais. Suponhamos que estou ensinando numa sala de aula e faço referência a "esta" estante na minha frente. Você, sentado algumas fileiras atrás, se referiria à mesma coisa como "aquela" estante. "Isto" e "aquilo" parecem termos contrastantes, mas é verdade também que uma entidade é ao mesmo tempo "isto" e "aquilo", dependendo da perspectiva de alguém. No entanto, os moístas argumentam que aqui não existe paradoxo ou contradição:

> Termos como "aquilo" e "isto" podem permutar aquilo a que se referem. Mas, desde que nos referimos a "isto", precisamos referir-nos a "aquilo". Se mudarmos e nos referirmos a isto como "aquilo", precisamos também mudar e referir-nos a aquilo como "isto". Isto não apresenta dificuldades contanto que nos limitemos, por enquanto, a uma ou à outra maneira de falar[viii].

Em outras palavras, uma pessoa pode falar corretamente sobre "esta" estante *e* pode falar corretamente sobre "aquela" estante, mas não pode chamá-la corretamente "esta" e "aquela" estante no mesmo contexto. Precisamos "limitar-nos" cada vez a uma ou à outra maneira de falar.

Talvez não seja imediatamente claro por que este argumento é tão importante, mas notemos que todos os paradoxos de perspectiva de Hui Shi têm a mesma forma como o caso de "este" e "aquele". Por exemplo, posso honestamente dizer que "parti para Yue hoje" e que "cheguei a Yue ontem"; mas não posso honestamente fazer as duas afirmações no mesmo contexto. Novamente precisamos "limitar-nos" cada vez a uma ou à outra maneira de falar. Os paradoxos 3-9 de Hui Shi podem ser tratados todos da mesma maneira.

3 Resolvendo o paradoxo do cavalo branco

A solução moísta para o paradoxo do cavalo branco consiste em observar um paralelo estrutural entre a frase "cavalos brancos não são cavalos" e a frase "bois e cavalos não são cavalos".

> "Bois e cavalos não são bois" e "bois e cavalos são bois" são ambos aceitáveis, porque bois e cavalos formam um grupo. Suponhamos que você negue que "bois e cavalos são bois", porque alguns deles *não* são bois; ou que você negue que "bois e cavalos *não* são bois", porque alguns deles *são* bois. Então você deveria admitir que "bois e cavalos *são* bois", porque alguns deles são bois. Além disso, um boi não é dois e um cavalo não é dois, mas um boi e um cavalo são dois (por isso o que é verdadeiro para bois não precisa ser verdadeiro para bois e cavalos). Portanto, mesmo que não possamos negar que "bois são bois" e "cavalos são cavalos", não existe nenhum problema com o fato de que "bois e cavalos não são bois" e "bois e cavalos não são cavalos"[ix].

Em outras palavras, podemos dizer que "bois e cavalos não são bois", porque o grupo de bois *e* cavalos não é idêntico ao grupo de bois; no entanto, é igualmente legítimo afirmar que "bois e cavalos *são* bois", porque alguns membros do primeiro grupo fazem parte do segundo grupo.

Como isto é relevante para o paradoxo do cavalo branco? O que torna este paradoxo tão inquietante é que ele parece tornar falso que "um cavalo branco é um cavalo". No entanto, o argumento moísta posterior sugere que devemos tirar acerca de "cavalos brancos não são cavalos" a mesma conclusão que tiraríamos acerca de "bois e cavalos não são cavalos". Especificamente, podemos dizer que "um cavalo branco não é um cavalo" (porque o grupo dos cavalos brancos não é idêntico ao grupo dos cavalos), mas é igualmente legítimo afirmar que "cavalos brancos são cavalos" (porque os membros do primeiro grupo fazem parte do segundo grupo).

Pode parecer problemático para os moístas, oponentes do paradoxo e do sofisma, aceitar que "um cavalo branco é um cavalo" e também que "um cavalo branco *não* é um cavalo". No entanto, eles podem apelar aqui para a sua solução dos paradoxos perspectivais de Hui Shi. Assim como terça-feira pode ser "ontem" ou "hoje", podemos dizer que, num sentido (o primeiro sentido), um cavalo branco é um cavalo, mas em outro sentido um cavalo branco não é um cavalo. Não existe nenhuma contradição aqui, contanto que "nos limitemos" cada vez a um sentido ou ao outro.

4 O novo fundamento da ética moísta

Além de responder à "Escola dos nomes", os moístas posteriores revisaram significativamente o fundamento de sua ética. Em vez de caracterizar o "benefício" em termos de riqueza, densidade populacional e ordem, eles fornecem uma definição mais psicológica:

- "Benefício" é aquilo que alguém gosta de receber.
- "Dano" é aquilo que alguém não gosta de receber.

No entanto, isto não significa que qualquer coisa que uma pessoa porventura queira é um benefício para ela:

- O "desejo" é imediato ou vem depois de ter ponderado os benefícios.
- A "aversão" é imediata ou vem depois de ter ponderado os danos.

Algo a que alguém tem aversão "imediatamente" pode ser aquilo que ele deseja após ter ponderado as consequências no longo prazo:

> A alternativa errada tornando-se a correta quando ponderada, e a alternativa errada rejeitada enquanto errada, são o "ponderado" e o "imediato". Amputar um dedo para salvar um braço é escolher o maior entre os benefícios e o menor entre os danos. [...] A pessoa o deseja porque não existe alternativa; não é que ela o deseje imediatamente[x].

Com base nestas considerações, os termos especificamente éticos podem ser facilmente definidos:

- "Cuidado" é [desejar beneficiar os indivíduos][5].
- "Benevolência" é cuidar dos indivíduos.
- "Retidão" é beneficiar.
- Agir "em benefício de" outros é dar a maior importância aos seus desejos quando se conhece tudo o que há para conhecer.

---

5. O texto moísta posterior contém o cabeçalho "cuidado" (ou "amor") no meio das outras definições, mas falta a caracterização concomitante. Diversos estudiosos, porém, concordam que a definição original é algo parecido com o que forneci entre colchetes.

• Um "sábio" é alguém que *a priori* deseja ou tem aversão a coisas em benefício das pessoas[xi].

"A priori" refere-se àquilo que pode ser conhecido independentemente da experiência sensorial. É muitas vezes contrastado com "a posteriori", que se refere a coisas que só podem ser conhecidas através da experiência. Os filósofos ocidentais podem ficar surpresos ou desconfiados a respeito do uso desta expressão ao traduzir um texto chinês antigo. No entanto, é claro que os moístas distinguem entre algo como um conhecimento *a priori* e um conhecimento *a posteriori*:

> O "conhecimento" é adquirido por relato, por explicação ou por experiência. "Por relato" é quando o obtemos de segunda mão. "Por explicação" é como: "se é quadrado, não rodará". "Por experiência" é quando nós próprios somos testemunhas.

Outra ilustração do conhecimento por explicação é entender o que é um círculo:

• "Circular" é ter os mesmos comprimentos medindo a partir de um único centro.

• O círculo permanece mesmo depois que "pulamos o muro da cidade". Pelas coisas que vêm a seguir ou que se excluem umas às outras nós sabemos *a priori* o que é[xii].

"Pular o muro da cidade" é ser incapaz de observar algo diretamente. A questão é que, mesmo se somos incapazes de ver um círculo determinado, sabemos que ele é circular por causa da "explicação" do que é um círculo; de maneira semelhante, sabemos que um quadrado não roda facilmente sobre uma superfície, quer possamos ou não observá-lo diretamente.

Portanto, os moístas posteriores reformularam a ética de uma maneira surpreendentemente próxima a um sistema dedutivo baseado num conjunto de definições entrosadas. Apesar disso, seria um erro atribuir aos moístas a lógica formal como a conhecemos no Ocidente.

5 Os limites da lógica

O que é lógica formal? Consideremos o seguinte argumento:

1) Todos os humanos são mamíferos.

2) Todos os mamíferos têm sangue quente.

3) Logo, todos os humanos têm sangue quente.

Se as premissas (1 e 2) são verdadeiras, então a conclusão (3) deve também ser verdadeira. Isto pode parecer óbvio demais para merecer ser declarado, mas Aristóteles fez uma enorme descoberta conceitual ao observar que sentenças como esta são um exemplo especial de um padrão geral:

1) Todos os A são B.

2) Todos os B são C.

3) Logo, todos os A são C.

Aristóteles percebeu que existem muitos padrões como este, que podemos classificá-los e que fazê-lo nos possibilitará compreender e avaliar cadeias de raciocínio muito mais complexas. A lógica formal percorreu um longo caminho desde Aristóteles, mas tudo começou com estas compreensões.

Os moístas posteriores estavam profundamente interessados na argumentação, mas nunca desenvolveram a lógica formal. Alguns historiadores consideram isto uma deficiência lamentável. No entanto, apresento duas razões para não ter menor apreço pela filosofia chinesa pelo fato de ela não ter desenvolvido a lógica formal. Em primeiro lugar, alguém não precisa da lógica formal para argumentar racional ou logicamente (no sentido amplo desse termo). Mesmo no Ocidente, Parmênides, Zenão, Sócrates e Platão produziram argumentos racionais sem precisar esperar pela lógica de Aristóteles. O chamado raciocínio informal pode ser muito eficiente. Com efeito, falando como alguém formado na filosofia ocidental contemporânea e familiarizado com ela, fico impressionado pelo minúsculo papel que a lógica formal técnica desempenha efetivamente na maior parte da filosofia.

Além disso, uma das razões por que os moístas posteriores não desenvolveram a lógica formal é que eles tinham uma profunda intuição de um aspecto da linguagem ordinária que só foi apreciado plenamente pelos filósofos ocidentais mais de dois milênios depois. Consideremos as seguintes sentenças:

1) Um cavalo branco é um cavalo.

2) Montar um cavalo branco é montar um cavalo.

Pode parecer que poderíamos generalizar isto para o seguinte padrão:

P1. X é Y.

P2. Fazer A a X é fazer A a Y.

No entanto, os moístas posteriores observaram que, embora o exemplo precedente deste padrão seja confiável, existem outros casos que não o são:

3) O irmão de Jane é um homem bonito.

4) Para Jane amar seu irmão é para Jane amar um homem bonito.

O problema com este segundo caso é que, se dizemos "Jane ama um homem bonito", soa como: Jane está *apaixonada por* alguém e isso certamente não resulta do fato de ela amar seu irmão. Os moístas apresentam outra ilustração da maneira como o padrão falha:

5. Ladrões são pessoas.

6. Ter uma grande quantidade de ladrões é ter uma grande quantidade de pessoas[xiii].

Podemos ter uma população muito reduzida, mas uma porcentagem muito alta de ladrões, de modo que poderia ser verdadeiro que temos "uma grande quantidade de ladrões", mas seria falso que por isso temos "uma grande quantidade de pessoas".

Os moístas descrevem pares de sentenças como 1 e 2 como casos nos quais "é isto e aquilo é assim"; os filósofos ocidentais dão a sentenças como 2 o nome de "contextos transparentes". Pares de sentenças como 3 e 4 ou 5 e 6 são rotulados pelos moístas como casos nos quais "é isto, mas aquilo não é assim"; os filósofos ocidentais referem-se a sentenças como 4 e 6 chamando-as de "contextos opacos". Contextos opacos são aqueles nos quais, se você substitui dois termos que se referem à mesma coisa, você não pode ter certeza de que preservará a verdade da sentença[6]. A existência de contextos opacos frustra o esforço de identificar padrões de inferência que serão *sempre* confiáveis. Ou, como se expressam os moístas posteriores: "O paralelismo das sentenças é exato apenas até certo ponto"[xiv]. Portanto, não foi uma insuficiência de rigor que impediu a filosofia chinesa de desenvolver a lógica formal; foi uma profunda compreensão das limitações dos padrões de preservação da verdade na linguagem ordinária.

---

6. Os exemplos que atraíram particularmente os filósofos ocidentais recentes são contextos de crença, como "Lois Lane acredita que Clark Kent é um repórter afável". Apesar da verdade desta sentença e da verdade da afirmação de que "Clark Kent é o Super-homem", não resulta que "Lois Lane acredita que o Super-homem é um repórter afável".

V – Importância histórica

Hui Shi procurou usar sua argumentação sutil para objetivos filosóficos construtivos. Além disso, respondendo aos paradoxos de Deng Xi, Hui Shi e Gongsun Long levaram a sofisticadas discussões da dialética e da filosofia da linguagem por parte dos moístas posteriores e outros. No entanto, para muitos (entre os quais os confucianos) a lição a ser aprendida da "Escola dos nomes" foi simplesmente recusar-se a entabular discussões abstratas que não estão fundamentadas na vida cotidiana. Esta atitude é muito bem-ilustrada pela história do que aconteceu quando Gongsun Long venceu um debate no qual argumentou que um humano tem três orelhas. O governante em cuja presença ocorreu o debate ficou inicialmente muito impressionado. No entanto, o conselheiro do governante (que foi o derrotado no debate) observou:

> Posso apresentar uma questão a meu senhor? A afirmação de que um humano tem três orelhas é difícil de demonstrar, porque está realmente errada, ao passo que a afirmação de que um humano tem duas orelhas é fácil de demonstrar porque está realmente correta. Eu me pergunto: Vossa senhoria seguirá o que é fácil e correto ou o que é difícil e errado?

No dia seguinte, o governante pediu que Gongsun Long parasse de importunar seu conselheiro: "Nele a maneira como as coisas são triunfa sobre a retórica, ao passo que em você a retórica triunfa sobre a maneira como as coisas são"[xv]. É possível que muitas pessoas na China tivessem uma semelhante aversão à argumentação abstrusa e contrária à intuição, já que a "Escola dos nomes" desapareceu pelo final do Período dos Estados Combatentes.

Contrastando com a filosofia chinesa, a tradição de usar argumentos complexos para conclusões surpreendentes sobreviveu na filosofia ocidental. Começou com Parmênides e continua com filósofos recentes como Saul Kripke. Platão pode ter sido decisivo para manter viva esta tradição particular, porque escreveu diálogos filosóficos inspiradores que combinaram uma sutil argumentação metafísica e um desafiador ideal ético com um belo estilo literário. Bertrand Russell (uma das figuras fundadoras da filosofia anglo-americana contemporânea) expressou esta abordagem da filosofia ao escrever: "A peculiaridade da filosofia é iniciar com algo tão simples que não parece digno de ser afirmado e terminar com algo tão paradoxal que ninguém irá acreditar"[xvi].

Enquanto os moístas posteriores procuraram aguçar a argumentação racional a fim de desmontar os paradoxos da "Escola dos nomes", outros como os confucianos optaram por evitar o debate, apegando-se ao "senso comum". Outra reação aos desconcertantes paradoxos da "Escola dos nomes" foi uma suspeita generalizada acerca da confiabilidade da argumentação e até da linguagem ordinária. Esta abordagem se vê no misticismo de textos daoistas como o *Daodejing* e o *Zhuangzi*. São estas as abordagens que analisaremos nos próximos dois capítulos.

Questões para revisão

1) Por que colocamos constantemente entre aspas "Escola dos nomes", mas não moísmo ou confucionismo?

2) Por qual tese Deng Xi é famoso? O que ela significa?

3) Explique a tese de Hui Shi: "Parti para Yue hoje, mas cheguei ontem".

4) Quais são os dois sentidos possíveis de "um cavalo branco não é um cavalo"? Explique por que o sentido é verdadeiro numa destas interpretações e por que é falso na outra.

5) Como os moístas responderam à asserção "toda afirmação é verdadeira"?

6) Como os moístas usaram o exemplo de "isto" e "aquilo" para responder aos paradoxos perspectivais de Hui Shi?

7) Explique a distinção entre "a priori" e "a posteriori".

8) Dê um exemplo do tipo de padrões que a lógica formal estuda.

9) Dê um exemplo de um contexto opaco e um exemplo de um contexto transparente.

8
O *Daodejing* e o misticismo

Caminhos podem ser pronunciados, mas eles não são Caminhos constantes. Nomes podem ser proferidos, mas eles não são nomes constantes.

Daodejing

Diz-se que Laozi ficou desiludido com a sociedade e deixou a China montado num boi.

I – Mito e realidade

O *Daodejing*, atribuído a Laozi, é um dos clássicos mais famosos da literatura mundial. Ao lado da Bíblia e do Bhagavad Gita, é uma das três obras mais traduzidas e o alcance de sua influência cultural é imenso. *Os Simpsons* fez referências a ele. O controverso e ultraviolento filme *Straw Dogs*, do diretor Sam Peckinpah, extraiu dele seu título. Ronald Reagan citou-o num de seus Discursos sobre o Estado da União. O arquiteto Frank Lloyd Wright buscou nele inspiração. O criativo filósofo alemão Martin Heidegger colaborou numa tradução dele[i].

No entanto, o *Daodejing* é especialmente propenso a interpretações equivocadas e apropriações indébitas. Isto se deve, em parte, ao fato de que, embora tenha sido traduzido para muitas línguas, o *Daodejing* é muitas vezes traduzido incorretamente. Com efeito, é espantosamente comum pessoas "traduzirem" o *Daodejing* sem saber ler chinês[ii]. Além disso, já que o *Daodejing* está escrito num estilo tão enigmático, as pessoas tendem a projetar nele qualquer sentido que desejam encontrar. Mesmo na tradição chinesa surgiu um considerável conjunto de mitos em torno tanto do *Daodejing* quanto de Laozi. Por isso comecemos com alguns fatos muitas vezes negligenciados acerca do daoismo.

- O daoismo não existiu na antiga China.
- Laozi, o autor do *Daodejing*, também não existiu.
- O *Daodejing* não se refere a ser sereno, procurar a felicidade ou apenas levar uma vida tranquila. E não tem nada a ver com o Ursinho Puff[1].

Vejamos estes fatos cada um por sua vez. Durante o período abrangido por este livro, o daoismo não era um movimento organizado (ou um grupo de seitas aparentadas), da maneira como o eram o confucionismo e o moísmo. O termo "daoismo" foi cunhado muito mais tarde, durante a dinastia Han, como um dentre diversos rótulos para classificar pensadores que tinham concepções semelhantes.

---

1. *O Ursinho Puff* de Benjamin Hoff (*The Tao of Pooh*. Reimpressão. Nova York: Viking Press, 1983) é uma obra encantadora que atingiu um número de leitores muito amplo. Não há nada de errado em deleitar-se com ela pelo que ela é. Mas ela revela muito mais sobre a maneira como o *Daodejing* tem sido apropriado para ilustrar o romantismo ocidental do que revela sobre o *Daodejing* em si. (Para mais detalhes sobre o romantismo, cf. adiante nesta seção.)

Também durante os Han, o daoismo tornou-se uma religião organizada, com rituais minuciosos, clero e escrituras. No entanto, as doutrinas desta religião divergiam muitas vezes dos textos "daoistas" clássicos do Período dos Estados Combatentes. Por exemplo, o daoismo posterior foi frequentemente associado a esforços para alcançar a imortalidade física através do uso de elixires.

Laozi foi identificado como o fundador desta religião daoista posterior e o autor do *Daodejing*. No entanto, esta história é suspeita por muitas razões. Embora fosse supostamente um contemporâneo de Confúcio (no Período das Primaveras e Outonos), não existe nenhuma referência a ele em nenhum texto até aproximadamente três séculos mais tarde (no final do Período dos Estados Combatentes). Além disso, o mais antigo historiador chinês a escrever uma biografia de Laozi apresenta relatos nitidamente conflitantes de suas ações, do curso de sua vida e até de seu nome. Na verdade "Laozi significa "Velho Mestre" e não parece ser um nome próprio. Não causa surpresa que este historiador lamente: "Nossa geração não conhece a verdade dos fatos"[iii]. Muitos estudiosos modernos tendem a uma simples explicação destas discrepâncias: histórias relativas a diversos "velhos mestres" diferentes fundiram-se para formar a lenda de "Laozi".

> **Mito:** *"A Grande Muralha é a única criação humana visível do espaço".*
>
> **Fato:** *Embora este mito seja repetido inúmeras vezes, mesmo em documentários e reportagens jornalísticas, é impossível enxergar a Grande Muralha do espaço a olho nu. Ainda assim, continua sendo uma grande muralha.*

Míticas ou não, algumas das histórias a respeito de Laozi são suficientemente intrigantes e influentes, de modo que vale a pena repeti-las. Laozi foi supostamente um escriba nos arquivos da dinastia Zhou. Confúcio foi procurá-lo na esperança de aprender mais sobre os rituais Zhou. No entanto, Laozi repreendeu Confúcio por três motivos. Em primeiro lugar, Confúcio perguntou sobre as meras "palavras" daqueles que "já haviam apodrecido". Em segundo lugar, um cavalheiro simplesmente "se move como um amaranto" se sua época não é receptiva à sua mensagem (em vez de tentar obter um posto oficial como fez Confúcio). Em terceiro lugar, os esforços de Confúcio só mostram sua arrogância. Por isso Laozi o despede dizendo: "O que tenho a dizer-lhe é isto e nada mais"[iv]. Podemos ver por que os daoistas posteriores gostavam desta história, pelo fato de apresentar Laozi assumindo o controle em seu diálogo com Confúcio.

Vendo que a dinastia Zhou continuava a declinar, Laozi montou um boi e partiu para as regiões "incivilizadas" em direção ao Ocidente. Os cavalheiros normalmente viajavam numa carruagem ou coche, de modo que a imagem deste sábio montando um boi é impressionante. Ao chegar ao desfiladeiro que levava para as montanhas, o guarda da fronteira pediu-lhe que registrasse por escrito suas doutrinas antes de ir embora. Para satisfazer o funcionário, Laozi rabiscou informalmente o *Daodejing* antes de partir. Este mito ajuda a explicar por que Laozi – que, afinal de contas, advertira Confúcio contra meras "palavras" – se aborrecia em registrar por escrito qualquer obra.

Se as histórias precedentes são mitos, quem escreveu *realmente* o *Daodejing*? Ninguém o escreveu. Estudos filológicos e históricos do *Daodejing* sugerem que ele é uma antologia que registra uma variedade de ditos orais e só no século III a.C. se tornou algo parecido com o livro que conhecemos. Em chinês, este livro é mais comumente mencionado como *Laozi*, de acordo com o nome de seu suposto autor. Mas, a fim de realçar o fato de que temos um texto sem um criador único, prefiro referir-me a ele por seu título alternativo, *Daodejing*, que significa *Clássico do Caminho e da Virtude*. Embora Caminho e Virtude sejam conceitos importantes na obra, o título parece ter sido tomado simplesmente das primeiras palavras do primeiro e segundo livros do texto. Nas últimas décadas, versões alternativas de todo o *Daodejing* ou de uma parte dele foram descobertas em antigos túmulos (perto das aldeias de Mawangdui e Guodian). Mas a tradução encontrada em *Readings in Classical Chinese Philosophy* se baseia quase totalmente no que tem sido a versão tradicional do *Daodejing* na China por dois milênios[2].

Embora não tenha um autor único, parece haver no *Daodejing* temas comuns e inter-relacionados suficientes, de modo que podemos tratá-lo como um texto coerente. Entretanto, precisamos reconhecer que ele tem um estilo muito fragmentado e enigmático. Por isso, o *Daodejing* funciona muitas vezes como um teste de Rorschach, no qual os leitores encontram o que querem encontrar. Wang Bi, um filósofo da dinastia Han que escreveu um dos mais influentes comentários do *Daodejing*, observou que alguns de seus contemporâneos encontraram elementos

2. As citações do *Daodejing* são por capítulos e não por número de página.

confucianos na obra e a classificaram como "confuciana", enquanto outros notaram nela elementos moístas e a chamaram de "moísta". Wang Bi conclui: "Eles ajustam o nome que lhe aplicam de acordo com o que eles encontram e insistem em interpretá-lo em função do que eles gostam"[v].

Vemos uma tendência semelhante no Ocidente. Em particular, os ocidentais contemporâneos muitas vezes projetam no *Daodejing* as pressuposições do romantismo. Em reação contra a ênfase na razão que era característica do iluminismo, o romantismo defendia a importância e a sabedoria das paixões do indivíduo. Mas a dicotomia entre razão e paixão é ocidental, e não chinesa; e o individualismo característico de algumas formas de romantismo é completamente estranho ao *Daodejing*. Consequentemente, devemos estar atentos à maneira como os preconceitos românticos podem distorcer nossa avaliação do texto[3].

Existem cinco grandes temas que dão coerência ao *Daodejing*: 1) Como a maioria das outras filosofias desta época, o *Daodejing* expressa indignação com a corrupção, a violência e o sofrimento do mundo contemporâneo. No entanto, ao contrário do confucionismo e do moísmo, o *Daodejing* procura um retorno à sociedade primitiva que existia antes das chamadas conquistas da civilização. Este tempo pré-civilizado era supostamente uma utopia, na qual as pessoas desfrutavam uma vida simples, pré-letrada, honesta e satisfeita. 2) Pelo contrário, a sociedade contemporânea é marcada por hipocrisia e autoengrandecimento. Para retornar ao ideal antigo, os governantes e seus súditos precisam praticar a "não-ação": agir sem desejos autoconscientes e autoengrandecedores. 3) Uma das chaves para alcançar a não-ação é evitar a fixação nas distinções muitas vezes arbitrárias encarnadas na linguagem. Deixaremos de cobiçar e disputar quando abandonamos palavras como "riqueza" e "pobreza", "sucesso" e "fracasso". 4) A fonte adequada de orientação para a ação humana não é nem a escolha consciente nem as convenções sociais encarnadas na linguagem, mas uma entidade transcendente que sustenta o mundo. Embora esta entidade esteja para além de toda linguagem, ela pode ser chamada de "Caminho" por falta de um termo melhor. 5) Já que o tipo mais elevado de conhecimento transcende a linguagem, o *Daodejing* defende uma espécie de conhecimento místico.

---

3. Esta é uma ilustração do círculo hermenêutico entre o leitor e o texto, analisada no Apêndice A.

II – Cinco temas

1 *Males sociais e sua solução*

Muitos ocidentais têm uma pré-concepção do *Daodejing* que o considera relativo ao outro mundo. Na realidade, o texto tem uma urgente preocupação prática, enraizada na situação caótica do Período dos Estados Combatentes:

> A corte é resplandecente;
> Mas os campos estão cobertos de vegetação.
> Os celeiros estão vazios;
> Mas alguns vestem roupas elegantes;
> Trazem ao cinto espadas afiadas;
> Estão empanturrados de comida e bebida;
> E possuem riqueza em grande abundância.
> Isto é conhecido como orgulhar-se do roubo.
> Está longe do Caminho! (53)

O *Daodejing* é semelhante ao confucionismo e ao moísmo pelo fato de pregar a paz, mas não chega a endossar o pacifismo completo:

> Onde acampa um exército, crescem espinhos e cardos.
> [...]
> As armas são instrumentos de mau agouro, não os instrumentos de uma pessoa culta.
> Mas, se não tiver escolha, a pessoa culta as usará.
> A paz e a tranquilidade são os ideais mais elevados;
> Uma vitória militar não é uma coisa de beleza (30-31).

A solução que o *Daodejing* oferece para a corrupção e a violência da vida contemporânea consiste em retornar a uma utopia agrária primitiva – a condição humana anterior às influências corruptoras da cultura, da literatura, da urbanização, das leis e da tecnologia avançada:

> Quanto mais tabus e proibições houver no mudo, mais as pessoas empobrecerão.
> Quanto mais instrumentos afiados as pessoas tiverem, mais ignorante será o Estado.
> Quanto mais espertas e habilidosas forem as pessoas, mais coisas estranhas e perversas surgirão.
> Quanto mais claras as leis e decretos, mais ladrões e assaltantes haverá (57).

Como retornar à utopia do passado distante? O *Daodejing* compartilha com o confucionismo uma crença na força transformadora da Virtude de um bom governante:

> Se acumularmos profundamente a Virtude, nada pode barrar nosso caminho.
> Se nada pode barrar nosso caminho, ninguém conhecerá nossos limites.
> Se ninguém conhecer nossos limites, podemos possuir o Estado (59).

No entanto, ao contrário do confucionismo, o *Daodejing* rejeita o esforço de cultivar virtudes como a benevolência, a retidão, a sabedoria e o decoro. Com efeito, ele dá a entender que este esforço é uma das fontes da decadência social. *Tentar* ser virtuoso levará apenas à artificialidade e à hipocrisia:

> Quando é abandonado o grande Caminho, existe benevolência e retidão.
> Quando aparecem sabedoria e inteligência, existe grande hipocrisia.
> Quando as seis relações familiares estão desequilibradas, existem pais benévolos e amor filial.
> Quando o Estado está em desordem e caos, existem ministros leais (18).

O *Daodejing* critica implicitamente também as doutrinas moístas. Os moístas eram polemistas brilhantes, mas o *Daodejing* adverte: "Os bons não se entregam a disputas; / os que se entregam a disputas não são bons" (81). Os moístas defendiam governantes inteligentes que buscavam maximizar o proveito, mas o *Daodejing* aconselha: "Elimine a esperteza, abandone o proveito e não haverá mais ladrões e assaltantes" (19). Para o *Daodejing*, o problema fundamental tanto dos confucianos quanto dos moístas é que eles se envolvem na ação, em vez da "não-ação".

2 *Não-ação*

Não-ação não é a mesma coisa que não agir. Se me afundo apaticamente na minha cadeira e fico remoendo os meus problemas, eu não estou agindo, mas estou fazendo justamente o oposto da não-ação. Um jogador profissional de basquete, em pleno jogo, driblando ao longo da quadra, esquivando-se e serpenteando entre seus oponentes, dando um passe aos companheiros de equipe, e por fim dando um pulo e arremessando a bola no tempo exato, está completamente ativo e, no entanto, está se envolvendo na não-ação. No primeiro caso, remoendo meus problemas na cadeira, estou focado em mim mesmo; no segundo caso, correndo pela quadra, o jogador de basquete está focado no jogo. Falando de um modo geral, a não-ação é uma ação que é não-autoconsciente e, no entanto, perfeitamente atenta à situação.

Embora o termo “não-ação” seja novo para nós, ele se refere a algo que nos é bem familiar na vida cotidiana. Consideremos o aprendizado de andar de bicicleta. No começo, você está muito consciente de si mesmo, da bicicleta e das várias normas e recomendações que lhe deram. Alguém que já sabe como andar de bicicleta pode fazer a você um relato verbal do “Caminho da bicicleta”. Mas este “Caminho que pode ser pronunciado” é de utilidade apenas limitada:

> “Como devo montar uma bicicleta sem cair?”
> “Você precisa pedalar com velocidade suficiente para manter o equilíbrio”.
> “Qual é esta velocidade?”
> “Mmm, não sei. Apenas procure sentir”.
> “Como faço uma curva?”
> “Gire o guidão e incline-se para o lado da curva”.
> “Quanto devo girar o guidão e quanto me inclinar?”
> “Depende de quão fechada é a curva. Quanto mais fechada a curva, tanto mais gire e se incline”.
> “Mas quanto?”
> “Ora! Simplesmente faça isto e você acabará conseguindo”.

O que é o “isto” que você está tentando “conseguir”? É “o Caminho do andar de bicicleta”, que não está contido em nenhum conjunto de normas que você memorizou. Ora, neste caso, existe um relato linguístico que expressa completamente o que você está fazendo quando anda de bicicleta com sucesso. Um físico poderia dizer-lhe precisamente com qual velocidade você deve andar e precisamente quanto você precisa inclinar-se para que a força giroscópica das rodas esteja em equilíbrio com a gravidade. Mas esta informação não é necessária para andar de bicicleta, e conhecê-la não é suficiente para andar de bicicleta.

Filósofos ocidentais recentes expressaram este ponto com a distinção entre “saber como” e “saber que”. *Saber que* é uma questão de acreditar em afirmações linguísticas com justificativa racional. *Saber como* é uma questão de capacidade. *Sabemos que* Paris é a capital da França, mas *sabemos como* andar de bicicleta.

Durante a maior parte de sua história, a filosofia ocidental enfatizou o *saber que*. A *Apologia*, um dos textos fundamentais da filosofia ocidental, apresenta Sócrates numa busca por encontrar alguém que possui conhecimento real. Ele interroga políticos, poetas e artesãos. Em cada caso, eles são reprovados no teste de conhecimento apresentado por Sócrates, porque não conseguem fornecer um relato linguístico explicando por que aquilo que eles dizem é verdadeiro. A resposta implícita do *Daodejing* ao desafio de Sócrates seria concordar que ninguém tem o tipo de conhecimento que Sócrates busca, mas que ele está procurando o tipo errado de conhecimento.

Imaginemos que eu perdi minha carteira de dinheiro e você a encontra. Espero que você irá devolvê-la. Mas por que você o faria? Não seria nenhuma mostra de virtude se sua única motivação é esperar alguma recompensa por devolver minha carteira. Qual seria uma motivação virtuosa para devolver minha carteira? Filósofos diferentes darão respostas diferentes. Para Mengzi, seguir o Caminho é devolver a carteira movido por um "sentimento de compaixão" pelo meu sofrimento e por um "sentimento de desdém" por fazer algo vergonhoso como roubar (*Mengzi* 2A6). Em nítido contraste, Immanuel Kant argumentaria que agir movido por compaixão ou desdém ético não é moral. Não que esse sentimento seja *i*moral. Kant reconhece que tais emoções são úteis e dignas de ser cultivadas por causa da ajuda que nos dão para motivar-nos a fazer a coisa correta. Mas para Kant os sentimentos são moralmente neutros porque nós não temos (em sua opinião) nenhum controle sobre eles. Você não pode optar por ser compreensivo em relação à minha perda, mas pode optar por seguir a lei moral. Consequentemente, para Kant, devolver minha carteira só tem valor moral se for feito por respeito à lei moral. A lei moral prescreve que ajamos somente com base em princípios que desejaríamos coerentemente universalizar. Kant argumenta que não podemos querer coerentemente que os outros guardem para si o que *nós* perdemos (porque isso seria querer que nossos objetivos, sejam eles quais forem, sejam frustrados). Por conseguinte, não podemos querer guardar para nós o que *outros* perdem.

O *Daodejing* sugere que tanto Mengzi quanto Kant estão errados. Só estamos seguindo sinceramente o Caminho quando devolvemos a carteira porque simplesmente não passa pela nossa cabeça guardá-la para nós; isto é não-ação, naturalidade e a simplicidade da "madeira não desbastada" (28). Quando rotulo minha ação como "correta" ou "benévola", minha motivação se tornou artificial, antinatural e uma violação do Caminho. É isto o que o texto significa quando diz:

> Os de maior Virtude não lutam pela Virtude e por isso a possuem.
> Os de menor Virtude nunca se extraviam da Virtude e por isso não a possuem.
> Os de maior Virtude praticam a não-ação e nunca agem por motivos ulteriores.
> Os de menor Virtude agem e sempre têm algum motivo ulterior.
> Os de maior benevolência agem, mas sem motivos ulteriores.
> Os de maior retidão agem, mas com motivos ulteriores.
> Os que são ritualmente corretos agem; mas, se os outros não respondem, arregaçam as mangas e recorrem à força (38).

Parece muito provável que o *Daodejing* tenha em mente os confucianos como "os de menor Virtude [...] que são ritualmente corretos". No entanto, existe uma antiga tradição de que os confucianos concordam com os daoistas em reconhecer a não-ação como a mais alta encarnação do Caminho. Com efeito, encontramos nos *Analectos* uma passagem na qual Confúcio elogia o sábio-rei Shun como "um exemplo de alguém que governou por meio da não-ação" (15.5). Além disso, embora eu tenha apresentado acima que Mengzi contrasta com o *Daodejing*, é certamente verdade que Mengzi defende desenvolver a compaixão pelo sofrimento e o desdém pela maldade a ponto de estas se manifestarem espontaneamente, sem premeditação, "como um fogo que se acende, uma nascente que irrompe" (2A6). Reconhecidamente, os *Analectos* e o *Daodejing* parecem ser obras muito diferentes, mas o comentarista Wang Bi, da dinastia Han, expôs sua concordância fundamental ao dizer: "O sábio [Confúcio] *encarnava* a nadidade, de modo que também sabia que ela não podia ser expressa em palavras. Por isso não falou sobre ela. Mestre Lao, ao contrário, operava no nível do ser. Por isso ele *discutiu* constantemente a nadidade; ele precisava fazê-lo, porque aquilo que ele dizia sobre ela era sempre insuficiente"[vi].

Sejam quais forem as semelhanças que possa haver entre alguns aspectos do pensamento confuciano e o *Daodejing*, existe um claro contraste com a teoria política moísta, com sua ênfase no elogio, na prosperidade e nas promoções como instrumentos pelos quais os governantes estimulam o bom comportamento. Estes métodos afastam as pessoas da não-ação e as aproximam do artifício:

> Não prestar honras aos dignos leva as pessoas a evitar a contestação.
> Não prestar reverência a objetos preciosos leva-as a não roubar.
> Não exibir o que é apetecível afasta seu coração do caos (3).
> A não-ação prescreve uma abordagem mais sutil do governar:
> O maior dos governantes não passa de uma presença vaga;
> Em seguida vem o governante que é amado e elogiado;
> Depois está aquele que é temido;
> Por fim está aquele que é vilipendiado.
> [...]
> Quando sua tarefa está feita e sua obra completa,
> Todas as pessoas dizem: "É assim que nós somos naturalmente" (17).

O governante que pratica a não-ação transforma as pessoas através de sua Virtude, sem necessidade de políticas manipulativas.

Depois de serem transformadas, se algumas ainda desejarem agir,
Eu as oprimirei com o peso da madeira não desbastada sem nome.
A madeira não desbastada sem nome é apenas a libertação do desejo.
Sem desejo e sereno, o mundo se acomodará por si mesmo (37).

"Madeira não desbastada" é uma das metáforas centrais do *Daodejing*. Assim como uma árvore é mutilada por um machado humano, assim todas as coisas naturais são mutiladas pelos desejos humanos conscientes.

Quando a madeira não desbastada é esculpida, começam a existir os nomes.
Agora que existem nomes, saiba quando parar! (32)
Mas por que os "nomes" são tão problemáticos?

3 *O ensino que é sem palavras*

O *Daodejing* sugere que os humanos e as linguagens por eles usadas projetam sobre o mundo distinções artificiais:

O ter e o não-ter geram-se um ao outro.
O difícil e o fácil dão forma um ao outro.
O longo e o curto compensam-se um ao outro.
O alto e o baixo inclinam-se um para o outro.
O som e o ritmo harmonizam-se um com o outro.
O antes e o depois seguem-se um ao outro.
Por isso os sábios perseveram na tarefa da não-ação.
e praticam o ensino que é sem palavras (2).

"Ter" e "não-ter", "difícil" *versus* "fácil", "longo" enquanto oposto a "curto": nós imaginamos estas coisas como distinções naturais. Mas se eu me orgulho de ter roupas elegantes, só pode ser porque algum outro não tem roupas elegantes. Considero oneroso realizar tarefas difíceis só porque elas foram rotuladas assim, em contraposição às que são fáceis. Consideremos quanto do nosso pensar e sentir é produzido artificialmente pela sociedade e suas distinções linguísticas. Será que as pessoas almejariam ser magras se nossa sociedade não fizesse uma distinção odiosa entre ser magro e ser gordo? Alguém se preocuparia com as mordomias do sucesso (uma educação sofisticada, um emprego prestigioso etc.) se nossa linguagem não distinguisse o sucesso do fracasso? O que torna algumas pessoas belas senão o fato de que a sociedade as rotula como "belas" em oposição a "feias"?

Para filósofos mais antigos como os confucianos e os moístas, um dos sentidos-chave do "Caminho" é uma avaliação linguística da maneira correta de viver e organizar a sociedade. Por conseguinte, o *Daodejing* inicia com o que deve ter parecido um paradoxo chocante: "Caminhos podem ser pronunciados, mas eles não são Caminhos constantes. / Nomes podem ser proferidos, mas eles não são nomes constantes" (1*). Os paradoxos da "Escola dos nomes" ajudaram a preparar o caminho para este questionamento da "constância" da linguagem e da disputa. Como podemos levar a sério o debate filosófico ou até as palavras se é possível argumentar com sucesso que "Cavalos brancos não são cavalos" e que "Parti para Yue hoje e cheguei ontem"? O *Daodejing* adota o paradoxo como o melhor tipo de linguagem para chegar perto de exprimir o conhecimento. Isto explica o estilo enigmático do texto. No entanto, ele acentua que o tipo mais elevado de conhecimento não pode ser expresso plenamente com o uso de palavras: "Os que sabem não falam sobre isso; os que falam sobre isso não sabem" (56). Mas, se o Caminho não é uma doutrina, o que ele é?

4 O Caminho

O *Daodejing* vai além dos filósofos anteriores ao postular uma entidade que gera e guia o Céu, a terra e as dez mil criaturas:

> Há uma coisa confusa e no entanto perfeita, que surgiu antes do Céu e da terra.
> Silenciosa e indefinida, ela é solitária e imutável.
> Ela vai para todo lugar e, no entanto, nunca está desorientada.
> Podemos considerá-la a mãe do Céu e da terra.
> Não sei seu nome próprio;
> Dei-lhe o título de "Caminho".
> [...]
> As pessoas tomam como modelo a terra.
> A terra toma como modelo o Céu.
> O Céu toma como modelo o Caminho.
> O Caminho toma como modelo o que é natural (25).

Um "título" é um apelido formal usado para dirigir-se respeitosamente àqueles com quem não se tem familiaridade íntima. Notemos que o texto refere-se explicitamente ao fato de que ele está se apropriando do termo "Caminho" e usando-o de uma nova maneira como um apelido para esta coisa "que surgiu antes do Céu e da terra". Esta compreensão inovadora do Caminho, *dao*, é o motivo pelo qual os "daoistas" recebem este nome.

Este Caminho não é constante, não pode ser encerrado em nenhuma doutrina fixa, porque o mundo está sempre mudando:

O Caminho do Céu, não é ele semelhante ao ato de esticar o arco?

> O que está no alto ele pressiona para baixo;
> O que está embaixo ele levanta para o alto.
> Ele tira do que tem excesso;
> Ele aumenta o que é incompleto (77).

Existe evidentemente um paradoxo em usar a linguagem para falar do Caminho, que transcende toda linguagem. Uma das técnicas usadas pelo *Daodejing* para abordar este paradoxo é a *via negativa* ("caminho negativo", também chamado discurso apofático ou apófase). Encontrada em muitas modalidades da filosofia ocidental e oriental, a *via negativa* aponta para algo usando termos que sugerem vacuidade e ausência, sob a justificativa de que são menos enganosos do que as descrições positivas.

> Procurado mas não visto, seu nome é "minúsculo".
> Escutado mas não ouvido, seu nome é "rarefeito".
> Agarrado mas não adquirido, seu nome é "sutil".
> Estes três não podem ser explicados plenamente, e por isso estão misturados e são considerados um só.
> Seu cume não é claro ou luminoso.
> Sua base não é escura ou sombria.
> Decrescendo sem cessar, não pode ser nomeado (14).

Em chinês, como também nas línguas ocidentais, termos negativos têm uma conotação, digamos, "negativa". Mas o *Daodejing* mostra que o vazio e a ausência são muitas vezes valiosos ou até essenciais:

> Trinta raios se juntam no eixo de uma roda.
> Mas só contando com o que não está ali, temos o uso da carruagem.
> Acrescentando e removendo argila modelamos um vaso.
> Mas só contando com o que não está ali, temos o uso do vaso.
> Construindo portas e janelas fazemos um quarto.
> Mas só contando com o que não está ali, temos o uso do quarto (11).

Esta passagem é uma metáfora para a maneira como o Caminho pode aparentemente não ser nada e, no entanto, ser essencial para que todas as outras coisas existam. Dizer que o Caminho é "vazio" ou "nada" não é sugerir que ele é absoluta não-existência. O Caminho é nada no sentido de que não é uma coisa determinada e não tem nenhuma qualidade determinada. De acordo com Wang Bi, é precisamente pelo fato de o Caminho ser sem forma e sem nome que ele "é capaz de servir como progenitor e senhor das coisas em todas as suas diferentes categorias": "Se for quente, não pode ser frio; se for o som *gong*, não pode ser o som *shang*; se tiver forma, possuirá necessariamente os meios de ser distinguido de outras coisas"[vii].

Se o Caminho fosse "algo", ele teria algum conteúdo particular ao qual iríamos aderir sempre intencionalmente de maneira inflexível. Mas, já que o Caminho é "nada", ele só pode ser seguido através da não-ação, ação que é não-autoconsciente e infinitamente flexível. O próprio Caminho é um paradigma da não-ação. Por conseguinte, as descrições do Caminho são muitas vezes descrições implícitas do sábio:

> Quão extenso é o grande Caminho!
> Dobrando à esquerda e à direita.
> As dez mil criaturas dependem dele para a vida, e ele não rejeita nenhuma delas.
> Quando sua obra está realizada, ele não reivindica nenhum mérito.
> Ele veste e alimenta as dez mil criaturas, mas não é senhor delas.
> Por estar sempre sem desejos, poderíamos considerá-lo insignificante.
> Porque todas as dez mil criaturas recorrem a ele, e ainda assim ele não é seu senhor, poderíamos considerá-lo grande.
> Porque ele nunca se considera grande, ele é capaz da consumar sua grandeza (34).

5 Misticismo

Por enfatizar um tipo de conhecimento que é não linguístico, o *Daodejing* pode ser classificado como uma obra mística. De uma maneira geral, o misticismo é a noção de que existe

1) um tipo de conhecimento

2) que não pode ser expresso adequadamente em palavras

3) mas é importante para a vida humana em geral[viii].

Todas as grandes tradições religiosas têm vertentes místicas de pensamento, entre as quais o budismo, o cristianismo, o hinduísmo, o judaísmo e o islamismo. Além disso, muitos grandes filósofos têm elementos místicos em seu pensamento, desde Platão, o mais original pensador da tradição ocidental, até Martin Heidegger e Ludwig Wittgenstein, talvez os dois filósofos mais influentes do século

XX. Por conseguinte, seria de fato muito surpreendente se *não* houvesse um elemento místico significativo no pensamento chinês primitivo. Poderia parecer, já que eles negam que o conhecimento que buscam possa ser expresso em palavras, que todas as formas de misticismo são iguais. No entanto, as tradições atribuem diferentes papéis à experiência mística, dependendo de sua estrutura filosófica global. Por exemplo, na tradição chinesa clássica (a) o conhecimento místico é uma espécie de *visão* ou *sentimento* espiritual que (b) que revela uma esfera da existência (Deus) que transcende o mundo ordinário. Esta experiência é intrinsecamente valiosa e pode indiretamente ajudar a ser uma pessoa boa, porque fortalece a fé, a esperança e o amor necessários para a verdadeira virtude. No entanto, os místicos cristãos geralmente insistem que (c) o conteúdo da experiência não acrescenta nem diminui a ética ordinária. Parte do que é tão fascinante no misticismo daoista (e no budismo zen influenciado pelos daoistas) é que ele nega todas estas pretensões. Para os daoistas, (a') o conhecimento místico está encarnado em certas atividades práticas que são (b') realizadas no mundo cotidiano. Além disso, os daoistas insistem que (c') a manifestação do conhecimento místico na ação prática *é* a atividade ética mais elevada.

Tentemos imaginar-nos observando alguém que está tendo uma experiência mística. Caso tenhamos simplesmente algumas preconcepções a respeito disto, provavelmente imaginaremos algo como uma monja cristã ajoelhada em oração ou um monge budista sentando com as pernas cruzadas em plena posição de lótus. Existe alguma verdade nas duas imagens. O "sentar em quietude" (*zazen*, como é conhecido no zen contemporâneo) é uma parte importante do misticismo da Ásia Oriental e existem alguns indícios de que foi praticado já na época do *Daodejing*. No entanto, imagens representativas de um místico chinês incluem alguém recolhendo gravetos e buscando água, entregando-se à calistenia do *taijiquan* 太極拳 (*tai-chi-chuan*) ou empenhado em alguma outra atividade prática. Resumindo: o daoismo é um misticismo não através da *visão*, mas através da *ação*; não através da *transcendência*, mas da *imanência*.

O *Daodejing* sugere técnicas para cultivar-se a si mesmo; como era de esperar, estas são diferentes das técnicas dos confucianos. A metáfora-chave do cultivo, de Confúcio, consiste em reformar-se a si mesmo, "como se fosse cortado, como se fosse polido; / como se fosse cinzelado, como se fosse esmerilhado" (*Analectos* 1.15), à maneira como uma peça de jade bruto é transformada numa bela estátua.

A metáfora-chave de Mengzi é cultivar seu próprio coração como alguém cultivaria um broto para tornar-se uma planta madura (*Mengzi* 2A6). Esta diferença se reflete em suas respectivas visões do *qi*[4]. Confúcio adverte que

> quando é jovem, e seu sangue e *qi* são ainda instáveis, [o cavalheiro] se previne contra a tentação da beleza feminina; quando alcança o pleno apogeu, e seu sangue e *qi* ficaram inflexíveis, ele se previne para não ser litigioso; quando chega à velhice, e seu sangue e *qi* começaram a declinar, ele se previne para não tornar-se ganancioso (*Analectos* 16.7).

O *qi* é apresentado aqui como algo que precisa ser cuidadosamente controlado e ao qual se deve resistir. Mengzi reconhecia que este tipo de resistência ao *qi* (que ele descreve como "manter sua resolução") é às vezes necessário. No entanto, ele insiste que fazer isto continuamente irá "matar de fome" nosso *qi*. Em vez disso, Mengzi recomenda cultivar as inclinações éticas em nosso coração. Podemos assim desenvolver um "*qi* transbordante" que nos fornecerá a força de caráter para perseverar ao longo de qualquer desafio (*Mengzi* 2A2).

O *Daodejing* dá um piparote tanto na imagem de Confúcio do jade laboriosamente remodelado quanto na metáfora de Mengzi da planta cuidadosamente inclinada, estimulando-nos a ser "honestos como uma madeira não desbastada" (15). Além disso, o *Daodejing* adverte que "Quando o coração é usado para orientar o *qi*, isso se chama 'forçar a coisas'" (55*). O *Daodejing* nos estimula a esvaziar o nosso coração para podermos acumular o *qi* dentro de nós e ser orientados por ele:

> Abraçando sua alma e agarrando-se ao Um, você conseguirá impedi-los de partir?
> Concentrando seu *qi* e atingindo a máxima maleabilidade, você conseguirá ser uma criança?
> Limpando e purificando seu espelho enigmático, você conseguirá apagar toda mácula? (10)

"Concentrar seu *qi*" se refere a um processo de aprimorar o *qi* através de exercícios de respiração orientados (uma técnica comum do *zazen* familiar aos budistas contemporâneos). O resultado é um estado de serenidade no qual se experimenta o Caminho. O coração da pessoa se torna um "espelho enigmático" que reflete o mundo sem perturbação. Alcançar este estado, no entanto, não é uma meta em si.

4. O *qi*, como foi explicado no Capítulo 6, é o fluido que circula nos humanos e em seu ambiente, encarnando nossos sentimentos e motivações.

A meta última é tomar como modelo o Caminho, "agarrando-se ao Um", empenhando-se ao mesmo tempo na não-ação nas atividades cotidianas:

> Produzir sem possuir;
> Agir sem nenhuma expectativa de recompensa;
> Liderar sem dominar;
> Eis a Virtude Enigmática! (10)

Se alguém consegue alcançar este estado, sua Virtude se manifestará, de maneira sutil mas poderosa, numa ampla variedade de contextos, seja ele rei ou cidadão comum.

III - Importância histórica

Ideias do *Daodejing* têm sido aplicadas numa ampla variedade de contextos. Quando chegaram à China no século I d.C., os budistas consideraram que as obras daoistas antecipavam muitos dos seus próprios conceitos filosóficos, tais como *sunyata*, "vacuidade". Alguns daoistas chineses chegaram a sugerir que, quando Laozi deixou a China em direção às regiões desabitadas ocidentais, ele prosseguiu até a Índia, onde se tornou conhecido como "o Buda"[ix]. É uma questão difícil e incômoda determinar até que ponto o daoismo e o budismo são realmente semelhantes em suas formulações originais. No entanto, é inegável que o misticismo orientado para a prática e a veneração da naturalidade, característicos do daoismo, influenciaram a direção tomada pelo budismo chinês, particularmente no caso do budismo chan (mais conhecido no Ocidente por seu nome japonês: zen). Com efeito, a metáfora da mente como um espelho, do *Sutra da Plataforma do Sexto Patriarca*, um texto original do zen-budismo, é tirada basicamente da imagem do "espelho enigmático" de *Daodejing* 10.

Outro tipo de interpretação consiste em ler o *Daodejing* como uma obra de estratégia engenhosa e sutil. Han Feizi, que analisaremos mais detalhadamente no Capítulo 11, entendia o *Daodejing* nos seguintes termos:

> O Caminho consiste em não ser visto, seu uso consiste em não ser conhecido. Permaneça vazio, sereno e sem preocupações, de maneira que você possa observar secretamente os defeitos dos outros. Olhe os outros, mas não permita que eles o vejam; ouça os outros, mas não permita que eles o ouçam; conheça os outros, mas não permita que eles o conheçam. [...] Cubra suas pegadas, dissimule seus pontos de partida e seus subordinados não conseguirão ver donde

você está vindo. Livre-se da sabedoria, dispense a capacidade e seus subordinados não conseguirão adivinhar suas intenções (*Han Feizi* 5; *Readings*, p. 315).

Embora esta leitura esteja longe da compreensão do texto que apresentei neste capítulo, existe algum apoio para ela:

> Por que este Caminho foi tão estimado nos tempos antigos?
> Não se diz que, através dele,
> "Alguém pode obter o que busca e escapar do castigo por seus crimes"? (62)

De uma maneira diferente, as artes marciais japonesas do judô e aikidô mostram também a influência de ideias estratégicas colhidas no *Daodejing*. Como explica o fundador do judô, Jigorô Kanô:

> Digamos que tenho diante de mim um homem cuja força é dez, e que minha própria é apenas sete. Se ele me empurra com todo o seu vigor, tenho certeza que serei repelido ou derrubado, mesmo que eu resista com toda minha força. Isto é opor força contra força. Mas se, em vez de opor-me a ele, eu ceder até o ponto onde ele empurrou, recuando meu corpo e mantendo meu equilíbrio, meu oponente perderá seu equilíbrio. Enfraquecido por sua posição desconfortável, ele será incapaz de usar toda a sua força. Esta terá caído para três. Já que eu mantenho meu equilíbrio, minha força permanece em sete. Agora sou mais forte do que meu oponente e posso derrotá-lo usando apenas metade de minha força, mantendo a outra metade disponível para algum outro objetivo. Mesmo que você seja mais forte que seu oponente, é melhor ceder. Fazendo assim, você conserva a energia enquanto esgota seu oponente[x].

Esta é uma aplicação prática da recomendação do *Daodejing*:

> No mundo inteiro, nada é mais maleável ou fraco do que a água;
> No entanto, nada pode sobrepujá-la em atacar o que é duro e forte.
> E assim nada pode tomar o seu lugar.
> Que o fraco vence o forte e o maleável vence o duro,
> Estas são coisas que todos no mundo sabem, mas ninguém é capaz de praticar (78).

Se observarmos uma luta de judô olímpico, veremos o que Kanô quer dizer. Os competidores parecem a princípio não fazer nada, porque um mestre de judô pode facilmente explorar qualquer investida direta de um oponente, fazendo-o perder o equilíbrio num *takedown* decisivo. Por isso, os judocas esperam até notarem um minúsculo movimento ou abertura, e então aproveitam o impulso do próprio oponente, geralmente com consequências explosivas.

O judô é uma arte marcial de luta corpo a corpo, mas a ênfase está no golpear com as mãos e os pés, próprio da arte marcial chinesa do kung fu; no entanto, também aqui ideias daoistas têm aplicação. No filme *Operação Dragão*, que garantiu a Bruce Lee a fama de estrela internacional, encontramos o seguinte diálogo entre o personagem de Lee e seu Mestre:

> *Mestre*: "Qual a mais alta técnica que você espera alcançar?"
> *Lee*: "Não ter técnica nenhuma".
> *Mestre*: "Muito bem. Quais são os seus pensamentos ao enfrentar um oponente?"
> *Lee*: "Não existe oponente".
> *Mestre*: "E por que é assim?"
> *Lee*: "Porque a palavra "eu" não existe. [...] Um bom artista marcial não fica tenso, mas está preparado; não está pensando, mas também não está sonhando; preparado para tudo o que possa vir. Quando o oponente se expande, eu me encolho. Quando ele se encolhe, eu me expando. E quando existe uma oportunidade, eu não golpeio. O golpe acontece por si mesmo".

Para os não iniciados, isto pode soar como palavreado pseudoprofundo. Mas Lee era um eminente artista marcial e também um estudante de filosofia; ele sabia que o estilo mais avançado era a não-ação: perfeita sensibilidade à sua própria situação, não limitada por nenhuma técnica restrita.

Uma aplicação em larga escala dos princípios daoistas encontra-se na guerra de guerrilha. A história mostrou repetidas vezes que uma força menor e menos bem-equipada pode derrotar um gigantesco exército profissional[5]. Por ser pequeno, o exército de guerrilha tem facilidade de sustentar-se e de esconder-se. "Isto se chama formação sem forma" (69). Pelo contrário, as grandes dimensões de um exército convencional significam que ele sempre tem muitos pontos vulneráveis fixos (linhas de abastecimento, quartéis etc.). "Uma arma forte demais não se mostrará vitoriosa; / Uma árvore dura demais se quebrará" (76). O exército de guerrilha "vence" enquanto não for eliminado e não será eliminado enquanto uma porção significativa do populacho o apoia, permitindo que se esconda com sucesso entre eles. "Os sábios se misturam com o mundo e estão em harmonia com o coração das pessoas" (49). Talvez não seja coincidência que um dos mais bem-sucedidos praticantes da guerra de guerrilha tenha sido o líder chinês Mao Zedong.

---

5. O fracasso da antiga União Soviética no Afeganistão e dos Estados Unidos no Vietnam são dois exemplos recentes.

Embora alguns dos seus aspectos tenham sido apropriados de muitas maneiras, não devemos perder de vista a preocupação social que está no coração do *Daodejing*. Ele apresenta uma imagem comovente da sociedade ideal:

> Reduza o tamanho do Estado,
> Diminua a população.
>
> Assegure que, mesmo que existam instrumentos que poupam trabalho, eles nunca sejam usados.
>
> Assegure que as pessoas encarem a morte como uma coisa séria e nunca se afastem para lugares distantes.
>
> Mesmo que tenham navios e carros, eles nunca deveriam usá-los.
> Mesmo que tenham couraças e armas, não deveriam ter nenhuma razão para ostentá-las.
>
> Assegure que as pessoas voltem ao uso da corda com nós.
>
> Torne seu alimento saboroso,
> Suas roupas elegantes,
> Suas casas confortáveis,
> Sua vida feliz.
>
> Então, mesmo que Estados vizinhos estejam ao alcance da vista,
> Mesmo que possam ouvir os latidos dos cães e o cacarejar das galinhas de ambos os lados,
> Seu povo chegará à velhice e morrerá sem ter-se visitado uns aos outros (80).

Só os insensíveis deixariam de se comover com esta visão de uma vida simples e feliz numa comunidade pequena. Mas será que esta visão nos fornece orientação prática hoje? Já parecia exótica na sociedade agrária da China antiga. Quando Wang Bi apresentou a filosofia do *Daodejing* a um alto funcionário do governo de seu tempo, o funcionário simplesmente zombou dele[xi]. Novamente: "Se não zombassem dele, não seria realmente o Caminho" (41). Parece até mais quixotesco esperar um retorno à vida agrária simples na era da informação do século XXI. No entanto, Zhuangzi, um filósofo que também foi rotulado como "daoista", apresentou um Caminho que não está ligado a nenhum sistema particular governamental, econômico ou tecnológico. Passaremos a considerá-lo no próximo capítulo.

Questões para revisão

1) Quais são três fatos surpreendentes a respeito do daoismo, de Laozi e do *Daodejing*?

2) Qual é a história do encontro de Confúcio com Laozi?

3) De acordo com a tradição, o que fez Laozi quando viu o declínio da dinastia Zhou?

4) De acordo com o *Daodejing*, como a sociedade deveria mudar?

5) O que é a não-ação e como ela difere do não-agir?

6) Explique a distinção entre "saber como" e "saber quê". Dê um exemplo de cada um.

7) Por que os nomes são potencialmente problemáticos?

8) O que é misticismo em geral? Como o misticismo daoista difere do misticismo cristão clássico?

9) Que inovação característica fez o *Daodejing* envolvendo o conceito de Caminho?

10) Explique a *via negativa*.

11) Como a metáfora da "madeira não desbastada" é uma crítica implícita ao confucionismo de Confúcio e de Mengzi?

12) Analise como conceitos tirados do *Daodejing* foram aplicados em outras áreas da experiência humana.

9
O ceticismo terapêutico e o relativismo de Zhuangzi

Onde posso encontrar alguém que esqueceu as palavras,
para que eu possa trocar uma palavra com ele?

Zhuangzi

"Ele se transforma num pássaro chamado Brisa. Ninguém sabe quantos milhares de léguas ele mede de envergadura. Ele bate as asas e voa e suas asas são como nuvens penduradas no Céu".

I - O contexto de Zhuangzi

Sabemos muito pouco sobre Zhuangzi, exceto que viveu no Estado de Song em meados do século IV a.C. Isto o torna um contemporâneo mais novo de Mengzi, mas o confuciano não faz nenhuma referência a ele. Talvez Mengzi simplesmente desconhecesse Zhuangzi e seus escritos. Outra hipótese é que Mengzi juntou Zhuangzi com Yang Zhu, como alguém que pregava a autopreservação e a fuga das convenções sociais. Mas fazer isto é simplificar demais o Caminho de Zhuangzi. Yang Zhu enfatiza o proteger-se a si mesmo; Zhuangzi sugere que devemos largar o eu. Yang Zhu (e o *Daodejing*) prega abandonar os males da civilização avançada; Zhuangzi nos ensina a estar *no* mundo, mas não ser *do* mundo, para podermos prosperar em qualquer estrutura social.

Embora Mengzi nunca aluda a Zhuangzi, Zhuangzi critica muitos outros filósofos, inclusive confucianos e moístas. Estes filósofos afirmam conhecer o Caminho. Mas Zhuangzi apresenta argumentos provocantes em favor do ceticismo (a noção de que não podemos conhecer o Caminho) e em apoio ao relativismo (a pretensão de que o Caminho depende de nossa própria perspectiva). Como veremos, não é óbvio como conciliar estes argumentos. Se não sabemos nada, como sabemos que o Caminho depende de nossa própria perspectiva? Em outras passagens, Zhuangzi sugere que *sabemos* certas coisas: *sabemos que* o amor dos pais é instilado no coração dos filhos; um açougueiro habilidoso *sabe como* trinchar um boi[1]. Parece que Zhuangzi está sempre desafiando nossas expectativas e pressuposições. Mas ele não o faz por negligência ou maldade. Mais exatamente, Zhuangzi compartilha a noção expressa no *Daodejing* de que o mais alto conhecimento humano vai além das palavras. Ele usa a linguagem para desorientar-nos, a fim de poder depois reorientar-nos. A filosofia de Zhuangzi pode, portanto, ser entendida como terapêutica em vez de doutrinal.

O *Zhuangzi* divide-se em duas partes. A maioria dos estudiosos hoje concorda que somente as primeiras sete seções (os Capítulos Interiores) podem ser atribuídas com segurança a um só autor, mas os Capítulos Exteriores ou Heterogêneos às

1. Analisamos a distinção entre *saber como* e *saber que* no Capítulo 8.

vezes lançam luz sobre a visão central. O *Zhuangzi* está escrito numa grande variedade de estilos - contos, diálogos, argumentação filosófica, versos - e Zhuangzi é mestre em todos eles. O próprio Zhuangzi figura como personagem em diversos episódios do texto. No entanto, lê-los como autobiográficos é não captar o ponto essencial; o que Zhuangzi diz a respeito de si mesmo não pretende ser efetivamente mais exato do que suas histórias sobre o peixe gigante que se transforma num pássaro gigante, os macacos falantes mal-humorados, ou as palavras conflitantes postas na boca de "Confúcio" em diferentes momentos do texto. Um dos grandes clássicos da literatura mundial e da filosofia, o *Zhuangzi* é humorístico e extremamente sério, sereno e mórbido, argumentado com precisão e intencionalmente confuso, tão versátil como o Caminho para o qual ele aponta.

II - Ceticismo

No Ocidente, o ceticismo é a doutrina segundo a qual não podemos conhecer a verdade. Usando os conceitos da China dos Estados Combatentes, o ceticismo seria a noção de que não podemos saber o que é o Caminho: não podemos saber o que é assim ou não é assim, o que é certo ou errado. Zhuangzi apresenta alguns argumentos que são imediatamente reconhecidos como céticos pelos filósofos ocidentais:

> Quando você e eu começamos a argumentar, se você ganha e eu perco, será que você está realmente certo e eu realmente errado? Se eu ganho e você perde, será que eu estou realmente certo e você realmente errado? Será que um de nós está certo e o outro está errado? Ou estamos ambos certos e ambos errados? Se você e eu não podemos entender-nos um ao outro, então outras pessoas certamente estarão ainda mais no escuro. A quem devemos recorrer para corrigir-nos? Devemos procurar alguém que concorda com você para corrigir-nos? Mas, se ele já concorda com você, como poderá corrigir-nos? Devemos procurar alguém que concorda comigo para corrigir-nos? Mas, se ele já concorda comigo, como poderá corrigir-nos? (*Zhuangzi* 2; *Readings*, p. 223).

Suponhamos que você é um antigo governante chinês ouvindo um debate entre confucianos e moístas sobre "cuidado diferenciado" *versus* "cuidado imparcial". Você julga persuasivos os argumentos dos moístas, de modo que os considera ganhadores do debate. Ora, os confucianos continuam persuadidos por seus próprios argumentos em favor de uma conclusão contrária. Já que você discorda dos confucianos, você precisa admitir que o fato de alguém estar persuadido por um argumento não é garantia de que o argumento está certo. Mas, de acordo com o mesmo raciocínio, o fato de os moístas terem ganho o debate não mostra que eles estão certos. Mostra simplesmente que eles persuadiram você de que eles estão certos. Que critérios independentes da perspectiva de você nós podemos usar para determinar se você estava certo ao ser persuadido pelos moístas? Poderíamos perguntar a outras pessoas, mas tudo o que elas podem nos dizer é que elas estão ou não estão persuadidas pelos argumentos que nos persuadem, o que, como nós já concordamos, não mostra que eles estão certos.

Zhuangzi recorre também aos sonhos para solapar nossa confiança em nossos valores e crenças:

> Como sei que amar a vida não é um engano? Como sei que odiar a morte não é como uma criança perdida que esqueceu o caminho para casa? A senhora Li era a filha do guarda de fronteira de Ai. Quando o duque de Jin foi buscá-la, suas lágrimas rolaram até molhar seu colarinho. Mas, depois de chegar ao palácio real, dormir na cama do rei e comer a comida de sua mesa, ela lamentou suas lágrimas. Como sei que os mortos não lamentam ter um dia almejado a vida? Quem sonha que está bebendo vinho pode chorar de manhã. Quem sonha que está chorando pode sair para a caça no dia seguinte. No sonho, não sabemos que é um sonho. Durante um sonho, podemos interpretar um sonho dentro do sonho. Só depois de acordar sabemos que era um sonho. Contudo, pode haver um despertar ainda maior, depois do qual saberemos que este, também, era apenas um sonho maior (*Zhuangzi* 2; *Readings*, p. 222-223).

Isto nos faz lembrar muito o argumento do sonho de René Descartes (século XVII d.C.). Descartes, fundador da filosofia ocidental moderna, observou que às vezes nós sonhamos sem saber que estamos sonhando. Já que não podemos ter certeza de que não estamos sonhando agora, é possível duvidar de cada aspecto do mundo exterior. Mas Descartes não era, em última análise, um cético. Ele levantava dúvidas como parte de um projeto epistemológico de tentar encontrar algo indubitável, algo que sobrevivesse até aos mais rigorosos argumentos céticos. Ele esperava usar isto como um fundamento absolutamente certo sobre o qual reconstruir o conhecimento humano. Pensou ter encontrado isto em seu conhecimento de seus próprios pensamentos, de cuja existência ele não podia duvidar. Como não podia duvidar de que tinha pensamentos, ele não podia duvidar de sua própria existência: "Penso, logo eu sou". Mas Zhuangzi não está interessado primeiramente na epistemologia (a teoria geral do conhecimento). Zhuangzi é igual aos céticos helenistas do antigo Ocidente pelo fato de haver um ponto prático na sua dúvida. Parte do objetivo de duvidar é aliviar-nos de certos tipos de medo ou angústia. A morte é menos assustadora se nos dermos conta de que nós não sabemos realmente que ela seja má.

III - Relativismo

No Ocidente, o relativismo é a doutrina segundo a qual a verdade depende da perspectiva de alguém. Para um relativista, "verdadeiro" funciona como termo direcional, assim como "esquerda" ou "acima". O segundo andar está acima em relação ao primeiro andar, mas embaixo em relação ao terceiro andar. A partir da perspectiva do professor que está na frente da sala de aula, a porta está à esquerda; mas, a partir da perspectiva dos alunos, a porta está à direita. Não existe nenhum fato objetivo para afirmar se algo está à direita ou à esquerda, em cima ou embaixo, independentemente da perspectiva. De maneira semelhante, o relativista argumenta: não existe fato objetivo para dizer se uma afirmação é verdadeira ou falsa. Expresso em termos da China antiga, o relativismo seria a noção de que o Caminho depende da perspectiva de alguém: o uso correto de termos como "é assim" e "não é assim", "certo" e "errado" depende de quem os está usando.

Zhuangzi usa uma ambiguidade que existe no chinês clássico para ilustrar o relativismo:

> Como o Caminho é obscurecido de modo que haja genuíno e falso? Como as palavras são obscurecidas de modo que haja *shi*, "certo", e *fei*, "errado"? Aonde você pode ir de modo que o Caminho não exista? Como podem as palavras existir e não serem corretas? O Caminho é obscurecido por pequenas conclusões. As palavras são obscurecidas pela glória e exibição. Por isso temos os aspectos certos e os aspectos errados dos confucianos e dos moístas. Cada um chama de certo aquilo que o outro chama de errado e cada um chama de errado aquilo que o outro chama de certo. Mas, se quisermos tornar certos seus aspectos errados e tornar errados seus aspectos certos, é melhor abri-los para a luz.
> Não há nada que não possa ser considerado daquela maneira.
> Não há nada que não possa ser considerado desta maneira.
> Mas não é esta a maneira como eu vejo as coisas.
> Só quando eu mesmo conheço as coisas é que eu as conheço de fato.
> Por isso se diz: "*Bi*, 'aquilo', vem de *shi*, 'isto', e isto segue daquilo". [...] O que é isto é também aquilo, e o que é aquilo é também isto. Aquilo é tanto certo quanto errado. Isto também é tanto certo quanto errado. Sendo assim, existe realmente um isto e um aquilo? Ou não existe nenhum isto ou aquilo? (*Zhuangzi* 2; *Readings*, p. 217).

O termo chinês *shi* 是 pode ser um pronome demonstrativo que significa "isto"; neste sentido ele contrasta com *bi* 彼 que significa "aquilo". "Isto" é um bom exemplo de um termo relativo. O professor pode referir-se a "esta estante" que está na frente dele, mas o aluno sentado no fundo da sala de aula a chamaria de "aquela estante". Se o professor e o aluno começassem a discutir acaloradamente se ela era *realmente* "esta estante" ou "aquela estante", nós riríamos desta tolice. "Por esta razão, o sábio não segue por este caminho, mas ilumina as coisas com a luz do Céu" (217).

No entanto, *shi* pode ser também um adjetivo verbal que significa "está certo"; neste sentido ele contrasta com *fei* 非 que significa "está errado". Justapondo os dois contrastes assinalados com *shi* ("isto e aquilo", "certo e errado"), Zhuangzi está sugerindo que as avaliações éticas de *certo* e *errado* são tão dependentes da perspectiva quanto a distinção entre *isto* e *aquilo*. Este ponto parece até mais convincente no chinês clássico, porque *shi* e *fei* podem ser usados também como verbos transitivos, significando *considerar certo* e *considerar errado*. Portanto, parece um impulso natural sugerir que o que é certo (*shi*) é simplesmente o que é considerado certo (*shi*) e o que é errado (*fei*) é o que é considerado errado (*fei*). Mas, obviamente, o que é *considerado certo* depende de quem está fazendo a consideração.

A tese de Zhuangzi é aqui claramente influenciada por Hui Shi, seu contemporâneo mais velho, que recorreu a termos relativos em seu argumento a favor de paradoxos como "Parti para Yue hoje e cheguei ontem" (cf. Capítulo 7). Mas veremos que Zhuangzi levou esta ênfase numa direção diferente da de Hui Shi.

Que diferença faz se o relativismo é verdadeiro? Podemos ficar surpresos ao descobrir que a maioria dos relativistas ocidentais contemporâneos diz que sua doutrina não faz simplesmente nenhuma diferença prática. Eles mostram que, mesmo se a ética for relativa à perspectiva de você, você não precisa parar de fazer julgamentos éticos. Afinal, você não deixa de usar palavras como "esquerda" e "direita", "hoje" e "amanhã" apenas porque elas são relativas. E, já que o relativismo se aplica a todos os sistemas éticos, ele não apoia uma ética mais do que outra. Você poderia, com igual coerência, ser um filantropo relativista ou um fascista relativista. Para o primeiro, a compaixão e a generosidade seriam "certas"; para o segundo, a intolerância e a agressão seriam "certas"[i].

Zhuangzi, porém, pensa claramente que aqui está em jogo algo sumamente importante. Seu ceticismo e seu relativismo são destinados a reduzir ou até eliminar nosso compromisso com avaliações convencionais. Ele explica as implicações através de uma historieta humorística:

> Quando estava distribuindo nozes, o adestrador de macacos disse: "Vocês receberão três pela manhã e quatro à noite". Todos os macacos ficaram irritados. "Tudo bem", disse ele, "vocês receberão quatro pela manhã e três à noite". Todos os macacos ficaram satisfeitos. Sem nenhuma perda no nome ou na substância, o adestrador usou a satisfação e a irritação dos macacos porque concordou com eles. Assim o sábio harmoniza as pessoas com o certo e o errado e as coloca na roda do Céu. Isto se chama trilhar dois caminhos (*Zhuangzi* 2; *Readings*, p. 218).

O adestrador de macacos sabe que nada é fundamentalmente alterado no mundo se os macacos recebem três ou quatro de suas sete nozes pela manhã, mas ele se acomoda à insistência dos macacos de que isto faz diferença. De maneira semelhante, o sábio sabe que nada muda no mundo se chamarmos o cuidado imparcial de "certo" (como fazem os moístas) ou "errado" (como fazem os confucianos). Ele concorda com as distinções ordinárias para tornar as pessoas felizes[2].

IV - Desapego na sociedade, não desapegar-se da sociedade

Exatamente como o adestrador não abandona os macacos, embora reconheça a inutilidade de suas distinções, da mesma forma a compreensão que o sábio tem das limitações do conhecimento humano e da linguagem humana não o leva a abandonar a sociedade ou a vida com outros humanos. Ao contrário de Yang Zhu e do *Daodejing*, que de maneiras diferentes defendem ambos a rejeição da civilização contemporânea, Zhuangzi nos ensina um Caminho de desapego em qualquer tipo de civilização e de funções sociais em que nos encontrarmos.

O *Zhuangzi* relata que o duque de She procurou Confúcio para pedir conselho quando o rei o enviou numa missão extremamente importante e perigosa. O duque explica que ele "já está tremendo" de medo e esteve tomando água gelada porque tem a sensação de estar queimando por dentro. Em termos de hoje, o duque está realmente estressado. Confúcio, que muitas vezes é usado como porta-voz da perspectiva de Zhuangzi, responde com um conselho que à primeira vista é extremamente convencional:

---

2. A expressão "três pela manhã, quatro à noite", *zhao san mu si* 朝三暮四, tornou-se uma expressão idiomática em chinês, tendo originalmente o sentido de "enganar alguém", mas hoje em dia é usada geralmente para significar "mudar facilmente a mente de alguém".

> Neste mundo existem duas grandes preocupações. Uma é o destino. A outra é a retidão. O amor dos filhos à sua família é destino: você não pode anulá-lo em seu coração. O serviço dos súditos a seus governantes é retidão: não existe nenhum lugar aonde você possa ir e não ter governantes, em nenhum lugar entre o Céu e a terra você pode fugir. Estas são grandes preocupações. Servir à sua família, aonde quer que ela for, é a perfeição da piedade filial. Servir a seus governantes, seja o que for que pedirem, é o ápice da lealdade. Servir ao seu próprio coração, de modo que a tristeza e a alegria não fiquem girando constantemente diante de você, sabendo que você não pode fazer nada a respeito e aceitando isto como se fosse o destino, é a perfeição da Virtude. Como súdito ou filho, haverá certamente coisas que você não pode evitar. Enquanto você se apega ao emprego atual e se esquece de si mesmo, que tempo disponível você tem para amar a vida ou odiar a morte? Você será capaz de fazê-lo (*Zhuangzi* 4; *Readings*, p. 230).

Não existe, seja aqui ou no restante da passagem, nenhuma insinuação de ironia. Zhuangzi parece estar apresentando a passagem como um conselho honesto e franco. Embora ninguém de nós hoje sejamos duques enviados em missão por reis, Zhuangzi estruturou o conselho de modo a ter aplicabilidade universal – quer você seja um advogado diante de um caso importante, um médico tratando de uma situação médica urgente, um aluno diante das provas finais ou uma pessoa de negócios cujo chefe disse: "Você *precisa* fechar o acordo nesta reunião". Qual é o conselho? Você deve aceitar que você tem obrigações por causa das funções pessoais e sociais que você por acaso ocupa. Estas obrigações podem ser uma fonte de perturbação, mas tentar fugir do mundo não é uma solução verdadeira. Aonde quer que você vá ou o que quer que você faça, haverá algum tipo de perigo.

A futilidade de tentar fugir do mundo é expressa numa historieta sobre o próprio Zhuangzi. Zhuangzi estava caçando perto de uma reserva de caça restrita, com o arco na mão, quando uma pega extremamente grande voou na frente dele, tocando-o de leve com as asas. Curioso a respeito do pássaro (e talvez vendo também uma oportunidade de conseguir uma janta), Zhuangzi seguiu-o e deparou com uma visão inquietante:

> Ele viu uma cigarra esquecendo-se de si mesma num belo pedacinho de sombra. Um louva-deus aproveitou a cobertura para tentar apanhá-la, esquecendo seu próprio corpo à vista do ganho. A estranha pega estava justamente atrás, olhando a recompensa e esquecendo sua verdade. Zhuangzi arrepiou-se. "Eeee! As coisas certamente se emaranham uma na outra, cada uma arrastando a seguinte!" (*Zhuangzi* 20; *Readings*, p. 248).

A lição de Zhuangzi não terminou aqui, porque ao perseguir a pega ele entrou na reserva de caça restrita: "Ele jogou no chão seu arco e voltou correndo pelo caminho por onde viera – mas então o encarregado de supervisionar o bosque o viu e perseguiu, praguejando". Vendo a pega caçando o louva-deus, que caça a cigarra, que não faz nada enquanto desfruta um pedaço de sombra, Zhuangzi vê os perigos inerentes ao mundo. No entanto, Zhuangzi dá-se conta de que ele também é, ao mesmo tempo, predador e presa. Não há como fugir disto, para onde quer que ele vá. Ele conclui citando o provérbio: "No mundo, siga suas normas".

Por conseguinte, a não ser que você mude a si mesmo, você carregará seus problemas consigo para onde for e seja lá o que fizer:

> Você esconde seu bote num canal ou sua rede num pântano e diz que estão seguros. Mas no meio da noite um homem forte ainda pode carregá-los nas costas e afastar-se, e você estará dormindo e sem saber. Esconder o pequeno no grande parece adequado, mas mesmo assim você perde. Mas se você escondeu o mundo no mundo, você não terá nada a perder. [...] Assim o sábio vagueia por aquilo que existe em todo lugar e não pode se perder. Ele gosta de envelhecer e gosta de morrer jovem. Ele gosta do começo e gosta do fim (*Zhuangzi* 6; *Readings*, p. 236).

"Esconder o mundo no mundo" é chegar a aceitar o mundo de maneira desapegada. Por um lado, estamos desligados de nossos critérios de bom e mau, de ganho e perda. Afinal, não sabemos que eles são exatos. "Como podemos saber que amar a vida não é um erro?" Nossos critérios parecem ser meras projeções de nossas perspectivas pessoais. "Cada um chama de certo aquilo que o outro chama de errado e cada um chama de errado aquilo que o outro chama de certo". Mas estar desapegado de nossas avaliações não significa deixar de fazê-las. Afinal de contas, "em nenhum lugar entre o Céu e a terra você pode fugir" do compromisso com outras pessoas e com o mundo. Por isso devemos aceitar que as tarefas associadas à nossa função são algo que foge ao nosso controle. "Nada é tão bom como você cumprir o seu destino". A combinação de desapego e aceitação nos permite enfrentar o mundo com equanimidade, "de modo que a tristeza e a alegria não fiquem girando constantemente diante de você". Zhuangzi sintetiza seu conselho num aforismo memorável: "Parar de deixar rastros é fácil. Não pisar no chão é difícil" (229). Parar de deixar rastros seria não fazer nada. Alguém pode certamente apenas ficar sentado, mas isto não é um plano prático para a vida. Não pisar no chão é estar ativo no mundo e, no entanto, despegado dele. Esta é a verdadeira conquista.

Embora Zhuangzi não defenda o afastar-se da sociedade, ele nos adverte que não há razão para buscar proeminência social. Quando Hui Shi lamentou que o discurso de Zhuangzi era inútil, como uma árvore com tronco tão nodoso e galhos tão retorcidos que não se podia fazer nada com ele, Zhuangzi retrucou:

> Você não viu uma doninha? Ela se curva e depois se ergue. Ela pula para o oriente e para o ocidente, não se preocupando com montes e vales – e cai numa armadilha ou morre numa rede. [...] Você tem uma árvore enorme e está perturbado por não poder usá-la. Por que não plantá-la junto a uma aldeiazinha de nada num grande descampado? Você não poderá fazer nada, perdendo tempo ao lado dela ou tirando uma soneca – hum! – à sua sombra. Ela não cairá a nenhum golpe de machado e nada lhe causará dano. Já que não serve para nada, que mal pode acontecer-lhe? (*Zhuangzi* 1; *Readings*, p. 213).

Esta história tem uma mordacidade especial quando lembramos que Hui Shi chegou a ser um alto funcionário no Estado de Wei, mas teve que fugir para salvar a vida quando Wei foi invadido. Talvez Hui Shi devesse ter seguido o exemplo de Zhuangzi. Quando o rei de Chu propôs tornar Zhuangzi primeiro-ministro, Zhuangzi observou que o rei conservava ossos sagrados de tartaruga, que eram reverenciados e mantidos num lugar de honra em seu santuário dos ancestrais[3]. "Ora", perguntou Zhuangzi, "será que essa tartaruga teria preferido ter seus ossos venerados na morte, ou permanecer viva arrastando a cauda na lama? [...] Ide embora! Eu também manterei minha cauda na lama" (247). Portanto, Zhuangzi recomenda que não busquemos proeminência. Mas, como vimos no conselho que ele dá aos que já estão em cargos de proeminência, ele não nos estimula a fugir das funções nas quais já nos encontramos.

Como isto se aplica a você? Se você está lendo isto, um dos seus papéis sociais é provavelmente o de estudante. Ser estudante é muitas vezes divertido, mas também estressante. Vocês se preocupam em terminar as dissertações e estar preparados para os exames. Alguns de vocês estão preocupados com a possibilidade de ser reprovados e ter de deixar a escola, enquanto outros estão apenas ansiosos por obter um B+ em vez de um A-. A pressão pode parecer acachapante. Zhuangzi perguntaria por que você está tão convencido de que seria ruim obter um F (ou um B+). Afinal, são apenas letras num pedaço de papel. Opiniões e palavras (inclusive notas) não mudam a subjacente realidade do mundo para boa ou má.

3. Estes são os ossos oraculares explicados no Capítulo 1.

Você pode protestar: "Mas as notas podem afetar minhas futuras oportunidades". Mesmo se suas notas excluem você de determinada escola de pós-graduação ou de um emprego com diploma, como você sabe que isto seria ruim? Muitas pessoas gastam anos estudando para ser um advogado ou um médico só para descobrir que elas realmente *odeiam* a profissão uma vez que entram nela. Uma "má" nota (outro rótulo convencional) pode ter sido muito benéfica para você, pelo que você sabe. Zhuangzi espera que estas reflexões tornem você mais desapegado das avaliações que levam ao medo, à ansiedade e ao sofrimento.

> ***Fato:*** *As palavras para "chá" na maioria das línguas do mundo são derivadas das palavras chinesas* chá *(como o hindu* chai*) ou* tê *(como o inglês* tea*).* Chá *é a palavra para chá no dialeto cantonês, enquanto* tê *é usada no dialeto Hokkien (falado na Província de Fujian).*

Poderia ser tentador concluir que devemos largar a escola (o *Daodejing* poderia aconselhar isto) ou pelo menos fazer apenas o esforço mínimo para conseguir passar, enquanto nos divertimos (isto se parece com o Caminho de Yang Zhu). Mas Zhuangzi observa que, se largarmos a escola, estaríamos apenas num contexto social diferente. Em sua maioria os empregos que se pode obter sem um diploma universitário não são *menos* estressantes; são simplesmente estressantes de maneiras diferentes. A verdadeira resposta é aceitar seu papel e fazem o melhor com ele. Pode parecer que tentar fazer o melhor que pudermos é precisamente a primeira coisa que nos provocou ansiedade. No entanto, paradoxalmente, focando as tarefas associadas à nossa função, desviamos nossa atenção de nós mesmos e de nossa fixação em sucesso e fracasso. No capítulo anterior, aprendemos uma palavra para designar a imersão tão completa em nossa tarefa a ponto de perder todo sentimento do eu: não-ação.

V - Não-ação

Zhuangzi é muito mais explícito do que o *Daodejing* a respeito do que é não-ação e de como ela é alcançada. Ele nos oferece o que é talvez a mais memorável ilustração da não-ação em toda a filosofia chinesa:

> Um açougueiro estava trinchando um boi para o príncipe Wenhui. Onde quer que sua mão tocava, onde quer que seu ombro se apoiava, onde quer que seu pé batia, onde quer que seu joelho pressionava – com um zip! com um shhh! – ele manejava o cutelo com segurança e nunca falhava um golpe. Movia-se no ritmo da *Dança da Floresta das Amoreiras* e em harmonia com o ritmo do Jingshou.

> O príncipe Wenhui disse: "É maravilhoso que esta técnica possa chegar a tal perfeição!"
> O açougueiro embainhou o cutelo e respondeu: "O que vosso servo preza é o Caminho, que vai além da técnica. No início, quando comecei a trinchar bois, eu não via outra coisa senão bois. Três anos mais tarde, eu não podia ver o boi inteiro. Agora eu os apreendo com o espírito e não os contemplo com meus olhos. O conhecimento sensorial cessa e os desejos espirituais prosseguem. Confio nos padrões celestiais, golpeio nas grandes brechas, deixo-me guiar pelas grandes fissuras e sigo o que é basicamente natural. Nunca toco um ligamento ou tendão e muito menos faço alguma torção violenta (*Zhuangzi* 3; *Readings*, p. 224-225).

A descrição do açougueiro aprendendo a trinchar um boi é familiar, em algum nível, a todo aquele que adquiriu uma habilidade física complexa. Consideremos alguém aprendendo o boxe. Dizem-lhe: "Não levante os punhos, não carregue o soco, não baixe a guarda, não deixe o queixo desprotegido". Ele procura prestar atenção a tudo isto ao mesmo tempo, embora o ache acachapante (como o cozinheiro que ainda "vê o boi inteiro"). Se ele perseverar, começará a interiorizar o Caminho do boxe, de modo que não precisará mais pensar em segui-lo. Caso se torne um mestre de boxe, dizemos que o boxe se tornou uma segunda natureza para ele, que ele tem um domínio intuitivo da arte. O açougueiro de Zhuangzi está expressando um fenômeno semelhante ao dizer: "Eu os apreendo com o espírito e não os contemplo com meus olhos".

Por mais impressionante que seja a ação habilidosa, o açougueiro realça que o que ele realmente preza "é o Caminho, que vai além da técnica". Como o trinchar uma carcaça de boi se relaciona com o Caminho? Vemos uma chave na explicação do açougueiro de que ele nunca embota a lâmina porque confia nos "padrões celestiais" do corpo do boi. O açougueiro é tão eficiente porque aprendeu a seguir intuitivamente a estrutura natural inerente do mundo. Assim trinchar habilmente a carcaça do boi é uma pequena ilustração de seguir o Caminho ao longo da vida. Por isso o príncipe Wenhui exclama: "Excelente! Ouvi as palavras de um açougueiro e aprendi como cuidar da vida!"

Uma historieta inventada por Zhuangzi a respeito de Confúcio e de seu discípulo mais promissor, Yan Hui, junta os temas da habilidade e do compromisso desapegado, além de sugerir quais técnicas meditativas são úteis para compreender o Caminho. Yan Hui pede permissão para tentar corrigir o governante de Wei, que "é tão indiferente à vida das pessoas a ponto de os mortos encherem o Estado como folhas caindo num pântano. As pessoas não têm para onde voltar-se" (226). Confúcio responde: "Droga! Você só vai se prejudicar" (227). Depois interroga Yan Hui sobre sua estratégia para aproximar-se do governante, criticando severamente cada proposta. Finalmente, Yan Hui diz: "Não tenho nada mais a oferecer. Posso indagar o que devo fazer?" Confúcio responde que Yan Hui precisa empenhar-se no "jejum do coração":

> Unifique sua intenção. Não escute com os ouvidos, mas escute com o coração. Não escute com seu coração, mas escute com seu *qi*. O escutar detém-se no ouvido. O coração detém-se nos sinais. O *qi* é vazio e atende às coisas exteriores. Somente o Caminho acumula no vazio. O vazio é o jejum do coração (*Zhuangzi* 4; *Readings*, p. 228).

Para chegar a este vazio precisamos focalizar nossa concentração. Numa primeira aproximação para conseguir este foco, voltamo-nos para dentro de nós mesmos, escutando com nosso coração e não com nossos ouvidos. (Nossos ouvidos só conseguem ouvir as doutrinas conflitantes dos vários filósofos.) No entanto, em última análise precisamos transcender também nosso coração individual. Nós o "jejuamos" (em vez de cultivá-lo), para que ele alcance o "vazio", permitindo-nos ser guiados pelo *qi* que flui em todo o mundo.

Yan Hui responde: "Antes de receber esta instrução, eu estava cheio de pensamentos de Hui. Mas, depois de aplicá-la, é como se Hui nunca tivesse existido. É isso o que você entende por vazio?" Confúcio exclama:

> Perfeitamente! Permita que eu lhe diga. Você pode perambular na gaiola dele sem ser movido por sua fama. Se você estiver chegando ao destino, cante. Senão, pare. Nada de escolas de pensamento. Nada de prescrições. Habite na unidade e hospede-se naquilo que não se pode deixar de fazer, e você já está lá (*Zhuangzi* 4; *Readings*, p. 229).

Enquanto membro da classe erudita, o envolvimento no governo faz parte do papel de Yan Hui e Confúcio não o estimula a fugir dele. Ao invés, o aconselha a desempenhar seu papel, mas com desapego do eu: a não-ação.

VI - Doutrina ou terapia?

Como se encaixam as várias coisas que Zuhangzi diz? Zhuangzi parece defender o ceticismo em algumas passagens e o relativismo em outras. Mas estas visões são realmente incoerentes. Se não sei o que é certo ou errado (ceticismo), como posso saber que certo e errado dependem da minha perspectiva? (relativismo). A conclusão adequada a tirar do ceticismo é que o Caminho *pode* depender da minha perspectiva (relativismo), ou que *pode* haver um único Caminho certo (objetivismo), mas não podemos saber qual. Já que não podemos saber, não existe razão para preferir o relativismo ao objetivismo.

E como conciliar o ceticismo com o elogio de Zhuangzi ao açougueiro? A habilidade do açougueiro parece sem dúvida mostrar que ele tem conhecimento. Mas talvez Zhuangzi seja cético apenas a respeito de *saber que* certas coisas são verdadeiras (por exemplo, saber se o cuidado imparcial é certo ou errado). O *saber como* trinchar o boi, que o açougueiro tem, é um tipo diferente de saber. No entanto, isso só faz o problema recuar um passo apenas. A habilidade do açougueiro é explicada por sua capacidade de "confiar nos padrões celestiais [...] e seguir o que é basicamente natural" (225). Esta explicação presume que *existem* padrões celestiais básicos. Como o sabemos? E como sabemos que é melhor ser habilidoso do que desajeitado? Parafraseando Zhuangzi: Como sei que amar a habilidade não é um engano? Como sei que odiar a falta de jeito não é como uma criança perdida que esqueceu o caminho para casa?

Surgem problemas semelhantes para a compreensão do papel do relativismo no pensamento de Zhuangzi. O sábio sorri afetadamente diante dos confucianos e moístas, porque vê que seus critérios de certo e errado são meramente expressões de suas próprias perspectivas. Mas, se isto invalida de certa forma suas avaliações, por que o sábio está em melhor situação quando decide que é melhor ceder às pessoas convencionais (como o adestrador de macacos) e que é melhor evitar cargos de proeminência (como Zhuangzi "arrastando a cauda na lama")?

Uma solução para a aparente tensão entre os diferentes filões no pensamento de Zhuangzi é considerar sua filosofia como terapêutica e não como doutrinal. Uma filosofia doutrinal visa convencer-nos de certas conclusões específicas. O confucionismo e o moísmo estão fundamentalmente interessados sobretudo em levar as pessoas a seguir voluntariamente o Caminho (da maneira como cada qual o entende). No entanto, os moístas apresentam argumentos a favor da doutrina do cuidado imparcial, enquanto os confucianos procuram, ao invés, convencer-nos a aceitar o cuidado diferenciado.

Uma filosofia terapêutica, pelo contrário, não procura levar-nos a permutar nossas crenças comuns por um conjunto diferente. Os filósofos terapêuticos usam a linguagem e a argumentação apenas como instrumentos para mudar nosso comportamento e nossas atitudes. Um exemplo de um uso terapêutico da linguagem (embora não uma linguagem filosófica *per se*) é ler *O gato do chapéu* para as crianças. Não esperamos que as crianças aprendam alguma moral ou doutrina desta história. (Qual seria? "Deixe um estranho entrar enquanto seus pais estão fora e você se divertirá muito. Deixe-o fazer uma trapalhada e quebrar coisas, porque ele vai pôr tudo em ordem antes de sair".) Portanto, por que gerações de pais leem esta história em voz alta? Ela ajuda as crianças a interiorizar a percepção e o som do verso inglês. Elas podem aprender a reconhecer palavras simples na página. Ela desenvolve sua imaginação. Ouvir em silêncio as ajudará a relaxar na hora de dormir. E o mais importante de tudo: ela deixa as crianças contentes.

Mas qualquer terapia deve servir a algum objetivo. O objetivo de Zhuangzi é ajudar-nos a seguir o Caminho. Da mesma forma que o *Daodejing*, Zhuangzi trata o Caminho como algo que orienta e, no entanto, transcende o mundo: "O Caminho é uma essência e pode-se confiar nele. Mas ele não age e não tem forma. [...] Antes de o Céu e a terra existirem, ele espiritualizou os fantasmas e os deuses e deu à luz o Céu e a terra" (236). Zhuangzi reconhece os usos de vários tipos de linguagem, mas sugere que o Caminho está além de todos eles:

> O sábio reconhece o que está além das seis direções, mas não o discute. Ele discute o que está dentro das seis direções, mas não delibera sobre ele. Ele delibera sobre as primaveras e outonos das sucessivas gerações e sobre os anais dos antigos reis, mas não debate sobre eles (*Zhuangzi* 2; *Readings*, p. 220).

Portanto, Zhuangzi é, em última análise, um místico. Um místico pensa que existe uma espécie de conhecimento importante para a vida humana que não pode ser expresso em palavras. No entanto, isto não significa que as palavras não têm nenhum uso para chegar à compreensão mística. A linguagem pode ajudar a liberar as crenças e preconcepções fixas que são obstáculos para compreender o Caminho.

As palavras podem também apontar para o Caminho, a fim de ajudar os que lutam para compreendê-lo, contanto que não se fixem nessas palavras:

> A razão de ser de uma nassa está no peixe: quando você pegou o peixe, pode esquecer a nassa. A razão de ser de uma armadilha está nos coelhos: quando você pegou o coelho, pode esquecer a armadilha. A razão de ser das palavras está no sentido: quando você captou o sentido, pode esquecer as palavras. Onde

posso encontrar alguém que esqueceu as palavras, para que eu possa trocar uma palavra com ele? (*Zhuangzi* 26; *Readings*, p. 250).

Existe aqui uma sugestiva semelhança entre a abordagem de Zhuangzi e alguns comentários de Ludwig Wittgenstein, um filósofo do século XX que foi também interpretado como terapêutico:

> Minhas proposições são elucidativas da seguinte maneira: aquele que me entende, por fim as reconhecerá como absurdas, quando graças a elas – por elas – tiver escalado para além delas. (Ele precisa, por assim dizer, jogar fora a escada depois de ter subido por ela.)[ii]

Interpretar Zhuangzi como um místico terapêutico ajuda a lançar luz sobre seu desacordo com Hui Shi. Zhuangzi aprendera de Hui Shi o interesse filosófico dos termos relativos. No entanto, Hui Shi era em última análise um filósofo doutrinal que esperava convencer todos a "cuidar indiscriminadamente das dez mil coisas", porque "Céu e Terra são um todo". Para Zhuangzi qualquer doutrina era apenas um degrau no caminho para algo além dela.

Se lemos os argumentos de Zhuangzi a favor do ceticismo e nos convencemos de que não sabemos nada, estamos carregando conosco uma escada de mão depois de já termos subido no telhado. Se estamos convencidos de que o relativismo está certo e o objetivismo está errado, estamos tentando fritar a nassa em vez do peixe. O objetivo dos escritos de Zhuangzi consiste em abrir-nos para novas maneiras de relacionar-nos com o mundo, não em fazer-nos passar de uma fixação para outra.

VII - Convencional ou radical?

Se a terapia de Zhuangzi atuar sobre nós, que diferença produzirá em nós? Para os confucianos, os sábios não abandonam sua humanidade, eles a aperfeiçoam: "O unicórnio entre os quadrúpedes, a fênix entre os pássaros, o Monte Tai entre as colinas, e os rios e mares entre as águas correntes são todos da mesma espécie. O sábio entre as pessoas é também da mesma espécie" (*Mengzi* 2A2). Mengzi explica que, sejam sábios ou tiranos, os humanos compartilham a mesma "essência": o coração compassivo, o coração desdenhoso, o coração respeitoso, o coração do certo e errado (6A6). Perder o compromisso do coração com o certo e o errado é deixar de ser humano (2A6). É uma tragédia, como o despir de árvores e vegetação o Monte dos Bois (6A8). Em contrapartida, Zhuangzi sugere que os sábios perdem intencionalmente o que Mengzi tanto valoriza: "Eles têm forma humana, mas não a essência humana. Já que têm forma humana, eles se juntam às pessoas. Já que carecem de essência humana, o certo e errado não chega até eles" (234).

Hui Shi tinha sem dúvida uma concepção da essência humana muito diferente da de Mengzi. No entanto, ele questiona se é realmente possível que os humanos a percam:

> "Mas, se os chamamos de 'pessoas', como podem eles não ter nenhuma essência?"
> Zhuangzi disse: "Aspectos certos e aspectos errados é o que entendo por 'essência'. Por 'nenhuma essência' entendo as pessoas não deixarem que o bom e o mau as prejudiquem. Siga o curso natural e não pretenda contribuir para a vida".
> Hui Shi disse: "Como podem as pessoas existir sem contribuir para a vida?"
> Zhuangzi disse: "O Caminho lhes deu um rosto, o Céu lhes deu uma forma – não deixar-se afetar pelos gostos e aversões, é isso" (*Zhuangzi* 5; *Readings*, p. 235).

Perder sua tendência humana "essencial" de fazer avaliações de certo e errado é alcançar o tipo de desapego defendido por Zhuangzi. Que diferença produzirá isto entre o sábio de Zhuangzi e nós outros? Às vezes Zhuangzi sugere que perder a "essência" humana muda radicalmente nossas motivações e experiências. Uma das mais impressionantes ilustrações é a mórbida história do Mestre Carruagem, que descreve vividamente sua doença: "Como é extraordinário o criador das coisas ter-me dobrado deste modo. Minhas costas estão encurvadas. Meus órgãos estão todos fora de ordem. Meu queixo está escondido no umbigo. Meus ombros estão pontiagudos. E os ossos do meu pescoço apontam para o Céu" (238). Contemplando seu reflexo horrível num pequeno lago, Mestre Carruagem observou: "Ai de mim! O criador das coisas está realmente me dobrando". Quando seu amigo, Mestre Sacrifício, perguntou se ele não tinha aversão ao que lhe estava acontecendo, Mestre Carruagem responde:

> De modo algum! Ter aversão a quê? Se, no tempo certo, ele transforma meu braço esquerdo num galo, eu o uso para cantar o dia. E se ele transforma meu braço direito num arco, eu abato uma pomba para assar. Se ele transforma minhas nádegas em rodas, e meu espírito num cavalo, eu subo a bordo. Que carruagem melhor do que esta? Você recebe algo no devido tempo. Você o perde quando o tempo passou. Se você está contente com o tempo e acata o passar, não há espaço para tristeza ou alegria (*Zhuangzi* 6; *Readings*, p. 238).

Por renunciar aos critérios humanos tacanhos de bom e mau, de ganho e perda, Mestre Carruagem aceita com equanimidade as mudanças pelas quais seu corpo está passando e sua subsequente morte. Estes são apenas aspectos das incessantes transformações do mundo. É fácil sucumbir ao encanto desta historieta sem sentir todo o seu impacto, de modo que usarei um exemplo contemporâneo. Imagine o que é ser alguém que precisa de um transplante completo do rosto. Essas pessoas passam por cirurgias radicais extremas por uma razão simples: seu rosto *se foi*, destruído como resultado de um ferimento traumático. Como você se sentiria nesta situação? Poderia você ficar realmente indiferente a ponto de pensar: "Ter repugnância de quê?" Como poderia algum *humano* ser tão indiferente?

Esta indiferença sobre-humana se aplica igualmente à perda de nossos amigos e entes queridos. Quando morreu a esposa de Zhuangzi, Hui Shi veio pranteá-la e encontrou Zhuangzi cantando e batendo numa tina de madeira como se fosse um tambor. Hui Shi protesta que esse comportamento é incorreto: "Você viveu com esta pessoa, criou filhos e envelheceu junto". Mas Zhuangzi explica:

> Logo que ela morreu, você não pensa que eu era como qualquer outro? Mas depois considerei seu início, antes de ela vir à existência. [...] No meio de todo o alvoroço e confusão, algo mudou e houve o *qi*. O *qi* mudou e houve a forma. A forma mudou e ela teve vida. Agora houve outra mudança e ela morreu. É como a sucessão das quatro estações: primavera, verão outono e inverno. Ela estava repousando tranquilamente, perfeitamente em casa, e eu a acompanhei chorando: "Buá-buá!" Parecia como se eu não tivesse compreendido o destino. Então parei (*Zhuangzi* 18; *Readings*, p. 247).

Uma das interpretações é que esta história não é tão radical como pode parecer: Zhuangzi chora pela perda da esposa, mas acaba seguindo em frente (como poderíamos dizer), buscando conforto no pensamento do círculo da vida. Talvez tudo que Zhuangzi quer é advertir contra o luto forçado e excessivo dos confucianos.

No entanto, outras histórias parecem reforçar a interpretação mais radical. Quando Mestre Porta das Amoreiras morreu, seus amigos cantaram alegremente sobre seu cadáver e prosseguiram suas ocupações cotidianas (239-240). Outra pessoa é elogiada por executar as formas externas do luto, mas sem profundo compromisso com elas: "Quando morreu a mãe de Mengsun Cai, ele chorou sem verter lágrimas. Em seu íntimo ele não se lamentou. E, conduzindo o funeral, não chorou" (240). Este Mengsun Cai parece semelhante ao adestrador de macacos descrito por

Zhuangzi, o qual fica impassível diante das distinções que tanto cativam os macacos, mas se adapta a eles agindo de acordo com as distinções deles.

Será que queremos realmente tornar-nos o tipo de pessoa que pode ficar indiferente à decadência do próprio corpo, à morte e à perda dos amigos e entes queridos? E será mesmo que é possível tornar-nos esse tipo de pessoa? Zhuangzi usa muitas vezes a figura de Confúcio para abordar a última questão. Confúcio aparece no *Zhuangzi* em três papéis principais. Às vezes (mas raramente) Confúcio é o representante do vistoso pensamento convencional[4]. Outras vezes, Confúcio é um porta-voz da noção que Zhuangzi tem do Caminho (como no longo diálogo entre Confúcio e Yan Hui, analisado acima). Por que Zhuangzi, o consumado anticonfuciano, usa Confúcio como porta-voz? Existem nos *Analectos* passagens que repercutem temas do *Daodejing* e do *Zhuangzi*. Crenças no poder transformador da Virtude e da não-ação como forma máxima de atuação são comuns nestas três obras. Além disso, Zhuangzi inventa conscientemente declarações de Confúcio para sugerir que os confucianos forjaram inconscientemente seu próprio Confúcio. Se fosse acusado de não ser fiel ao Confúcio histórico, Zhuangzi poderia responder: "Vocês, confucianos, divergem entre vocês próprios sobre qual foi o Caminho de Confúcio. Como sabem que ele *não* disse estas coisas?"

A terceira e talvez mais interessante *persona* de Confúcio é a do "daoista pensativo", alguém que reconhece a existência dos verdadeiros sábios e aprende algo de seu exemplo, mas também sabe que é incapaz de tornar plenamente real seu Caminho. O discípulo de Confúcio Zigong fica escandalizado quando os amigos do Mestre Porta das Amoreiras parecem impassíveis diante da morte de seu amigo. No entanto, Confúcio lhe explica:

> Esses são homens que andam fora das normas. Eu sou alguém que anda dentro das normas. Dentro e fora não se encontram e seria descortês de minha parte mandar você participar do luto. Eles estão prestes a juntar-se ao criador das coisas, por serem humanos, e andam no único sopro do Céu e da terra. Eles imaginam a vida como um tumor pendente e uma pinta saliente e a morte como uma verruga caindo ou um furúnculo estourando. Pessoas assim, como podem elas saber se a vida e a morte são um terreno ganho ou perdido? Elas se comprometem com coisas diferentes, mas confiam que todo o seu ser é um só corpo (*Zhuangzi* 6; *Readings*, p. 239-240).

4. Num trecho de *Zhuangzi* 5, não incluído em *Readings*, Confúcio é apresentado como arrogantemente desdenhoso de alguém cujos pés haviam sido amputados como castigo por um crime anterior.

Perplexo, Zigong pergunta: "Sendo assim, por que então meu mestre segue, ele próprio, as normas?" Confúcio responde: "Quanto a mim, eu sou um daqueles que são punidos pelo Céu". Em outras palavras, dada sua personalidade e seus traços de caráter, não é possível Confúcio ser como os amigos do Mestre Porta das Amoreiras. Ele vê a grandeza e o valor do Caminho que eles seguem, mas não pode persuadir-se a abandonar a benevolência e a retidão. Suspeito que a maioria de nós se parece mais com o personagem de Confúcio enquanto daoista pensativo do que com os amigos do Mestre Porta das Amoreiras (ou Mestre Carruagem); mas um daoista pensativo ainda pode tirar vantagem de qualquer grau menor de desapego que for capaz de alcançar.

Um daoista pensativo contemporâneo poderia querer frequentar uma faculdade de direito bem-conceituada. Se não puder entrar, ele ficará decepcionado, mas não abalado: ele não leva as avaliações da sociedade e as suas próprias suficientemente a sério para chegar a tanto. Ao invés, quando frequenta uma faculdade de direito menos prestigiosa, mergulhará em seu trabalho e será melhor nele do que muitos dos seus colegas, por causa de seu nível de compromisso, mas também porque tem menos medo do fracasso. Sua abordagem será a mesma quando se torna um advogado; no entanto, evitará casos de grande repercussão que poderiam expor seu rosto na televisão. Uma parte dele deseja a fama, mas ele sabe que em geral os custos da celebridade não valem a pena.

A passagem mais famosa do *Zhuangzi* é o sonho da borboleta. É uma historieta profunda que é interpretada de diversas maneiras. Mas eu penso que ela expressa como um daoista pensativo pode obter um indício da perspectiva do verdadeiro sábio:

> Certa noite, Zhuangzi sonhou que era uma borboleta – uma borboleta feliz, exibindo-se e fazendo o que lhe agradava, inconsciente de ser Zhuangzi. De repente ele acordou, todo sonolento, novamente como Zhuangzi. Mas não sabia se foi Zhuangzi que sonhou ser a borboleta ou se foi a borboleta que sonhou ser Zhuangzi. Mas deve haver alguma diferença entre eles! Isto se chama "a transformação das coisas" (*Zhuangzi* 2; *Readings*, p. 224).

Vimos que Zhuangzi às vezes apela para os sonhos a fim de argumentar a favor do ceticismo. A história do sonho da borboleta é às vezes interpretada dessa maneira. No entanto, observe-se que a história pretende supostamente ilustrar a "transformação". A transformação não trata primariamente daquilo que sabemos; trata daquilo que algo se torna. A transformação é o tipo de mudança pela qual uma lagarta se torna uma borboleta, e antes Zhuangzi usou-a para descrever como o peixe gigante, o Vairão, "se transforma num pássaro chamado Brisa" (208*). Brisa é uma metáfora para designar o sábio. Zhuagnzi diz em outro lugar a respeito dos antigos sábios: "Às vezes eles se consideraram cavalos. Às vezes se consideraram vacas" (242). De modo semelhante, a dificuldade de Zhuangzi de distinguir entre ele próprio e a borboleta, embora inicialmente desconcertante, confere-lhe uma amostra da perspectiva do sábio, para o qual todas as coisas fazem parte de um todo potencialmente harmonioso.

A história do sonho da borboleta vem no final do capítulo "Sobre a uniformização das coisas", e um comentarista posterior, Zhu Boxiu, explica como ela resume o resto do capítulo: "Percebe-se que as dez mil coisas compartilham uma só forma, as dez mil coisas são um só processo de transformação, as dez mil coisas têm um só espírito. [...] O que é a coisa e o que sou eu? É isto que o capítulo entende por grande 'uniformização' [das coisas]"[iii].

VIII - Importância histórica

Zhuangzi influenciou a cultura posterior da Ásia Oriental de mil maneiras. Aqui mencionarei brevemente apenas duas: uma literária e a outra filosófica. Paralelos e metáforas existiam certamente antes de Zhuangzi, mas ele é o primeiro grande autor da ficção autoconsciente. Consequentemente, romancistas posteriores, autores de contos e poetas apelaram para Zhuangzi como precedente histórico de sua arte. De maneiras diferentes e em várias medidas, os poetas desde os Sete Sábios do Bosque de Bambu até Li Bai (Li Po) procuraram encarnar em seus versos e em suas vidas o que consideravam a inconvencionalidade de Zhuangzi, sua reclusão e seu apreço pelo mundo natural. Observemos os temas Zhuangzianos neste famoso poema de Tao Qian:

> Construí minha cabana ao lado de uma estrada movimentada,
> No entanto, não ouço nenhum barulho de carroças e cavalos passando.
> Você gostaria de saber como isto acontece?
> Com a mente desapegada, o lugar da pessoa se torna remoto.
> Colhendo crisântemos na sebe oriental
> Avisto as colinas do sul distantes:
> O ar da montanha é encantador quando o sol se põe
> E bandos de pássaros voando retornam juntos.

Nestas coisas há uma verdade fundamental
Que eu gostaria de contar, mas me faltam as palavras[iv].

A influência de Zhuangzi foi importante também no Japão. Poetas de haikus, como Bashô, admiravam o que consideravam a capacidade de Zhuangzi de usar o humor para objetivos sérios e de criar espontaneamente, mas de uma maneira natural[v].

A noção de Zhuangzi de que é possível alguém pôr-se em contato com o Caminho através da atividade habilidosa ramificou-se em muitos aspectos do pensamento posterior. Em *O sonho da câmara vermelha*, o maior dos romances chineses clássicos, o personagem de Lin Daiyu explica o verdadeiro sentido de tocar o Qin (um tipo de cítara) em termos zhuangzianos: "Dei-me conta de que tocar o Qin é uma forma de meditação e disciplina espiritual transmitida a nós pelos antigos"-[vi]. Ele acrescenta que, quando alguém toca o Qin, sua "alma pode agora comungar com o Divino e entrar nessa misteriosa União com o Caminho"[vii]. Dois dos personagens recorrentes em *O Sonho da câmara vermelha* são um sacerdote daoista e um monge budista, que muitas vezes viajam juntos. Isto reflete a influência mútua entre budismo e daoismo na China, observada no capítulo anterior. Uma das mais importantes contribuições do budismo chinês é o Chan (mais conhecido no Ocidente por seu nome japonês: zen). Correndo o risco de uma simplificação excessiva, podemos dizer: o Chan pode ser considerado uma fusão de ideias budistas e zhuangzianas. Por exemplo, o Chan aceita a crença de que mesmo atividades mundanas e corriqueiras, se executadas mediante não-ação desinteressada, podem pôr alguém em contato com o Caminho. Por serem vegetarianos, não encontraremos budistas Chan abatendo bois; mas se ensina aos monges que eles devem ver em tarefas cotidianas, como buscar água, cozinhar mingau de arroz e varrer o chão, oportunidades de alcançar a iluminação.

Observei no início deste capítulo que Mengzi e Zhuangzi são contemporâneos. Os dois são filósofos profundos, com estilos literários fascinantes. No entanto, eles apresentam argumentos para conclusões surpreendentemente diferentes. Se concordamos que o desmembramento habilidoso do boi, feito pelo açougueiro, coloca-o em contato com o Caminho (224-225), devemos discordar da sugestão de Mengzi de que "os cavalheiros mantêm distância da cozinha" (1A7). Se aceitamos o argumento de Mengzi de que devemos cultivar "o broto da benevolência" e "o broto da retidão" que fazem parte de nossa natureza (2A6), devemos rejeitar o argumento de Zhuangzi de que "os brotos da benevolência e da retidão e as sendas do certo e errado estão todos emaranhados e misturados" (222). E podemos fazer duas coisas: ou cultivar o coração para que funcione como o "comandante" do *qi* (2A2) ou chegar ao "vazio" através do "jejum do coração", de modo que "não escutamos com o coração, mas escutamos com nosso *qi*" (228).

Além destas divergências sobre detalhes, existe uma diferença mais fundamental em suas noções do viver bem. Mengzi nos apresenta uma vida rica de profundos compromissos com os outros humanos. Nossas amizades, relações familiares e obrigações para com os outros ocupam o centro de nossa existência. Nós nos engajamos na atividade política porque esperamos melhorar a sociedade para nossos companheiros humanos, libertando-os do medo de guerra, roubo e assalto, assegurando que tenham vestes e alimento. Existe muito para admirar nisto, mas o resultado é uma vida muito vulnerável. Shun soluça porque seus pais não o amam. Yu se mata de trabalhar, sentindo-se pessoalmente responsável por toda pessoa que ele não salva. Confúcio quase é assassinado em certa ocasião e quase morre de fome em outra. Em contrapartida, o desapego de Zhuangzi isola alguém da perda. O verdadeiro sábio consegue observar com curiosidade divertida enquanto seu corpo se decompõe ou adaptar-se aos outros executando um serviço fúnebre que não significa nada para ele. Os daoistas pensativos "punidos pelo Céu", cujas personalidades os impedem de abandonar completamente a benevolência e a retidão, ainda conseguem alcançar um grau de proteção na medida em que reconhecem as limitações das avaliações humanas. Sua falta de apego os impede também de buscar os extremos da fama, da riqueza e do poder que tantas vezes levam ao infortúnio. No entanto, o ideal zhuangziano não é puramente negativo. Existe um determinado tipo de alegria que vem do reconhecer e aceitar as incessantes transformações do universo. E parece haver na atividade habilidosa algo extremamente belo que vai além de sua simples eficácia.

Mengzi e Zhuangzi não são as duas únicas opções filosóficas, evidentemente. O próximo grande filósofo, Xunzi, era um confuciano, mas discordava da afirmação de Mengzi de que a natureza humana é boa. Xunzi aceita a noção de Zhuangzi de que as avaliações humanas são invenções artificiais, não privilegiadas pelo Céu e pela terra. No entanto, Xunzi argumenta que temos boas razões para comprometer-nos com o construto que é a civilização humana. Abordaremos este pensador sincrético no próximo capítulo.

Questões para revisão

1) O que é o ceticismo?

2) Explique um dos argumentos de Zhuangzi a favor do ceticismo.

3) O que é o relativismo?

4) Explique como Zhuangzi explora uma ambiguidade na palavra *shi* para sugerir o relativismo.

5) Conte a história do "três pela manhã, quatro à noite". O que você acha que esta história ilustra?

6) Conte a história do açougueiro trinchando o boi. O que você acha que esta história ilustra?

7) Mencione uma importante semelhança entre a filosofia do *Daodejing* e a do *Zhuangzi*. Mencione uma importante diferença.

8) Por que sábios como Mestre Carruagem não têm medo da doença e da morte?

9) Explique a diferença entre a visão mais radical da sabedoria e o "daoista pensativo".

10) Conte a história do sonho da borboleta. O que você acha que esta história ilustra?

11) Aplique sua compreensão de Zhuangzi à história do Vairão e da Brisa que inicia o texto. Como você poderia interpretá-la no sentido de que ela sugere o relativismo? Como você poderia interpretar a história como cética? Como você poderia interpretá-la como algo que contrapõe a perspectiva do sábio e a perspectiva das pessoas comuns?

10
O naturalismo confuciano de Xunzi

Já que a natureza das pessoas é má, elas devem aguardar mestres e modelos adequados e só depois elas se tornam corretas em seu comportamento.

Xunzi

Xunzi é um dos filósofos confucianos mais sistemáticos.

I – O contexto de Xunzi

Xunzi viveu pelo final do Período dos Estados Combatentes (402-221 a.C.) e pode ter visto a unificação da China sob a dinastia Qin. Os escritos extensos e abrangentes de Xunzi debatem ética, metafísica, epistemologia, filosofia da linguagem e psicologia; e ele é reconhecido hoje como um dos maiores filósofos antigos. Passou uma parte importante de sua carreira na Academia Jixia, um grupo de reflexão criado pelo governante de Qi para reunir as mentes mais brilhantes de sua época a fim de estudar, ensinar e fornecer conselho para o Estado.

Na Academia, Xunzi aprendeu muito das visões de outros filósofos. Como os moístas, Xunzi emprega o estilo de ensaio expositivo como veículo para a filosofia e recorre ao argumento do estado-de-natureza para justificar o governo. Como Yang Zhu, Xunzi sustenta que a natureza humana é em última análise egocêntrica e que o Caminho confuciano é artificial. Como Zhuangzi, Xunzi toma a atividade dos artesãos como modelo para seguir o Caminho: tanto o açougueiro de Zhuangzi quanto o sábio de Xunzi aprendem gradualmente a agir de acordo com o padrão do mundo. Acima de tudo, porém, Xunzi é um confuciano. Sintetiza brilhantemente elementos de outros filósofos para defender o Caminho de Confúcio. Para Xunzi, os elementos mais importantes do pensamento de Confúcio são suas ênfases no ritual, no aprendizado e na dificuldade de transformar as motivações humanas, como trabalhar o jade: "Como se fosse cortado, como se fosse polido; / como se fosse cinzelado, como se fosse esmerilhado" (*Analectos* 1.15). No entanto, Xunzi não hesitou em criticar seu companheiro confuciano Mengzi, cuja afirmação de que a natureza humana é boa "não passa pelo teste da experiência" (303). A realidade, afirma Xunzi, é que "a natureza das pessoas é má e a bondade delas é uma questão de esforço deliberado" (298).

II – Naturalismo e ritual

A metafísica é o ramo da filosofia que procura responder à pergunta: Quais são os tipos mais fundamentais de coisas que existem? O naturalismo é a noção metafísica de que tudo o que existe é redutível, em última análise, às entidades estudadas pela ciência natural (física, química, biologia etc.). Se aceitarmos essa definição, Xunzi não pode ser classificado como naturalista, porque viveu antes do desenvolvimento das ciências naturais como as entendemos hoje. No entanto, Xunzi compartilha um dos compromissos básicos característicos do naturalismo. Ele nega a teleologia (a noção de que o universo tem alguma meta intencional): "As atividades do Céu são constantes. Elas não persistem por causa de Yao. Elas não perecem por causa de Jie" (269).

Já que a natureza não é direcionada a uma meta, devemos rejeitar o recurso a presságios e entidades espirituais para explicar os fenômenos:

> Se as estrelas caem ou as árvores gritam, os cidadãos do Estado se enchem de medo e dizem: "O que é isto?" Eu digo: Não é nada. São apenas coisas que acontecem raramente entre as mudanças no Céu e na terra e as transformações do *yin* e do *yang*. Maravilhar-se com elas é aceitável, mas temê-las não é. Eclipses do sol e da lua, ventos e chuvas extemporâneos, aparições inesperadas de estrelas estranhas - não existe nenhuma época em que tais coisas não ocorrem (*Xunzi* 17; *Readings*, p. 271-272).

Mengzi não mostrou nenhum interesse por presságios, mas tinha uma noção teleológica do Céu. Para ele o Céu guiava a história, de modo que, no longo prazo, os que têm Virtude governarão, trazendo paz e prosperidade ao povo (*Mengzi* 2B13). Outro aspecto da teleologia de Mengzi é sua noção de que o Céu inculca em nós nossa natureza virtuosa (*Mengzi* 7A1). Veremos que Xunzi questiona igualmente este segundo aspecto do pensamento de Mengzi.

Já que o universo não tem uma estrutura teleológica, os rituais não podem servir como instrumentos para alcançar suas metas superficiais. No entanto, podem servir a um propósito alternativo:

> Alguém executa o sacrifício da chuva, e chove. Por quê? Eu digo: Não existe nenhuma razão especial para isso. É exatamente como quando alguém não executa o sacrifício da chuva, e mesmo assim chove. Quando o sol e a lua sofrem um eclipse, alguém procura salvá-los. Quando o Céu envia uma seca, alguém executa o sacrifício da chuva. Outro executa a adivinhação e só depois decide a respeito de assuntos importantes. No entanto, não é para obter o que ele busca, mas antes para dar às coisas uma forma adequada. Por isso, o cavalheiro considera isto a forma adequada, mas as pessoas comuns o consideram algo que conecta com os espíritos (*Xunzi* 17; *Readings*, p. 272).

Citamos esta passagem no Capítulo 2, onde observamos que ela sugere o funcionalismo, a postura desenvolvida milênios depois no Ocidente, de acordo com a qual a melhor maneira de entender os rituais é em termos das necessidades sociais e psicológicas que eles satisfazem. Xunzi vê claramente que uma das funções do ritual é proporcionar um meio para dar forma às emoções do indivíduo e expressá-las:

> Quando os sentimentos que nele surgem o emocionam muito, mas são privados de um escoadouro e reprimidos, então a refinada expressão da lembrança o levará a sentir-se angustiado e insatisfeito, e sua prática do ritual e da norma adequada estará deficiente e incompleta. E por isso os reis anteriores estabeleceram adequadamente uma forma adequada para essa prática e assim foi instituído o que é correto para venerar os que são estimados e amar os que são íntimos. Por isso eu digo: Os ritos sacrificiais são a expressão refinada da lembrança e do desejo (*Xunzi* 19; *Readings*, p. 284).

Xunzi ilustra isto explicando o propósito expressivo que está por trás de certos rituais:

> A prática típica dos ritos fúnebres consiste em mudar a aparência do defunto acrescentando gradualmente mais ornamentações, afastando gradualmente o cadáver e, no decurso de um longo período, retornar gradualmente à rotina habitual. Assim, a maneira como a morte funciona é que, se alguém não ornamenta os mortos, ele chegará a sentir aversão a eles; e, se ele sente aversão, não sentirá tristeza (*Xunzi* 19; *Readings*, p. 279-280).

Os rituais não apenas proporcionam um escoadouro para as emoções que já temos. Uma das funções mais importantes do ritual é remodelar nossas motivações. Xunzi usa um argumento do estado-de-natureza para justificar a importância do ritual para este fim:

> Donde surgiu o ritual? Eu digo: Os humanos nascem tendo desejos. Quando eles têm desejos, mas não conseguem os objetos de seus desejos, eles não podem deixar de buscar algum meio de satisfação. Se não existe nenhuma medida ou limite para sua busca, eles não podem deixar de lutar uns contra os outros. Se eles lutam uns contra os outros, haverá o caos; e, se há caos, eles empobrecerão. Os antigos reis odiavam esse caos e por isso instituíram os rituais e os padrões de retidão, a fim de distribuir coisas às pessoas, educar seus desejos e satisfazer sua busca. Eles fizeram com que os desejos nunca esgotassem os bens materiais e os bens materiais nunca fossem exauridos pelos desejos, de modo que os dois se apoiassem mutuamente e prosperassem. Foi assim que surgiu o ritual. Por isso, o ritual é um meio de educação (*Xunzi* 19; *Readings*, p. 274).

Os moístas haviam usado anteriormente argumentos do estado-de-natureza, mas Xunzi parte de pressupostos diferentes e, por isso, chega a uma conclusão diferente. Os moístas sustentavam que as motivações humanas são altamente maleáveis. Para eles, o conflito no estado-de-natureza resulta do fato de que, na ausência de autoridade central, os humanos terão concepções muito variadas de retidão[1]. Xunzi, em contrapartida, sustentava que nós compartilhamos uma natureza humana comum e que ela se caracteriza principalmente pelo interesse pessoal:

> Quanto ao fato de os olhos gostarem de cores lindas, os ouvidos gostarem de sons harmoniosos, a boca gostar de bons sabores, o coração gostar do que é benéfico e os ossos e a carne gostarem do que é confortável – estas coisas são produzidas per disposições inatas e pela natureza das pessoas (*Xunzi* 23; *Readings*, p. 300).

Já que os objetos de desejo são sempre limitados, o fato de cada um de nós buscar o benefício próprio sem restrição levará ao caos no estado-de-natureza:

> Gostar do que é benéfico e desejar o lucro são disposições inatas e constituem a natureza das pessoas. Suponhamos que haja irmãos que têm alguma propriedade para dividir e que seguem o apego ao benefício e o desejo de lucro, existentes em suas disposições inatas e em sua natureza. Se fizerem assim, os irmãos entrariam em conflito e disputariam um com o outro pela propriedade (*Xunzi* 23; *Readings*, p. 301).

A fim de enfrentar este conflito e livrar as pessoas de sua própria natureza, os antigos sábios-reis

> instituíram o poder dos governantes e superiores a fim de controlá-las. Criaram um ritual claro e os padrões de retidão a fim de transformá-las. Criaram leis e padrões a fim de controlá-las. Multiplicaram as punições e multas a fim de refreá-las. Como resultado, fizeram com que tudo sob o Céu ficasse bem-organizado e se ajustasse ao Caminho (*Xunzi* 23; *Readings*, p. 302).

Os rituais e os padrões de retidão coordenam os desejos humanos e os bens materiais de duas maneiras. Em primeiro lugar, estabelecem normas para determinar quem tem direito a quais recursos materiais limitados disponíveis. Por exemplo, é tradição que o irmão mais velho, e não o irmão mais novo, herde a terra que pertencia a seu pai. De maneira semelhante, os reis têm direito a palácios e roupas suntuosas, enquanto os camponeses têm cabanas simples e roupas funcionais para o trabalho. Os anciãos são servidos primeiro e recebem os alimentos mais finos, enquanto os jovens devem esperar sua vez. Por conseguinte, os rituais justificam tratamentos e privilégios diferentes. No entanto, todos estão em situação melhor

1. *Yi* 義, traduzido por "normas" na tradução de *Mozi* 11; *Readings*, p. 65-68.

com os rituais e a retidão do que estariam sem eles, porque nos permitem evitar o caótico estado-de-natureza.

Mas os rituais não apenas estabelecem normas para aquilo a que alguém tem direito. Eles são eficazes porque remodelam as motivações humanas. O argumento de Xunzi é que, pelo fato de serem egoístas por natureza, os humanos precisam ser transformados através do ritual ou nunca conseguirão com sucesso viver em harmonia. O programa político moísta falhará, sugere Xunzi, porque ignora nossas motivações inatas e o esforço exigido para transformá-las. Xunzi ilustra isto com o exemplo da música:

> A música é alegria, uma disposição humana inevitável. Por isso, as pessoas não podem ficar sem música; se elas sentem alegria, precisam expressá-la no som e dar-lhe forma no movimento. [...] Por isso, as pessoas não podem ficar sem alegria e sua alegria não pode ficar sem forma; mas, se ela toma forma e não se harmoniza com o Caminho, então haverá inevitavelmente o caos (*Xunzi* 20; *Readings*, p. 285).

Como vimos no Capítulo 4, os moístas condenam as execuções musicais como dispendiosas e sugerem eliminá-las (cf. *Mozi* 32; *Readings*, p. 105-110). Eles não veem nenhuma dificuldade em conseguir isto, porque presumem que as motivações humanas são extremamente maleáveis. Xunzi objeta que os humanos são recalcitrantes: não podemos mudar o fato de que os humanos desejam expressar emoções através da música. Mas, enquanto nossas motivações são inatas, o Caminho não o é. Por conseguinte, devemos remodelar nossas disposições através do ritual e de determinadas formas de música para podermos viver juntos harmoniosamente na sociedade:

> Portanto, se uma pessoa fizer um pequeno esforço para seguir o ritual e os padrões de retidão, ela obterá de volta o dobro. Se fizer um pequeno esforço para seguir sua natureza e as disposições inatas, perderá o dobro. Por isso, os confucianos são os que levarão as pessoas a obter o dobro e os moístas são os que levarão as pessoas a perder o dobro (*Xunzi* 19; *Readings*, p. 275).

III – História e objetividade

Em primeiro lugar, se os humanos precisam ser remodelados pelos rituais e padrões de retidão desenvolvidos pelos sábios, como os sábios os desenvolveram? Xunzi esboça frequentemente analogias entre os sábios e os artesãos. Sigamos essa analogia mais detalhadamente. Os humanos precisam de instrumentos afiados para caçar, para abater animais e para a guerra. Em tempos antigos, um artesão imaginou que uma lâmina feita de bronze seria superior à de sílex em uso na época, porque as lâminas de bronze poderiam ter uma superfície cortante maior e seriam menos quebradiças. O artesão fundiu o bronze, depois usou um martelo e uma bigorna para forjar a lâmina. O resultado foi o início da Idade do Bronze, que forneceu soluções superiores para as necessidades humanas.

De maneira semelhante, os sábios antigos reconheceram um problema enfrentado pelos humanos: "as pessoas eram depravadas, perigosas e incorretas em seu comportamento; e eram indisciplinadas, caóticas e desorganizadas" (302). Como resultado, "os fortes prejudicavam os fracos e os roubavam. Os muitos tiranizavam os poucos e os reduziam ao silêncio" (302). Mesmo os que eram momentaneamente dominantes viviam com medo, sabendo que sua posição era sempre instável. Usando sua imaginação e inteligência, os sábios inventaram uma solução para livrar as pessoas deste problema: "Criaram um ritual claro e os padrões de retidão a fim de transformá-las" (302). Assim como criar e usar lâminas de bronze foi uma resposta melhor à necessidade humana de um instrumento cortante, assim criar e usar o ritual e os padrões de retidão foi uma maneira melhor de viver do que o caótico estado-de-natureza.

Nem o artesão nem o sábio criam de acordo com algum padrão inato. (Afinal, nosso cérebro não está programado com o conhecimento sobre a maneira de fundir o bronze e transformá-lo em lâminas.) Seus produtos são o resultado de "esforço deliberado":

> Portanto, quando o oleiro mistura a argila e faz vasos, os vasos são produzidos a partir dos esforços deliberados do artesão; não são produzidos a partir da natureza das pessoas. Portanto, quando o artesão cinzela a madeira e faz utensílios, os utensílios são produzidos a partir dos esforços deliberados do artesão; não são produzidos a partir da natureza das pessoas. [...] Portanto, o ritual e os padrões de retidão e os modelos e as medidas adequados são produzidos a partir dos esforços deliberados do sábio; não são produzidos a partir da natureza das pessoas (*Xunzi* 23; *Readings*, p. 300).

O que Xunzi quer é que vejamos a invenção do ritual e dos padrões de retidão como algo que aconteceu de uma só vez no passado distante, ou como algo que se acumulou gradualmente ao longo de muitas gerações? A analogia do artesão sugere este último parecer, porque a tecnologia se desenvolve em etapas e ao longo do tempo. Justamente nos poucos séculos desde Confúcio, o mundo de Xunzi presenciou a transição da Idade do Bronze para a Idade do Ferro. Existem algumas passagens que indicam que Xunzi tinha uma noção semelhante do Caminho: "Os sábios *acumularam* reflexões e deliberações e praticaram esforços deliberados e atividades racionais a fim de produzir o ritual e os padrões de retidão e instituir modelos e medidas adequados"[2]. Isto nos convida a imaginar uma acumulação gradual de rituais e padrões de retidão ao longo do tempo. Os sábios mais antigos talvez reconhecessem apenas que todos seriam mais felizes e a civilização teria mais probabilidade de sobreviver se adotássemos um padrão de retidão na guerra: "É errado matar as crianças do seu inimigo". Ao longo de muitas gerações, os sábios tomaram isto como base, acrescentando mais e mais rituais e padrões de retidão, até chegar ao que consideraram ser a forma ideal.

A analogia do artesão adota também ideias tomadas de Zhuangzi para construir uma resposta aos seus argumentos relativistas e céticos. Zhuangzi sugere (pelo menos algumas vezes) que, assim como "isto" e "aquilo" dependem da perspectiva de alguém, assim também o Caminho não passa de uma questão do que alguém "considera certo" ou "considera errado". No entanto, Zhuangzi assinala também que nós podemos aprender "como cuidar da vida" observando a eficiência quase milagrosa dos artesãos, como o açougueiro que abate e trincha um boi. A habilidade do açougueiro resulta do fato de ele ser capaz de "confiar nos padrões celestiais", a constituição natural do corpo do boi, à medida que ele trincha. Por causa da maneira como o açougueiro, sua lâmina e a carcaça do boi se relacionam entre si, existe uma maneira correta (e muitas maneiras erradas) de ele trinchar. E isto não é apenas uma questão de perspectiva[3].

Xunzi recorre à mesma linguagem de "padrões" para descrever como o sábio desenvolve o Caminho: "benevolência, retidão, legitimidade e precisão têm padrões que podem ser conhecidos e podem ser praticados" (304). Ele diz a respeito do ritual em particular que "em suas diferenciações das coisas, ele é o máximo em

---

2. O leitor encontrará uma versão desta sentença à p. 300 de *Readings*, mas na tradução ali o sujeito da sentença está no singular, "o sábio", e os verbos centrais estão no tempo presente, "acumula" e "pratica". As duas traduções são possíveis, porque a gramática chinesa não assinala número e tempo. A questão é se a sentença se refere primariamente a um processo que os sábios de cada geração adotam para transformar-se a si mesmos e os outros, ou a uma evolução gradual ocorrida ao longo de muitas gerações, através das realizações gradativas dos sábios.

3. Cf. a análise do açougueiro no Capítulo 9.

padronização. Em suas explicações, ele é o máximo em discernimento aguçado. Sob o Céu, os que o seguem terão boa ordem. Os que não o seguem terão o caos" (276). Portanto, embora Xunzi concorde com Zhuangzi e Yang Zhu que o Caminho confuciano é o resultado de artifício, ele argumenta que, assim como existe uma maneira melhor para um açougueiro trinchar um boi, assim existe também um conjunto melhor de práticas e instituições para regular e transformar os humanos, a fim de que possam viver harmoniosamente uns com os outros e com seu meio ambiente. Já que vê o ritual como um padrão de tal poder e alcance, Xunzi o elogia entusiasticamente:

> Pelo ritual, o Céu e a terra combinam-se harmoniosamente;
> Pelo ritual, o sol e a lua brilham radiantemente;
> Pelo ritual, as quatro estações surgem em sequência;
> Pelo ritual, as estrelas se movem ordenadamente pelos céus;
> [...]
> Pelo ritual, é feita uma medida adequada para o amor e o ódio;
> Pelo ritual, são estabelecidos limites adequados à alegria e à cólera;
> Pelo ritual, são criados subordinados obedientes;
> Pelo ritual, são gerados líderes iluminados (*Xunzi* 19; *Readings*, p. 276).

Como Xunzi concilia sua sugestão de que o ritual governa a transformação das quatro estações e os movimentos das estrelas com sua comparação do ritual com as invenções dos artesãos? Afinal de contas, a primeira imagem implica que os rituais são princípios cósmicos que os humanos descobrem, enquanto a segunda sugere que eles são inventados. Contudo, não precisa haver uma tensão entre as duas visões. Uma espada de bronze é uma invenção, um produto do esforço deliberado de um artesão, mas sua invenção não é arbitrária. Ela se baseia nos objetivos humanos a que pretende servir e nas características e capacidades do bronze. Por isso a Idade do Bronze despontou em múltiplas civilizações independentemente, apesar do fato de os nossos cérebros de primatas não estarem programados para fundir o bronze. De maneira semelhante, os rituais humanos são inventados, mas se baseiam nos padrões do Céu, da terra e dos humanos. Xunzi afirma explicitamente que os sábios harmonizam os três:

> Quando os bambus e as árvores estão florescendo e são abundantes, os machados e machadinhas não entram nas montanhas e florestas, a fim de não abreviar-lhes a vida e não interromper seu crescimento. Quando as tartarugas e os crocodilos, os peixes e as enguias estão prenhes e dando à luz, as redes e venenos não entram nos pântanos, a fim de não abreviar-lhes a vida e não

> interromper seu crescimento. Lavre na primavera, capine no verão, colha no outono e armazene no inverno. [...] Cortar e cuidar não devem deixar escapar seu tempo adequado e então as montanhas e florestas não serão estéreis e as pessoas comuns terão matérias-primas de sobra (*Xunzi* 9; *Readings*, p. 268).

Portanto, podemos imaginar metaforicamente os fenômenos cósmicos mais amplos como extensões dos padrões do ritual. A comparação do ritual com as normas que governam os movimentos das estrelas sugere que ambos são eternos e imutáveis. Xunzi parece adotar esta conclusão: "O ritual não é realmente perfeito! Ele estabelece um padrão elevado que é o máximo de sua espécie, e ninguém sob o Céu pode acrescentar-lhe ou subtrair-lhe algo" (276).

IV – Natureza humana e psicologia

Xunzi expõe resumidamente como os sábios inventaram o Caminho. Mas, se nossas disposições inatas são opostas ao Caminho, como é possível alguém aprender a segui-lo? Parte da resposta de Xunzi é que os humanos não seguem necessariamente seus próprios desejos. Ele ilustra isto com o exemplo daqueles que sacrificam sua vida por amor à retidão:

> A vida é o que as pessoas mais desejam e a morte é o que as pessoas mais desprezam. No entanto, quando as pessoas abandonam a vida e ocasionam a própria morte, não é porque não desejam a vida e, ao invés, desejam a morte. Mais exatamente, é porque elas não aprovam viver sob estas circunstâncias, mas aprovam morrer sob estas circunstâncias (*Xunzi* 22; *Readings*, p. 297).

Qual a distinção que Xunzi deseja traçar entre desejo e aprovação? Os desejos paradigmáticos são nossos anseios quase totalmente inatos, especialmente relacionados a objetos dos sentidos. A aprovação é uma espécie de avaliação e, portanto, se baseia numa concepção do Caminho.

A passagem acima parece ser uma resposta a *Mengzi* 6A10, que afirma que as pessoas preferem morrer apenas porque desejam a retidão mais do que desejam a vida. No entanto, a centralidade do desejo para a motivação humana não é um problema ético para Mengzi, porque ele pensa que nós desejamos naturalmente a retidão. Nossa tarefa no autocultivo consiste em desenvolver e reforçar estes desejos, de modo a agirmos coerentemente de acordo com eles. Contudo, Xunzi considera egoístas nossos desejos inatos e por isso a solução de Mengzi não é clara para ele. Ao invés, Xunzi postula que nós somos capazes de sobrepor-nos aos nossos desejos. Nós não seguimos necessariamente nossos desejos, mas ao invés agimos movidos por aquilo que nosso coração aprova, que se baseia em nossa concepção do Caminho. Já que isto atribui uma capacidade ética ao coração, pode parecer equivalente à posição de Mengzi. No entanto, para Mengzi as motivações inatas do coração têm um conteúdo específico: todos nós às vezes mostramos desdém por um comportamento vergonhoso; todos nós às vezes manifestamos compaixão pelo sofrimento dos outros. A posição de Xunzi parece ser esta: a aprovação do coração é vazia enquanto não receber um conteúdo específico. Uma pessoa pode aprender de sua cultura que possuir riqueza é idêntico a viver bem, e por isso ela buscará riqueza para além do que é necessário para satisfazer seus desejos físicos. Pensemos nas celebridades contemporâneas que possuem uma dúzia de mansões ao redor do mundo, cada uma com piscinas, uma garagem para uma dúzia de carros e muitos quartos de dormir. Parece improvável que alguém tenha realmente desejos físicos que só podem ser satisfeitos por este nível de consumo. Ao invés, elas são motivadas pela concepção que elas têm de como devem viver. "Quando o desejo é deficiente, mas a ação o supera, isso acontece porque o coração o força. Se aquilo que o coração aprova não atinge os padrões adequados, então mesmo que os desejos sejam poucos, como ele conseguirá evitar o caos?" (297).

> ***Fato:*** *A expressão inglesa "gung ho" [fanático], que significa "muito ou excessivamente entusiasta", é de origem chinesa. É verdade, mas a história é complicada. Na Segunda Guerra Mundial, um oficial dos Estados Unidos esperava incutir em seus soldados o mesmo espírito de equipe e dedicação que via entre seus amigos chineses, de modo que adotou uma expressão que ele pensava significar "trabalhar juntos em harmonia". Infelizmente, o termo chinês gonghe* 工合 *é de fato uma abreviação de Associação de Cooperativas Industriais.*

Ao contrário, outra pessoa pode desejar ardentemente algumas roupas finas que ela não pode dar-se ao luxo de comprar. Mas, se ela aprendeu do Caminho dos sábios a desaprovar o roubo, ela não agirá de acordo com este desejo. "Por isso, quando o desejo é excessivo, mas a ação da pessoa não o satisfaz, é porque o coração o impede. Se aquilo que o coração aprova se conforma com os padrões adequados, então mesmo que os desejos da pessoa sejam muitos, que dano poderão causar à boa ordem?" (297).

Na terminologia de Xunzi, a aprovação é uma espécie de "deliberação", a escolha que o coração faz entre desejos:

> Os sentimentos de gostar e ter aversão, de felicidade e irritação, e de tristeza e alegria, existentes na natureza de alguém, são chamados "disposições". Quando existe uma certa disposição e o coração opta a favor dela, isto se chama "deliberação". Quando o coração delibera e as capacidades da pessoa o seguem, isto se chama "esforço deliberado". O que nasce através de deliberações acumuladas e treinamento das próprias capacidades é chamado "esforço deliberado" (*Xunzi* 22; *Readings*, p. 292).

Se eu tenho o desejo de comer um segundo pedaço de queijada como sobremesa, isto é uma disposição da minha natureza. Meu coração irá deliberar sobre esta disposição e pode optar por desaprová-la (se aprendi um Caminho que recomenda o consumo moderado de doces). Renunciar à queijada é um exemplo de esforço deliberado e pode mostrar-se difícil de fazer no início; mas, empenhando-me repetidamente no esforço deliberado, posso treinar-me a fim de que não seja mais tentado a pegar um segundo pedaço de queijada.

Portanto, nossos desejos físicos fazem certamente parte de nossa natureza. Não está claro se Xunxi pensa que a *capacidade* que o coração tem de deliberar faz também parte de nossa natureza. Ele poderia reconhecer isto. No entanto, visto o que ele diz em outro lugar, fica claro que o esforço deliberado do coração e seus produtos não fazem parte da natureza de uma pessoa. Através do esforço deliberado, nós transcendemos nossa natureza e estabelecemos distinções sociais. Xunzi afirma que estas distinções são o que diferencia os humanos dos outros animais:

> Assim, aquilo que torna humanos os seres humanos não é o fato de eles serem especiais por terem duas pernas e não terem penas, mas o fato de fazerem distinções. Os pássaros e as feras têm pais e filhos, mas não a relação íntima entre pai e filho. Eles têm o sexo masculino e o sexo feminino, mas nenhuma diferenciação entre macho e fêmea. E assim, entre as maneiras humanas, nenhuma é sem distinções. Entre as distinções, nenhuma é maior do que as divisões sociais; e entre as divisões sociais, nenhuma é maior do que os rituais; e entre os rituais, nenhum é maior do que os dos sábios-reis (*Xunzi* 5; *Readings*, p. 266).

Comprovadamente, animais sociais como as formigas e os lobos têm *realmente* distinções sociais reconhecíveis, de modo que Xunzi pode ter falhado ao não especificar uma característica exclusiva dos humanos. No entanto, o que é mais importante é sua afirmação de que essas distinções são artificiais e, no entanto, essenciais para a vida humana.

O lema de Xunzi para descrever sua posição é "a natureza humana é má", que ele formula como uma negação da afirmação de Mengzi de que a natureza humana é boa. No entanto, houve amplo debate sobre o que exatamente Xunzi entende com essa afirmação e se ele realmente discorda de Mengzi. Uma coisa é clara: Xunzi não quer afirmar que a natureza humana é *perversa*. Filósofos como Agostinho, que afirmam que a natureza humana é perversa, sustentam que as pessoas são intrinsecamente capazes de fazer o mal por causa do mal. Em suas *Confissões*, Agostinho observa que os humanos às vezes fazem o mal a fim de obter algum bem para si, como roubar para obter objetos de luxo caros. Agostinho argumenta que é sempre um erro fazer o mal. Alguém que rouba obtém um bem menor (como a admiração temporária dos contemporâneos por usar roupas finas) à custa de um bem maior (a saúde de sua alma eterna). Não obstante, as motivações da cobiça e da luxúria manifestam uma espécie de racionalidade limitada. Nós sabemos *por que* alguém está fazendo o mal. No entanto, Agostinho argumenta, apelando para sua própria experiência, que às vezes os humanos fazem o mal mesmo quando este não lhes traz benefício. Quando era adolescente, Agostinho e alguns dos seus amigos roubaram algumas peras de um pomar vizinho, mesmo não sentindo fome e podendo ter acesso a frutas melhores do que aquelas que eles roubaram. Eles simplesmente jogaram fora as peras depois de roubá-las. Assim, Agostinho e seus amigos não satisfizeram nenhum desejo ligado aos sentidos nem se beneficiaram de alguma forma por roubar as peras. Então, por que o fizeram? Fizeram-no porque era proibido. Agostinho tem consciência de que esta ação juvenil dificilmente poderia ser classificada como um crime grave. Mas ele está incomodado por aquilo que, em sua opinião, a ação revela: *os humanos podem fazer o mal simplesmente porque é errado*. É isto que Agostinho quer dizer ao afirmar que a natureza humana é perversa.

Xunzi não sugere nada tão terrível como isto. Parte do que Xunzi entende ao dizer que a natureza humana é má é que, se nós seguirmos nossas disposições inatas, elas nos levarão a praticar o mal: se todos nós procurarmos nos beneficiar e satisfazer nossos desejos ligados aos sentidos sem nenhuma restrição, acabaremos num estado de conflito e de caos.

Será que Mengzi discorda realmente disto? Quando Mengzi afirma que a natureza humana é boa, ele quer dizer que nós temos tendências inatas, mas incipientes, para a virtude, mas acentua que precisamos cultivar essas tendências a fim de alcançar a virtude plena: "Pertence à maneira de ser das pessoas que, se estão cheias de comida, têm roupas quentes e vivem em conforto, mas não têm instrução, elas se tornam semelhantes a animais" (*Mengzi* 3A4). Talvez Xunzi tenha interpretado mal a postura de Mengzi quanto à natureza humana. Ulterior apoio a esta hipótese vem da consideração dos argumentos específicos que Xunzi dirige contra Mengzi:

> Mengzi diz: Quando as pessoas se comprometem com o aprendizado, isto manifesta a bondade de sua natureza. Eu digo: Não é assim. [...] Em todo caso, a natureza de uma coisa é a consumação do Céu. Ela não pode ser aprendida. Não pode ser trabalhada. [...] Ora, a natureza das pessoas é tal que seus olhos podem ver e seus ouvidos podem ouvir. A perspicácia com que elas podem ver não provém de seus olhos e a acuidade com que elas ouvem não provém de seus ouvidos. Seus olhos são simplesmente perspicazes e seus ouvidos são aguçados; é claro que a pessoa não aprende estas coisas (*Xunzi* 23; *Readings*, p. 299-300).

Xunzi argumenta que a natureza humana não pode ser boa, porque, se o fosse, a bondade não poderia ser algo que podemos alcançar melhor através da educação ética. Se a natureza humana já fosse boa, então "para que serviriam os sábios-reis? Para que serviriam o ritual e os padrões de retidão?" (302). Note-se, no entanto, que por "natureza humana" Mengzi entende algo muito diferente. Para Mengzi, a natureza de um broto é crescer até tornar-se uma planta adulta e produzir seus próprios brotos. Um broto realizar sua natureza é um *processo*, que requer um ambiente favorável, o que não é algo que ele possui automaticamente. De maneira semelhante, quando Mengzi afirma que a natureza humana é boa, ele entende que os humanos têm um potencial ativo de tornar-se bons, não que eles já são bons.

Portanto, de acordo com a interpretação acima, as noções de Mengzi e de Xunzi não conflitam diretamente, porque por "natureza humana" eles entendem coisas diferentes. Isto certamente faz parte da história. Mas Xunzi discorda de Mengzi, embora tenha entendido mais claramente o que ele queria dizer. Não é que Xunzi concorda acerca da existência dos "brotos" de virtude, mas simplesmente não deseja referir-se a eles como "natureza humana". Xunzi nega que tenhamos em nossa natureza até mesmo as tendências incipientes para a virtude. Comparemos as metáforas do broto de Mengzi com as metáforas preferidas de Xunzi para designar o cultivo ético:

> Submetendo uma madeira à ação do vapor e dobrando-a, pode-se torná-la reta como um fio de prumo e introduzi-la numa roda. E depois que sua curvatura se conforma com a circunferência, mesmo quando ressecada ao sol ela não ficará reta novamente, porque o ato de submeter ao vapor e dobrar a fez assumir certa forma. De maneira semelhante, quando a madeira segue o fio de prumo, ela se

> torna reta; e quando o metal é submetido à pedra de amolar, ele fica afiado. O cavalheiro aprende plenamente e se examina três vezes ao dia e então seu conhecimento é claro e sua conduta é sem defeito (*Xunzi* 1; *Readings*, p. 256-257).

Xunzi sugere que levar nossa natureza à conformidade com o Caminho é como a dobra forçada de uma prancha de madeira para introduzi-la numa roda. É precisamente este o modelo que Mengzi rejeita em seu debate com Gaozi (*Mengzi* 6A1). Mengzi objeta à sua desagradável consequência: para seguir o Caminho nós devemos desvirtuar nossa natureza (exatamente como a natureza da madeira é desvirtuada quando a cinzelamos para fazer taças e bacias). Mas Xunzi adota esta conclusão. Com efeito, Xunzi parece aceitar a afirmação básica de Gaozi: "Os desejos de alimento e sexo pertencem à natureza" (6A4).

As diferenças entre Mengzi e Xunzi são cruciais para interpretar a chamada passagem da escada das almas:

> Água e fogo têm *qi*, mas não têm vida. Gramíneas e árvores têm vida, mas não têm consciência. Pássaros e bestas têm consciência, mas não têm padrões de retidão. Os humanos têm *qi* e vida e consciência e, além disso, têm padrões de retidão. E assim eles são a coisa mais preciosa sob o Céu (*Xunzi* 9; *Readings*, p. 267).

Água e fogo representam dois tipos complementares de *qi*: a água é o paradigma do que é *yin* (escuro, passivo, frio, que flui para baixo etc.), enquanto o fogo é um exemplar do *yang* (leve, ativo, quente, que sobe etc.). As plantas têm *qi*, mas são também vivas; os animais têm *qi* e vida, mas também consciência de seu ambiente. Os humanos têm *qi*, vida, consciência, mas também padrões de retidão. Esta última expressão é uma tradução do chinês *yi*, que geralmente é traduzido simplesmente como "retidão". A tradução usada em *Readings* reflete que Mengzi e Xunzi entendem a retidão de maneira muito diferente. Para Mengzi a retidão é uma expressão de nossas inclinações virtuosas inatas, mas incipientes. Para Xunzi a retidão é um construto artificial, inventado pelos sábios para satisfazer a necessidade humana de sociedade. Após apresentar a escada das almas, Xunzi observa que os humanos

> não são tão fortes como os bois ou tão velozes como os cavalos, mas os bois e os cavalos são usados por eles. Como acontece isto? Eu digo: é que os humanos são capazes de formar comunidades, enquanto os animais não o são. Por que os humanos são capazes de formar comunidades? Eu digo: É por causa das divisões sociais. Como podem as divisões humanas ser postas em prática? Eu digo: É por causa dos padrões de retidão (*Xunzi* 9; *Readings*, p. 267).

Esta compreensão da "retidão" como referente aos *padrões* de retidão se encaixa no que Xunzi diz em outros contextos, especialmente porque ele muito frequentemente junta ritual com retidão. O ritual é também um construto exterior dos sábios. No entanto, existe uma interpretação alternativa. Na passagem da escada das almas "retidão" talvez se refira à *capacidade* de aprender um Caminho, mas uma capacidade *sem conteúdo*, no sentido de que ela não favorece intrinsecamente nenhum Caminho particular. A comparação de Xunzi do cultivo ético com a aquisição da linguagem sugere esta interpretação: "Os filhos dos povos Han, Yue, Yi e Mo choram todos soltando o mesmo som quando nascem, mas quando crescidos têm costumes diferentes, porque a instrução faz com que sejam desta maneira" (257). Ao nascer, os humanos têm uma capacidade de adquirir uma língua, mas não nascem sabendo uma língua nem mesmo com uma disposição de falar qualquer língua determinada. De maneira semelhante, acredita Xunzi, nós nascemos com uma capacidade de aprender o ritual e com ele administrar nossos desejos inatos. Mas não nascemos com uma disposição para algum conjunto determinado de rituais. Xunzi pode usar o termo "retidão" para referir-se a esta capacidade sem conteúdo de aprender o ritual.

Outra passagem enigmática para entender as diferenças entre Mengzi e Xunzi ocorre na análise, feita por este último, dos rituais de luto:

> Entre todas as coisas vivas existentes entre o Céu e a terra, aquelas que têm sangue e *qi* não deixam de ter consciência; e dentre as que têm consciência, nenhuma deixa de amar sua própria espécie. Ora, se um dos grandes pássaros ou animais se extravia de seu grupo de companheiros, após um mês ou uma estação ele não deixa de reencontrar seu caminho anterior e volta ao antigo lar. [...] Entre as criaturas que têm sangue e *qi*, nenhuma tem maior consciência do que o homem; e, por isso, o sentimento de um homem por seus pais não conhece limites até o dia em que eles morrem (*Xunzi* 19; *Readings*, p. 283).

Tanto nesta passagem como em *Mengzi* 3A5 a origem dos funerais ou do luto é a afeição dos vivos pelos falecidos; ambas as passagens sugerem que estes sentimentos são quase universais. Xunzi parece reconhecer aqui que existe na natureza humana mais do que apenas desejos egoístas de coisas como alimento e sexo. Os humanos amam naturalmente seus pais e assim têm uma necessidade inata de chorar de alguma forma sua perda.

É Xunzi realmente um mengziano, consciente ou inconscientemente? A posição de Xunzi parece diferente da de Mengzi em pelo menos um aspecto importante.

Para Mengzi nossos sentimentos de afeição familial são intrinsecamente virtuosos: eles são nossa "melhor capacidade" e nosso "melhor conhecimento" (*Mengzi* 7A15). Para Xunzi nossos sentimentos são por demais rudimentares e desestruturados para serem considerados virtuosos. Precisamos remodelar até emoções como o amor familial de acordo com o ritual. Algumas pessoas têm um conhecimento insuficiente de sua dívida para com seus ancestrais: "Os que morreram pela manhã, elas os esquecem na mesma tarde" (283). Outros são exagerados em seu luto.

> Se alguém simplesmente se sujeita a isto, então o luto continuará indefinidamente. Por isso, os antigos reis e sábios estabeleceram consequentemente um caminho do meio e fixaram uma medida adequada para ele, de maneira que, uma vez que o luto foi suficiente para alcançar a boa forma e a ordem adequada, a pessoa lhe põe um fim (*Xunzi* 19; *Readings*, p. 283).

Portanto, Xunzi tem o que Mengzi menciona desdenhosamente como uma noção dupla do Caminho. Na opinião de Xunzi,

> a natureza humana é o início original e o material bruto, e o esforço deliberado visa padronizá-la, ordená-la e elevá-la. Se não existisse uma natureza humana, não haveria onde aplicar o esforço deliberado. Se não houvesse esforço deliberado, a natureza humana não seria capaz de tornar-se bela. [...] Porque o Céu pode gerar as criaturas, mas não pode impor distinções entre as criaturas (*Xunzi* 19; *Readings*, p. 281-282).

Mengzi responderia: "O Céu, ao produzir as coisas no mundo, faz com que tenham uma única fonte" (*Mengzi* 3A5).

V - Cultivo ético

A divergência entre Mengzi e Xunzi a respeito da natureza humana se reflete em suas opiniões sobre o cultivo ético. Como observamos no Capítulo 2, uma das divergências duradouras entre os confucianos gira em torno da importância comparativa do aprender e do pensar no cultivo ético. Por acreditar que a natureza humana é boa, Mengzi enfatiza o pensar: "Benevolência, retidão, decoro e sabedoria não estão unidos a nós exteriormente. Nós os temos inerentemente. É que nós simplesmente não refletimos sobre eles".

Em contrapartida, a concepção que Xunzi tem da natureza humana e da importância do esforço deliberado leva-o a enfatizar o aprendizado: "Certa vez passei o dia inteiro ponderando, mas não foi tão bom como o valor de um momento de aprendizado" (257). Xunzi apresenta uma imagem inspiradora, mas provocadora, do aprendizado:

> Onde o aprendizado começa? Onde o aprendizado termina? Eu digo: Sua ordem começa com a recitação dos clássicos e termina com o estudo do ritual. Seu objetivo começa com tornar-se um homem nobre e termina com tornar-se um sábio. Se você realmente acumula esforço por um longo tempo, você progredirá. O aprendizado prossegue até a morte e só então cessa (*Xunzi* 1; *Readings*, p. 258).

A metodologia do aprendizado de Xunzi é muito centrada no professor: "No aprendizado nada é mais conveniente do que aproximar-se da pessoa correta" (259). A "pessoa correta" é um professor que possa orientar nossa compreensão dos textos e rituais antigos. Isto é necessário, porque, como Xunzi reconhece, eles são difíceis de interpretar e aplicar às situações contemporâneas.

Baseando-se no nível de aprendizado de uma pessoa, Xunzi identifica uma hierarquia de tipos de personagens. Na base está a pessoa que não tem nenhum compromisso com o aprendizado e continua parecendo uma "besta" (258). Ela é "bárbara, obtusa, perversa, vulgar e indisciplinada" (262). Apenas um pouquinho melhor é o "aluno vulgar" (259). Esta pessoa busca o aprendizado, mas não vive de acordo com os valores encarnados naquilo que ela estuda; ela irá apenas "aprender para impressionar os outros". Se você se torna um aluno vulgar, "você estará simplesmente aprendendo um conhecimento casual e focando suas intenções em seguir cegamente o *Livro das Odes* e o *Livro dos Documentos*". Sem dúvida Xunzi tem em mente estes alunos vulgares quando observa: "O aprendizado da pessoa insignificante entra pelos ouvidos e sai pela boca. Da boca até os ouvidos são apenas quatro polegadas – como isso pode ser suficiente para aperfeiçoar um corpo inteiro muito mais volumoso do que isso?" Em contrapartida, o "aprendizado do cavalheiro entra por seus ouvidos, fixa-se no seu coração, espalha-se por seus quatro membros e manifesta-se em suas ações. Sua mais leve palavra, seu mais sutil movimento, tudo pode servir como modelo para os outros" (259).

Xunzi faz distinções entre aprendizes sérios baseando-se na profundidade com que compreenderam o Caminho:

> Aquele que prefere o modelo correto e o executa é um homem de excelente educação. Aquele que focaliza sua intenção nele e o encarna é um cavalheiro. Aquele que o compreende completamente e o pratica incansavelmente é um sábio. Se uma pessoa não tem o modelo adequado, ela agirá imprudentemente [como uma besta]. Se ela tem o modelo adequado, mas não fixa suas intenções

em seu verdadeiro sentido, ela agirá com demasiada rigidez [como um aluno vulgar]. Se ela confia no modelo adequado e também compreende profundamente suas categorias, só então agirá com confortável domínio dele [como um sábio] (*Xunzi* 2; *Readings*, p. 264).

É útil comparar a tipologia de Xunzi com aquela encontrada na *Ética a Nicômaco*, de Aristóteles, onde este distingue entre a pessoa bestial (que não tem nenhum compromisso com a virtude), a pessoa incontinente (que sabe o que é virtuoso, mas sucumbe à tentação), a pessoa continente (que sente a tentação, mas age virtuosamente através da força de vontade) e a pessoa plenamente virtuosa (que já não é mais tentada a fazer o mal).

O aprendizado é uma espécie de "esforço deliberado" (*wei* 偽), termo que tem uma conotação positiva para Xunzi. É a atividade autoconsciente na qual os humanos se engajam a fim de transformar-se de seu estado natural numa pessoa virtuosa. Isto coloca Xunzi em nítido contraste com a visão do diálogo do "Ladrão Zhi" (369-375), que usa repetidamente esta mesma palavra para condenar Confúcio por ser "artificial" (*wei*). Também o *Daodejing* parece estar em desacordo com Xunzi, por causa de sua frequente condenação da ação autoconsciente: "Todos sabem que, quando o bom se esforça para ser bom, isso não é bom" (*Daodejing* 2). O caso de Zhuangzi é mais complexo. O açougueiro levou anos do que era inicialmente esforço deliberado para aprender como trinchar bois habilidosamente. A meta última da prática do açougueiro é agir sem esforço, mas também Xunzi espera produzir um cavalheiro que segue sem esforço o Caminho:

> Ele faz com que seus olhos não desejem ver o que não é correto, faz com que seus ouvidos não desejem ouvir o que não é correto, faz com que sua boca não deseje falar o que não é correto e faz com que seu coração não deseje deliberar acerca do que não é correto. Ele chega ao ponto em que ele o ama e então seus olhos o amam mais do que as cinco cores, seus ouvidos o amam mais do que os cinco tons, sua boca o ama mais do que os cinco sabores e seu coração o considera mais proveitoso do que possuir o mundo inteiro (*Xunzi* 1; *Readings*, p. 260-261).

VI – Importância histórica

O confucionismo quase-naturalista de Xunzi é inventivo e muitos de seus aspectos são plausíveis do nosso ponto de vista contemporâneo. No entanto, uma séria limitação da filosofia de Xunzi parece ser o fato de ela afirmar que os sábios inventaram o único Caminho correto para organizar a sociedade. Certamente existem rituais (para funerais, casamentos, nascimento e outros grandes eventos da vida) que são tão bons como os da China antiga. Além disso, pensamos que alguma versão de democracia é uma forma melhor de governo do que o paternalismo benévolo imaginado por Xunzi. No entanto, levar a sério a metáfora do artesão de Xunzi pode permitir-nos desenvolver uma filosofia xunziana aceitável para o mundo moderno. Os sábios desenvolveram rituais e padrões de retidão para satisfazer as necessidades humanas, exatamente como os artesãos desenvolveram instrumentos de bronze. Mas, assim como a Idade do Bronze sucedeu à Idade da Pedra, assim a Idade do Ferro sucedeu à Idade do Bronze. Nenhum dos compromissos fundamentais da filosofia de Xunzi o impediu de reconhecer que o Caminho continua a desenvolver-se de maneira semelhante. Curiosamente, um confuciano muito posterior, Zhang Xuecheng (1738-1801), argumentou explicitamente que o Caminho evoluiu gradualmente em resposta a necessidades humanas concretas. Zhang não se via seguindo os passos de Xunzi, mas sua obra proporciona um relato detalhado de como poderíamos historicizar o confucionismo[i].

Na tradição chinesa a influência de Xunzi alternou períodos de crescimento com períodos de declínio. Sua ênfase no aprendizado tornou-se a tendência dominante no confucionismo durante grande parte de sua história. Particularmente durante a dinastia Han (202 a.C.-220 d.C.), o confucionismo foi conhecido por sua ênfase quase obsessiva no estudo dos textos e do ritual. Durante este período, o governo nomeava peritos para interpretar cada um dos livros que se tornaram conhecidos como os *Cinco Clássicos*. Xunzi teria certamente aprovado esta política:

> No aprendizado nada é mais conveniente do que aproximar-se da pessoa correta. Os rituais e a música proporcionam modelos adequados, mas não dão preceitos. O *Livro das Odes* e o *Livro dos Documentos* contêm histórias antigas, mas nenhuma explicação de sua aplicação presente. Os *Anais das Primaveras e Outonos* são lapidares e não podem ser entendidos rapidamente (*Xunzi* 1; *Readings*, p. 259).

As obras aqui citadas por Xunzi tornaram-se três dos *Cinco Clássicos*. Os outros membros dos *Cinco Clássicos* eram as *Mutações*, uma obra cujas especulações cosmológicas só adquiriram importância durante os Han, e o *Livro dos Ritos*.

No entanto, Xunzi recebeu mais tarde críticas dos chamados neoconfucianos das dinastias Tang (618-906 d.C.) e Song (960-1279 d.C.). Embora fossem muito críticos do budismo, os neoconfucianos haviam sido influenciados profundamente pela noção de que todos nós compartilhamos uma natureza-de-Buda virtuosa subjacente, que é obscurecida por desejos egoístas. Contra esse pano de fundo intelectual, a doutrina de Mengzi de que a natureza humana é boa repercutia os neoconfucianos. Como consequência, pensadores como Zhu Xi (1130-2100 d.C.) consideraram Mengzi o verdadeiro herdeiro do Caminho de Confúcio e criticaram Xunzi por sua doutrina de que a natureza humana é má. Zhu Xi também diminuiu a importância dos *Cinco Clássicos* na educação ética, argumentando que eles estimulavam uma abordagem excessivamente escolástica do aprendizado. Alguns intérpretes procuraram então defender Xunzi, argumentando que ele na verdade não discordava de Mengzi. Segundo esta interpretação complementar, Xunzi está simplesmente realçando os obstáculos ao cultivo ético, enquanto Mengzi enfatiza o potencial de superar esses obstáculos. Para usar uma metáfora ocidental, Xunzi observa que o copo está meio vazio, enquanto Mengzi observa que ele está meio cheio. Vimos que existem algumas passagens nas quais Xunzi se parece com Mengzi, e estas poderiam ser lidas como apoio a uma leitura complementar; mas em geral Xunzi parece rejeitar muito claramente a visão de Mengzi. Ainda outros estudiosos sugeriram que Xunzi realmente não escreveu o ensaio "A natureza humana é má". Mas este ensaio reflete ideias encontradas em muitas passagens nos escritos restantes de Xunzi.

Ironicamente Xunzi foi criticado também por causa de seu aluno mais brilhante, Han Feizi. Han Feizi aprendeu muito de seu mestre, mas desenvolveu uma filosofia que era manifestamente anticonfuciana. As ideias de Han Feizi, por sua vez, influenciaram as políticas do Estado de Qin. Ele foi censurado pelos excessos do governo de Qin e Xunzi foi criticado por produzir um tal aluno. Mas para saber se a crítica a Han Feizi é exata, precisamos compreender os detalhes de sua filosofia. Abordaremos este tópico no próximo capítulo.

Questões para revisão

1) O que é "naturalismo"? Por que dizemos que Xunzi não pode ser um naturalista? Mencione um compromisso importante que Xunzi compartilha com o naturalismo.

2) Como a concepção de Céu de Xunzi difere da concepção de Mengzi?

3) Consideremos um ritual no qual apresentamos ofertas de comida e bebida para os espíritos de nossos ancestrais. Como Xunzi diria que um cavalheiro deve entender este ritual?

4) Explique como Xunzi usa um argumento do estado-de-natureza para justificar os rituais e padrões de retidão.

5) Como Xunzi discorda da versão moísta do argumento do estado-de-natureza? Especificamente, como as duas versões apresentam pressupostos diferentes acerca das motivações humanas inatas e como isto as leva a conclusões diferentes?

6) Xunzi compara as ações dos sábios com as dos artesãos. De que maneira esta comparação sugere que pode haver um Caminho "correto" mesmo que não faça parte da natureza humana?

7) Xunzi escreve: "Pelo ritual, as estrelas se movem ordenadamente pelos céus". Por que isto parece conflitar com a metáfora do artesão de Xunzi? Como poderíamos conciliar as duas?

8) Explique a diferença entre desejo e aprovação. Por que a aprovação é importante no cultivo de si mesmo?

9) De acordo com Xunzi, o que é que distingue os humanos dos outros animais?

10) Qual é a diferença entre a noção de Xunzi de que a natureza humana é má e a noção de Agostinho de que a natureza humana é perversa?

11) Qual é a diferença entre a definição de natureza humana dada por Xunzi e a definição assumida por Mengzi? Por que esta diferença pode levar-nos a pensar que Xunzi e Mengzi não discordam de fato? Por que poderíamos ainda pensar que eles discordam?

12) Use o exemplo da madeira para ilustrar a diferença entre a concepção de cultivo ético de Xunzi e a concepção de cultivo ético de Mengzi.

13) Parafraseie a passagem da escada das almas.

14) Xunzi observa que, dentre as criaturas "que têm consciência, nenhuma deixa de amar sua própria espécie". Por que isto parece comprometer Xunzi com uma posição sobre a natureza humana muito parecida com a de Mengzi? Como esta passagem poderia ser interpretada para manter o desacordo entre eles?

15) No diálogo do "Ladrão Zhi" o termo *wei* é traduzido como "artificial", enquanto no *Xunzi* é traduzido como "esforço deliberado". Como estas traduções diferentes refletem as diferentes atitudes das duas obras no tocante a transformar a natureza humana?

11
Han Feizi

As pessoas crescem naturalmente arrogantes quando amadas
e só se tornam obedientes através da coerção.

Han Feizi

Esta cabeça estilizada em forma de machado simboliza o castigo, um dos "dois cabos" do governo segundo Han Feizi.

I – Vida e contexto

A vida de Han Feizi foi trágica.

Nascido numa das famílias nobres de seu Estado natal de Han, esperava-se que Han Feizi fizesse carreira como funcionário público. No entanto, ele tinha uma gagueira, o que lhe dificultava falar em público. Talvez como compensação, tornou-se um dos maiores escritores da tradição chinesa. Quando jovem, foi estudar com Xunzi. Veremos que a influência de Xunzi é evidente na filosofia de Han Feizi; no entanto, Han Feizi tornou-se um dos mais incisivos críticos do confucionismo. Xunzi tinha outro aluno mais ou menos na mesma época, Li Si, e, de acordo com um antigo historiador chinês, "o próprio Li Si pensava não ser tão bom quanto Han Fei"[i]. Este sentimento de inferioridade intelectual teria sérias consequências mais tarde.

Han Feizi acreditava que o Estado de Han corria perigo porque seu rei estava promovendo bajuladores indignos a postos de autoridade. Escreveu ensaios e memorandos para tentar persuadi-lo a efetuar mudanças em sua política, mas sem sucesso. No entanto, alguns dos escritos de Han Feizi chamaram a atenção do governante do Estado de Qin, que ficou profundamente impressionado. Aconteceu que Li Si, antigo condiscípulo de Han Feizi, era agora um alto ministro em Qin e inicialmente incentivou o governante a encontrar-se com Han Feizi. Quando Han Feizi chegou como emissário oficial do Estado de Han, o governante de Qin simpatizou com ele. Com efeito, o governante teve tanta admiração por Han Feizi que Li Si começou a imaginar Han Feizi como uma ameaça ao seu próprio cargo. Li Si disse ao governante de Qin que não devia confiar em Han Feizi e convenceu-o ordenar a execução de Han Feizi. Dando-se conta de que o governante poderia mudar de opinião, Li Si certificou-se de que não seria permitido a Han Feizi defender sua causa e enviou-lhe um pouco de veneno, incentivando-o a matar-se de preferência a sofrer o desgosto e a humilhação da execução pública. O governante de Qin mudou, com efeito, de opinião e decidiu poupar Han Feizi; mas, quando a notícia da suspensão da pena capital chegou, Han Feizi estava morto. Han Feizi escreveu certa vez:

> O dragão é uma criatura que pode ser domesticada e treinada, de modo que alguém pode cavalgá-lo. Mas no lado inferior de sua garganta ele tem escamas

invertidas com o diâmetro de um pé e, se uma pessoa esbarrar nelas, certamente o dragão a matará. Um governante de homens também tem suas "escamas invertidas"; portanto, se um persuasor espera sucedê-lo, precisa evitar cuidadosamente esbarrar nelas (335).

Por fim, o próprio Han Feizi acabou espetado nas escamas do dragão.

II - Crítica do confucionismo

A noção que Han Feizi tem da natureza humana é semelhante à de Xunzi, no sentido de que Han Feizi considera os humanos primariamente egoístas. "As aspirações naturais das pessoas são tais que todas elas buscam segurança e benefício e evitam o perigo e a pobreza. [...] As pessoas de espírito público são poucas, enquanto os indivíduos de mentalidade privada são numerosos" (350). Assim como Xunzi, também Han Feizi argumenta que, embora os humanos tenham congenitamente alguma afeição aos outros, esta afeição é demasiadamente limitada e inconstante para podermos confiar nela. O amor é inadequado para tornar virtuosos os outros: "Na natureza e nas disposições dos seres humanos nada é mais fundamental do que o amor dos pais aos seus filhos. Todos os filhos são amados por seus pais e, no entanto, nem sempre os filhos são bem-comportados" (341). Já que mesmo o amor dos pais é insuficiente para produzir bons filhos, como pode o amor dos governantes produzir bons ministros e súditos? Além disso, até o amor parental tem suas limitações, como ilustra Han Feizi com um exemplo arrepiante:

> Quanto aos filhos, os pais que geram meninos recebem congratulações, mas os que geram meninas as matam. Ambos vieram do corpo dos pais, mas os meninos são motivo de congratulações, enquanto as meninas são mortas. Isto se deve à estimativa de benefícios e aos cálculos de proveito por parte dos pais. Assim, mesmo os pais ao lidar com seus filhos usam um coração calculista. Quanto mais aqueles que não têm a afeição de pais![ii]

Por causa da inclinação dos humanos ao proveito privado e da fraqueza da afeição humana, em qualquer tempo, "não existem em todo o mundo mais do que dez altos funcionários virtuosos e honestos" (346). Como enfrentar o fato de as pessoas, em sua maioria, não serem boas por natureza? Han Feizi usa uma metáfora que parece emprestada de Xunzi:

> Se as pessoas precisassem esperar por hastes de flecha naturalmente retas, por uma centena de gerações não haveria flechas. Se precisassem esperar por

madeira naturalmente redonda, por mil gerações não haveria rodas de carruagem. Se durante uma centena de gerações não existisse nenhuma haste de flecha naturalmente reta, nem um único pedaço de madeira naturalmente redondo, como é que cada geração é capaz de passear em carruagens e abater pássaros com flechas? É porque elas usam o Caminho de endireitar e dobrar (357).

Apesar de todos estes pontos de concordância, Han Feizi discorda de seu mestre confuciano Xunzi em duas questões fundamentais: a eficácia da educação ética e a utilidade da tradição como guia para o presente. Em sua filosofia da educação, Xunzi defende "submeter à ação do vapor e dobrar" (256) os humanos através dos efeitos do ritual e do aprendizado, para que se tornem éticos. Han Feizi não nega que é possível transformar humanos desta maneira, mas sugere que é uma tarefa extremamente difícil e raramente bem-sucedida:

> Confúcio foi um grande sábio do mundo. Viajou pela terra situada dentro dos quatro mares, aperfeiçoando a conduta das pessoas e elucidando o Caminho. Todos na terra situada dentro dos quatro mares estavam satisfeitos com sua benevolência e o elogiavam por sua retidão, mas os que o seguiram totalizaram apenas setenta homens. Ao que parece, os que prezam a benevolência são raros, enquanto os que têm capacidade de ser corretos são difíceis de encontrar (341).

Se até Confúcio, com toda sua habilidade e Virtude, conseguiu apenas setenta discípulos virtuosos, como podemos esperar que os governantes contemporâneos consigam um número suficiente de ministros virtuosos para seu Estado?

Os sábios do passado não governaram através da Virtude e da transformação ética? Han Feizi apresenta três argumentos convincentes contra o uso do passado como modelo para o presente. Os dois primeiros se baseiam no ceticismo quanto à possibilidade de conhecer o passado. Han Feizi observa que "Confúcio e Mozi seguiram, ambos, o Caminho de Yao e Shun e ambos afirmaram ser os verdadeiros transmissores do Caminho destes sábios; e, no entanto, as doutrinas e práticas que cada um deles aceitou e rejeitou não são as mesmas" (352). Além disso, mesmo que decidamos, por alguma razão, seguir a compreensão confuciana ou moísta do passado,

> depois de Confúcio e de Mozi, os confucianos se dividiram em oito facções e os moístas em três. As doutrinas e práticas que cada uma destas facções aceita e rejeita são divergentes e conflitantes; e, no entanto, cada facção afirma ser a verdadeira representante do Caminho de Confúcio ou de Mozi. Confúcio e Mozi não podem voltar à vida; sendo assim, quem irá determinar quais das escolas atuais são as verdadeiras? (351-352).

Em seu terceiro argumento contra o seguimento da tradição, Han Feizi esboça uma filosofia da história segundo a qual grandes heróis culturais ajudaram as pessoas com inovações que solucionaram os problemas por elas enfrentados. Por exemplo, "os Aninhados" ensinaram às pessoas como poderiam fugir de animais perigosos vivendo em casas nas árvores e "os Acendedores" mostraram-lhes como fazer fogo usando uma furadeira. Isto parece uma visão confuciana da história, mas Han Feizi lhe dá um rumo extremamente não confuciano. Ele mostra que os tempos mudam e, embora viver em casas nas árvores e acender o fogo com furadeiras *fossem* técnicas valiosas em sua respectiva época, se alguém propusesse fazer essas coisas hoje seria alvo de zombaria. De maneira semelhante, o Caminho afável e benévolo de governar (venerado tanto por confucianos quanto por moístas) funcionou muito bem na época dos sábios antigos. Naqueles tempos, "as pessoas eram poucas, havia abundância de bens e por isso ninguém disputava. Por isso, não se distribuíam ricas recompensas, não se aplicavam severas punições e, mesmo assim, as pessoas eram disciplinadas por si mesmas"[iii]. No entanto, à medida que "o número de pessoas aumenta, os bens se tornam escassos e os homens precisam lutar e trabalhar duramente por uma magra subsistência. Por isso eles começam a disputar"[iv]. Este é o contexto social e econômico atual e requer uma abordagem mais severa do governar.

> Sendo assim, se alguém for de um lugar para outro elogiando o Caminho de Yao, Shun, Tang, Wu e Yu na época presente, certamente será ridicularizado pelos novos sábios. Por esta razão o sábio não pensa em seguir os caminhos dos antigos ou modelar seu comportamento por um padrão imutável do que é aceitável. Ele examina os assuntos da época e então faz seus preparativos de acordo (340).

Han Feizi usa uma historieta memorável para ilustrar por que não podemos simplesmente repetir os métodos que foram bem-sucedidos no passado:

> Entre o povo de Song, havia um camponês que tinha um toco no meio de seu campo. Certo dia um coelho que atravessava o campo correndo chocou-se contra o toco, quebrou o pescoço e morreu. Vendo isto, o homem pôs de lado o arado e ficou à espreita junto ao toco, esperando conseguir outro coelho da mesma maneira. [...] Pois bem! Se alguém quer usar o governo dos reis anteriores para trazer ordem ao povo do tempo presente, isso é simplesmente como ficar à espreita junto ao toco (340).

Esta historieta sobrevive na expressão idiomática chinesa moderna *shou zhu dai tu* 守株待兔, "observar um toco esperando um coelho", que significa esperar que coisas boas nos caiam no colo.

Se os humanos não são inatamente virtuosos e se é impraticável transformá-los eticamente, como podem a sociedade humana e o governo ser bem-sucedidos? A resposta de Han Feizi é que os governantes precisam estruturar o governo de tal forma que seja do interesse dos ministros e dos cidadãos agir em prol do bem comum, e não só em prol de seu bem privado. Eles podem fazer isto mediante cinco técnicas: o poder do cargo, métodos administrativos, a lei, os "dois cabos" do governo e "o Caminho do governante".

III - Os cinco elementos da teoria do governo de Han Feizi

1 O poder do cargo

O que traduzimos como "poder do cargo" (*shi* 勢) é um termo que ocorre também em textos militares, onde se refere, por exemplo, à vantagem estratégica de um exército sobre outro por ocupar o terreno elevado[V]. Mesmo se um exército é um pouco menor do que outro, o primeiro terá vantagem se disparar suas flechas do terreno elevado, enquanto sua infantaria e carros de guerra avançam colina abaixo, ao contrário de seu adversário, que precisa conduzir os soldados e veículos colina acima e disparar flechas de baixo para cima. Han Feizi atribui a um filósofo anterior, Shenzi (Shen Dao), a aplicação do poder do cargo ao âmbito social, onde se refere "às diferenças de poder e *status* estabelecidas pelos seres humanos" (329).

> **Fato:** *A palavra "contradição" no chinês moderno é mao dun 矛盾, que significa literalmente "lança-escudo". Deriva de uma história que Han Feizi conta a respeito de um comerciante que afirmava que seus escudos eram tão fortes que nada podia penetrá-los e que suas lanças eram tão pontiagudas que podiam penetrar qualquer coisa. Quando alguém perguntou o que aconteceria se uma das suas lanças fosse usada contra um de seus escudos, o comerciante emudeceu.*

Este é um fenômeno que é ao mesmo tempo familiar e misterioso. Suponhamos que você está numa grande sala de aula. Você levanta a mão quando tem uma pergunta a fazer e espera que o professor o chame. Se o professor diz: "Não tenho tempo para responder a perguntas agora, porque tenho alguns assuntos que preciso completar", você abaixa a mão. Por que você não grita simplesmente a pergunta logo que ela lhe vem à cabeça? E por que você abaixa a mão quando o professor diz que não tem tempo para responder a perguntas? Você levanta a mão, mas depois a abaixa a pedido dele porque ele é o professor. Num nível, isto é completamente corriqueiro e você não pensa duas vezes a respeito; mas em outro nível é maravilhoso. Como seu professor está investido deste poder sobre você (e seu braço)? Seu professor tem (presumivelmente) talentos e habilidades, mas isto não explica realmente o fenômeno. Afinal, você não levanta a mão quando tem uma pergunta a fazer num jantar, mesmo se estiver conversando com alguém de grande talento. Talvez você deva dizer que a faculdade dá ao professor esse poder sobre você porque você é um aluno. Sim! Mas é porventura menos misterioso o que a faculdade é ou como ela leva você a fazer coisas? Han Feizi usa a expressão "poder do cargo" para referir-se a este fenômeno pelo qual algumas pessoas podem impor sua vontade a outras em virtude da função social que desempenham. Parece que a metafísica do poder do cargo é misteriosa (por exemplo: Que tipo de coisa é ele? Como ele se encaixa entre as outras coisas que existem?), mas o fenômeno (sua aparência para nós) é familiar ao ponto de ser banal, e este fenômeno é uma das chaves para a organização social.

Han Feizi deixa claro que o poder do cargo é independente dos efeitos transformadores da Virtude. Confúcio afirmava que "a Virtude de um cavalheiro é como o vento e a Virtude de uma pessoa insignificante é como a grama – quando o vento sopra sobre a grama, a grama não deixa de se curvar" (*Analectos* 12.19). Por conseguinte, os súditos obedecerão a um governante que tem Virtude com tanta naturalidade como a estrela polar "recebe a homenagem das dez mil estrelas menores" que giram ao seu redor (*Analectos* 2.1). Han Feizi responde:

> Se Yao e Shun tivessem renunciado ao poder de seus cargos como governantes e abandonado a lei, e ao invés tivessem ido de porta em porta persuadindo as pessoas e discutindo com elas, sem nenhum poder de estimulá-las com veneração e recompensas ou coagi-las com punições e penalidades, eles não teriam conseguido trazer ordem nem mesmo a alguns poucos lares (*Han Feizi* 8; *Readings*, p. 331).

Embora o poder do cargo seja metafisicamente misterioso, é claro que ele não aparece do nada ou simplesmente porque algumas pessoas o querem. Sua família pode declarar você rei dos Estados Unidos, mas não espere que alguém se incline diante de você. O poder genuíno do cargo pode também ser perdido. O monarca reinante do Reino Unido tem muitas prerrogativas, mas decapitar suas ex-esposas já não está mais entre elas. Han Feizi não forneceu um relato da maneira como o poder do cargo é obtido, mas tinha muito a dizer sobre a maneira como ele pode ser perdido ou mantido.

2 *Os métodos administrativos*

Muitos filósofos chineses parecem estar competindo para ver quem consegue dar à sua filosofia o *pedigree* mais antigo: Confúcio elogiava os fundadores da dinastia Zhou; os moístas elogiavam sábios-reis pré-dinásticos como Yao, Shun e Yu; mais tarde Yang Zhu disse que o imperador ainda mais antigo Shen Nong estava certo. Por isso vejo uma guinada reconfortante quando Han Feizi atribui dois de seus conceitos-chave a figuras que viveram um par de séculos antes dele: Shen Buhai desenvolveu os métodos administrativos (*shu* 術) e Gongsun Yang enfatizou a importância das leis (*fa* 法).

Han Feizi explica que Shen Buhai, um ministro do marquês Zhao do Estado de Han, desenvolveu uma técnica para lidar com funcionários do governo:

> Usar métodos administrativos significa atribuir cargos públicos com base nas qualificações de uma pessoa, considerar os objetivos especificados na proposta de um ministro e depois considerá-los responsáveis pelos resultados concretos, manipular os cabos da vida e da morte e testar as capacidades dos ministros reunidos (336).

Já que Han Feizi considerava a bajulação e o favoritismo problemas graves no governo dos Han, não causa surpresa que sua filosofia de governo enfatize um sistema meritocrático de nomear pessoas para cargos públicos no governo: "os que conseguem realizações reais precisam sempre ser recompensados, mesmo que estejam distantes e sejam modestos, enquanto os que cometem erros reais precisam sempre ser punidos, mesmo que estejam próximos e sejam estimados" (317).

Depois de nomear alguém para um cargo público no governo, o governante precisa garantir que haja "correspondência entre forma e nome" (324). O termo traduzido por "nome" (*ming* 名) pode ter vários sentidos no pensamento chinês antigo, mas Han Feizi o usa para referir-se ou às *obrigações* prescritas que acompanham determinado cargo público, ou a uma *proposta* para uma política de governo sugerida por um funcionário. "Forma" (*xing* 形) é (como "poder do cargo") um termo cujo uso pode ter origem em textos militares, onde pode referir-se à "formação" de unidades no campo de batalha[vi]. No pensamento de Han Feizi, "forma" significa ou as *ações* que um ministro empreende, ou as *realizações* que resultam destas ações. Han Feizi explica que o governante impõe correspondência entre estes dois pares para ver como o que é dito difere do que é feito. Quando os que servem como ministros apresentam propostas, o governante lhes atribui tarefas com base em suas propostas e depois usa suas tarefas para considerá-los responsáveis por suas realizações. Se as realizações estão de acordo com a tarefa e a tarefa está de acordo com a proposta, então o ministro é recompensado. Se as realizações não estão de acordo com a tarefa ou a tarefa não está de acordo com a proposta, então o ministro é punido (324).

É óbvia a importância de assegurar que os funcionários executem aquilo que é de sua responsabilidade e aquilo que eles propõem (o "nome" não pode exceder a "forma"). Por conseguinte, "se as propostas de alguém não forem acompanhadas por realizações concretas, ele precisa ser censurado" (325). No entanto, Han Feizi acentua também que é perigoso permitir aos funcionários que realizem *mais* do que eles propõem ou é de sua responsabilidade (a "forma" não pode exceder o "nome"). Han Feizi ilustra isto com outra de suas memoráveis historietas:

> O marquês Zhao de Han certa vez ficou bêbado e caiu no sono. O Mordomo dos Gorros, vendo que seu governante estava frio, colocou o manto do marquês sobre ele. Quando o marquês Zhao acordou ficou satisfeito com isto e perguntou a seus assistentes: "Quem me cobriu com meu manto?" Seus assistentes responderam: "Foi o Mordomo dos Gorros". Consequentemente, o governante puniu tanto o Mordomo dos Gorros quanto o Mordomo dos Mantos. Puniu o Mordomo dos Mantos por considerar que o homem deixou de cumprir sua tarefa prescrita; e puniu o Mordomo dos Gorros por considerar que o homem ultrapassou os limites de seu cargo. Não que o marquês gostasse do frio; mais exatamente, ele considerava que o dano causado pelo fato de ministros usurparem a função um do outro era maior do que o dano causado pelo fato de passar frio (325).

O perigo é que os funcionários públicos a quem se permite exceder as tarefas a eles designadas consigam acumular poder e "formar panelinhas e facções para ajudar-se mutuamente" (325) na busca de seu benefício privado, chegando eventualmente ao ponto de ameaçar a autoridade do governante. Sem um governante forte, o Estado será reduzido ao caos. Por conseguinte, "se alguém ultrapassar os limites de seu cargo, ele deve morrer" (325).

O que encontramos resumido por Han Feizi num punhado de frases é a teoria básica de uma das mais importantes e cruciais invenções da espécie humana: a burocracia. Seja na China ou no Ocidente, a maioria das pessoas gosta de odiar a burocracia e, para muitos, ser chamado de "burocrata" é quase um insulto. No entanto, a burocracia é necessária para todas as instituições humanas de grandes dimensões e, quando funciona até mesmo moderadamente bem, ela é tremendamente eficaz para atingir metas organizacionais que de outra forma seriam impossíveis. Evidentemente, os burocratas que ultrapassam os limites de sua função não são punidos com a morte hoje em dia, mas os perigos enfrentados pela sociedade hoje não são tão terríveis como eram na época de Han Feizi.

3 *As leis*

A técnica administrativa é um instrumento limitado à administração dos funcionários do governo. As leis, pelo contrário, se aplicam a todos, desde os mais altos ministros, passando pelos parentes e protegidos do rei, até ao mais humilde camponês. Han Feizi atribui a ênfase nas leis a Gongsun Yang (também chamado Senhor Shang), um ministro do governante do Estado de Qin:

> O governo através da lei existe quando os editos e decretos do governante são promulgados entre os vários departamentos e secretarias, quando a certeza das punições e penalidades é entendida no coração das pessoas, quando são dadas recompensas aos que respeitam a lei e quando são impostas penalidades aos que transgridem os decretos do governante (336).

Han Feizi enfatiza particularmente três aspectos da lei. Primeiro: as leis devem ser fáceis de entender: "Se, ao fazer as leis para as massas, você usa uma linguagem que até as pessoas mais sábias acham difícil de entender, ninguém irá compreender e seguir suas leis" (345). Segundo: as leis devem ser coerentes. Han Feizi aponta que, pelo fato de as leis de seu próprio Estado serem um amálgama incoerente de leis mais antigas e mais recentes,

> se havia algo benéfico [para eles próprios] nas leis antigas e nos decretos anteriores, os ministros seguiam aquelas leis e decretos; mas, se havia algo benéfico nas novas leis e nos decretos posteriores, eles seguiam estas leis e decretos. Já que as leis antigas e as novas eram mutuamente contraditórias e os decretos anteriores e os posteriores eram mutuamente conflitantes, [...] os ministros corruptos ainda tinham os meios de enganar [seu governante] mediante suas palavras (337).

Terceiro: as leis precisam ser apoiadas com recompensas substanciais pela obediência e punições severas pela violação.

4 *Os dois cabos do governo*

Han Feizi se refere às recompensas e punições como os "dois cabos" do governo (323) e acentua que é crucial que o próprio governante "empunhe os cabos da punição e da recompensa e mantenha um firme controle sobre eles" (315). Para ilustrar este ponto, Han Feizi conta a história do Príncipe de Song, cujo ministro Zi Han fez a seguinte proposta, aparentemente útil: "Veneração, recompensas, favores e dádivas – estas são coisas que todas as pessoas apreciam. Meu Senhor, tomai conta vós próprio destas coisas. Morte, mutilação, punições e penalidades – estas são coisas que todas as pessoas odeiam. Permiti que eu, vosso servo, tome conta destas" (324). O Senhor de Song concordou e, como resultado, Zi Han conseguiu usurpar toda a autoridade no Estado, porque as pessoas percebiam que era *ele* quem escolhia a quem punir e a severidade da punição. Han Feizi acreditava que o governante precisava não só controlar estes cabos, mas também dotá-los de peso suficiente para terem efeito: "ao entregar as recompensas, o melhor é torná-las substanciais e confiáveis, para que as pessoas as prezem; ao determinar as penalidades, o melhor é torná-las pesadas e inevitáveis, para que as pessoas as temam" (343).

Han Feizi reconhece que, mesmo que alguém execute todas as práticas que ele recomenda, um governante suficientemente mau produzirá o caos: "se chegar um Jie ou um Tirano Zhou a um cargo superior, mesmo que existam dez Yaos ou dez Shuns, eles não conseguirão efetuar a boa ordem" (330). No entanto, Han Feizi afirma que seu sistema de governo concilia o fato de que em sua maioria os governantes não são nem excepcionalmente bons nem excepcionalmente maus, mas simplesmente medíocres:

> Mesmo que um Yao, Shun, Jie ou Tirano Zhou surgissem apenas uma vez a cada mil gerações, ainda assim pareceria como se eles tivessem nascido convivendo uns com os outros e seguindo de perto uns aos outros. Mas aqueles que realmente governam cada época estão geralmente entre estes dois extremos. [...] Se eles se atêm à lei e confiam no poder de seu cargo, haverá ordem; mas, se abandonam o poder de seu cargo e viram as costas à lei, haverá desordem (*Han Feizi* 8; *Readings*, p. 330-331).

Uma vez instituído, um governo bem-estruturado tenderá a ser financeiramente independente, supondo apenas uma mínima competência em seus governantes. Entretanto, existe um sutil "Caminho do governante", que está além das leis, das técnicas administrativas e de outras técnicas mais óbvias e quase mecânicas de governo.

5 O Caminho do governante

O Caminho do governante é descrito numa linguagem que lembra o *Daodejing*. Com efeito, Han Feizi escreveu o primeiro comentário sobre este clássico. No entanto, ele usa os conceitos do *Daodejing* de maneiras que podem parecer surpreendentes para nós[1]. Por exemplo, o governante deve estar "vazio e tranquilo". Isto não é uma disciplina espiritual para alcançar a Virtude; é uma tática. Para um governante, estar "vazio" é "nunca revelar o que ele deseja. Porque, se revelar o que deseja, os ministros irão lapidar-se e polir-se a si mesmos de acordo" (314). Para ser "tranquilo", um "governante nunca deveria revelar o que ele pretende. Porque, se revelar o que pretende, os ministros procurarão ter uma aparência característica" (314). Em outras palavras, se os ministros compreendem plenamente os desejos e intenções de seu governante, eles podem aproveitar este conhecimento para manipular o governante para seus próprios interesses. Como explica Han Feizi ao advertir sobre o outro lado desta equação, ministros dirigindo-se a governantes: "a verdadeira dificuldade da persuasão consiste em saber o que está no coração da pessoa que está sendo persuadida, de modo que eu possa usar minha persuasão para satisfazê-la" (332).

Han Feizi recorre também ao termo daoista "não-ação", mas como uma técnica consciente pela qual um governante faz o melhor uso de seus ministros:

> Ele o faz de maneira que os dignos aperfeiçoem seus talentos naturais, enquanto ele faz uso desses talentos e os emprega. Assim, nunca lhe falta capacidade. Ele faz com que, quando existem conquistas, seja creditado a ele o mérito; e, quando existem erros, os ministros levem a culpa. Assim, nunca lhe falta reputação. [...] Os ministros executam o trabalho e o governante desfruta a conquista final (*Han Feizi* 5; *Readings*, p. 315).

Portanto: "Quando um governante esclarecido pratica a não-ação em cima, os ministros reunidos estão apreensivos e receosos embaixo" (315). De acordo com o *Daodejing*, o melhor governante transforma as pessoas sem manipulação, através

1. Evidentemente, é possível que a interpretação de Han Feizi seja mais exata do que aquela que apresentei no Capítulo 8.

do poder suave da Virtude desinteressada. Mas Han Feizi interpreta o *Daodejing* através de sua subjacente suposição de que os humanos são extremamente egoístas. O governante sábio compreende que os humanos são egocêntricos e, por isso, nunca baixa a guarda: "Olhe os outros, mas não permita que eles o vejam; ouça os outros, mas não permita que eles o ouçam; conheça os outros, mas não permita que eles o conheçam (315).

IV - A questão do amoralismo

Uma das grandes questões que dividem os intérpretes de Han Feizi é saber se é exato descrever sua filosofia do poder como "amoral". Em outras palavras, será que Han Feizi ensina como acumular poder sem levar em consideração as metas ou objetivos a cujo serviço esse poder é posto? Uma das considerações que favorecem uma interpretação amoral é que, como vimos, a filosofia de Han Feizi não confia na Virtude dos governantes ou dos ministros, nem considera eficaz o cultivo da compaixão e da integridade humanas. Podemos observar também que Han Feizi dá conselhos tanto a governantes que desejam evitar ser manipulados por seus ministros quanto a funcionários que desejam manipular seus governantes[2].

No entanto, eu argumentaria que *existe* uma visão ética na obra de Han Feizi, embora de forma muito limitada. Han Feizi acentua que

> Quando o sábio traz ordem às pessoas, ele avalia pelo mais básico; não é condescendente com os desejos delas, mas simplesmente pensa no futuro, naquilo que irá beneficiar as pessoas. Por isso, quando lhes impõe punições, não é por ódio às pessoas; pertence à natureza de sua preocupação por elas[vii].

Ocupa um lugar fundamental no pensamento de Han Feizi a distinção entre interesses privados (os de um indivíduo, de sua família, de sua panelinha) e interesses públicos (os do Estado). Os dois tipos de interesses são intrinsecamente opostos[3]. Deixados fazer o que acharem melhor, os humanos servirão naturalmente a seus interesses privados:

---

2. Cf., respectivamente, "O Caminho do governante" (314-317) e "As dificuldades da persuasão" (332-335).

3. Han Feizi sugere que isto está embutido na própria estrutura dos caracteres, onde "público", *gong* 公, é formado pelos caracteres que significam "separação", *ba* 八, e "privado", *si* 厶. A etimologia de Han Feizi, que pode não ser exata, se baseia na antiga forma do caractere que designa "privado"; a forma moderna é 私. Além disso, o caractere que ele identifica como significando "separação" é hoje usado exclusivamente como um "empréstimo fonético" (cf. Apêndice B) para a palavra "oito".

> Eles irão deliberar uma centena de vezes a respeito do bem-estar de suas respectivas famílias, mas nunca farão planos em prol do Estado de seu governante. [...] As famílias nobres trabalham para fazer com que cada qual prospere e não se empenham em enriquecer o Estado; os grandes ministros trabalham para fazer com que cada qual seja respeitado e não se empenham em trazer respeito ao governante; e os ministros inferiores procuram promoções e estipêndios cultivando relações vantajosas e não cuidam dos deveres de seu cargo (*Han Feizi* 6; *Readings*, p. 319).

Portanto, Han Feizi defende um sistema de governo no qual – graças ao poder do cargo do governante, às leis, às técnicas burocráticas, às recompensas e às punições – ninguém possa alcançar seus interesses privados sem agir em prol do interesse público: "Quando um sábio governa um Estado, ele não espera que as pessoas sejam boas em deferência a ele. Ao invés, cria uma situação na qual as pessoas achem impossível proceder mal" (357).

O que *é* o interesse público? Han Feizi explica: "Se um governante consegue livrar-se da desonestidade privada e promover a lei pública, seus súditos estarão seguros e seu Estado terá boa organização" (318). Lembremos que Han Feizi viveu no que é talvez o ponto mais baixo do Período dos Estados Combatentes, um dos piores tempos de caos e conflito na história do mundo. Han Feizi reconheceu algo que muitos de nós tendemos a esquecer: para um governo não é um feito insignificante manter seu povo bem alimentado e seguro contra criminosos, invasores estrangeiros e funcionários corruptos. Han Feizi acreditava que a única maneira de uma sociedade alcançar esta meta era ter um governante forte, que usa o "poder de seu cargo", impede que seus funcionários usurpem sua autoridade com "métodos administrativos", mantém seu povo em concordância com as "leis" e empunha os "dois cabos" das recompensas e punições de maneira firme, mas não arbitrária. Se o governante for demasiadamente fraco e insensato para fazer isto, cabia ao mais capaz dos ministros encontrar uma maneira de persuadir o governante a fazer o que fosse mais conveniente. A maioria das pessoas no Período dos Estados Combatentes (talvez a maioria das pessoas na história mundial) teria trocado de bom grado seu contexto social pelo tipo de sociedade que a filosofia política de Han Feizi pretendia alcançar[viii].

V – Importância histórica

Um tradutor do epônimo *Han Feizi* resumiu concisamente sua ambivalente recepção posterior: "Gerações de estudiosos chineses declararam estar chocados com seus conteúdos [...] e apanharam seus pincéis para denunciá-lo. Mas nunca houve um período em que o livro deixou de ser lido"[ix]. Han Feizi sempre será lido por causa da elegância de sua escrita e de suas historietas inesquecíveis, mas há razões mais profundas para seu encanto permanente. O poder é um aspecto inevitável de toda sociedade humana. Além disso, quer estejamos na China imperial ou nos Estados Unidos contemporâneos, todas as grandes organizações precisam em última análise ser burocráticas. Por conseguinte, desde a política interna até as relações internacionais, nós ignoramos por nossa conta e risco as lições de Han Feizi sobre a lei, os métodos administrativos e as estratégias mais sutis do poder.

Hoje se diz muitas vezes que Han Feizi parece ser o mais moderno dos antigos filósofos chineses. Em termos de conteúdo, suas francas análises da importância do poder político nos lembram Niccolò Machiavelli (1469-1527), cujo livro *O príncipe* exerceu grande influência na teoria política moderna. As ideias de Han Feizi têm também intrigantes semelhanças com filósofos mais recentes. Por exemplo, o poder do cargo pode ser imaginado como uma manifestação daquilo que o filósofo francês Michel Foucault (1926-1984) chamou de "surveillance" (vigilância).

Han Feizi parece moderno igualmente em sua metodologia filosófica. Em vez de afirmar que está seguindo algum sábio ideal ou práticas do passado, Han Feizi sintetiza a obra de filósofos anteriores. Evidentemente, todos os filósofos que estudamos neste livro foram influenciados por seus predecessores e Xunzi, o mestre de Han Feizi, havia apresentado o confucionismo como o mais abrangente dos vários Caminhos defendidos em sua época; mas até o próprio Xunzi não reconheceu que sua formulação do confucionismo é, ela própria, uma síntese destas outras posições. Han Feizi é peculiar por sua consciente e explícita síntese de pensadores anteriores e por sua disposição de criticar até mesmo os pensadores que ele mais admira.

Ao beber o veneno no escuro calabouço do Estado de Qin, Han Feizi deve ter-se sentido inútil. Seu Estado natal, com seu rei insensato, seria obviamente conquistado em breve. Deve ter esperado que também seus escritos seriam obviamente jogados na lata de lixo da história. Mal poderia ter imaginado que seria lido atentamente por intelectuais e funcionários de governo em cada dinastia chinesa por milhares de anos, que expressões tiradas de seus escritos passariam a fazer parte da língua chinesa e que até mesmo "bárbaros" como professores do outro lado dos "quatro mares" iriam estudar e ensinar suas obras.

Mas o que aconteceu com Li Si, que invejava e temia as capacidades de seu colega a ponto de tramar sua morte? Leia o capítulo final para descobrir.

Questões para revisão

1) Que dificuldade pessoal tornou difícil para Han Feizi alcançar sucesso na carreira pública que sua nobre família esperava que ele seguisse?

2) Que historieta está na origem da expressão idiomática chinesa contemporânea "observar um toco esperando um coelho"? Que ponto Han Feizi queria ilustrar com esta historieta? Qual é o sentido contemporâneo desta expressão?

3) Cite um aspecto importante em que Han Feizi concorda com seu mestre Xunzi e um ponto importante em que discorda dele.

4) Cite três argumentos de Han Feizi contra o seguir a tradição.

5) O que é o "poder do cargo"? Em que aspecto ele é muito familiar e em que aspecto ele é misterioso?

6) Quais são os papéis do "nome" e da "forma" nos métodos administrativos?

7) Quais são os "dois cabos" do governo? Por que Han Feizi acredita que é crucial para o governante controlá-los ele próprio?

8) De acordo com Han Feizi, o que significa um governante ser "vazio e tranquilo"? Por que isto é importante para um governante?

9) Qual é, para Han Feizi, o sentido da "não-ação"? Que benefícios um governante obtém através dela?

10) Como podemos considerar a ênfase posta por Han Feizi no poder como algo que não é amoral, mas reflete certos valores éticos?

11) Cite pelo menos um pensador ocidental com o qual Han Feizi poderia ser comparado?

12
O pensamento chinês posterior

O império, por longo tempo dividido, precisa unir-se;
por longo tempo unido, precisa dividir-se.
Romance dos Três Reinos

A Grande Muralha original era um baluarte de taipa; o muro de tijolos com ameias e guaritas regulares que conhecemos hoje só foi feito na dinastia Ming muito posterior.

Todos os filósofos que estudamos até aqui neste livro viveram durante a dinastia Zhou (c. 1040-221 a.C.). Este período terminou em 221 a.C., quando o governante do Estado de Qin, após derrotar todos os outros Estados, se proclamou "Primeiro Imperador" de uma nova dinastia. Com a unificação da China sob os Qin, mudou drasticamente o clima intelectual e político. A história chinesa após os Qin estende-se por mais de dois milênios e é tão complexa como a de qualquer grande civilização. Por conseguinte, é sensato terminar nosso relato neste ponto de parada natural. No entanto, mesmo uma rápida visão geral da história chinesa posterior ajudará a explicar a importância a longo prazo da filosofia antiga até hoje. Por isso, tentarei esboçar dois milênios de história chinesa num único capítulo. Apertem os cintos.

I – A dinastia Qin

O Primeiro Imperador dos Qin jactava-se de que sua dinastia sobreviveria a dez mil futuros reis. Na realidade, durou apenas de 221 até 207 a.C.

A importância da conquista dos Qin sempre foi controversa. Um dos relatos tradicionais retrata o Primeiro Imperador simplesmente como um megalomaníaco violento, que matava impiedosamente todos os que fossem um obstáculo. Após fundar a dinastia, baniu todas as "discussões privadas" de assuntos do governo e queimou todas as cópias privadas de livros de filosofia e literatura[1]. Ordenou a construção da Grande Muralha (verdadeiro) e obrigou as pessoas a trabalhar nela até morrer, triturando os ossos dos mortos para fazer mais argamassa (falso). Os estudiosos confucianos se opuseram à crueldade de suas leis (verdadeiro) e por isso ele mandou queimá-los vivos (falso). Paranoico e supersticioso, o Primeiro Imperador construiu um monumento funerário suntuoso com um exército de estátuas de guerreiros em tamanho natural para protegê-lo na vida do além e morreu durante uma viagem em busca do elixir da imortalidade (verdadeiro, mas enganoso).

1. O governante Qin seguia assim a mesma prática dos governantes totalitários de todas as sociedades, que silenciam imediatamente os filósofos e outros intelectuais que poderiam questionar suas ações. Tenhamos isto em mente da próxima vez que alguém afirmar que a filosofia é de importância meramente acadêmica.

Eis uma visão alternativa que muitos historiadores contemporâneos consideram mais convincente. Os Qin derrotaram os outros Estados porque estavam mais bem organizados e eram mais eficientes do que seus rivais. Sob o sistema de governo dos Zhou, cada duque tinha seu próprio exército, fazia suas próprias leis e coletava seus próprios impostos. Esta descentralização do poder era ineficiente e levava quase inevitavelmente à desintegração. No Estado de Qin, a autoridade era centralizada e as leis eram padronizadas, de modo que todos sabiam o que deviam fazer, compreendiam as consequências da infração das normas e entendiam que em última análise eram responsáveis apenas perante o soberano de Qin. Esta eficiência burocrática em todos os níveis da sociedade ajudou sem dúvida os Qin a derrotar seus rivais. Além disso, o exército de Qin tinha um melhor treinamento e disciplina do que os exércitos dos outros Estados.

Após a conquista, era mais fácil comprar e vender mercadorias porque o Primeiro Imperador padronizou os pesos e medidas. Se alguém comprava cinco *chi* de tecido fino por um tael de prata, ele sabia exatamente o que estava obtendo. A comunicação tornou-se mais eficiente porque o Primeiro Imperador padronizou o sistema de escrita, eliminando formas variantes de caracteres. Iniciou diversos grandes projetos de obras públicas, entre eles canais para o transporte de mercadorias e a Grande Muralha para proteger o povo contra os "bárbaros" que faziam ataques de surpresa na fronteira norte.

Houve diversas tentativas de assassinar o Primeiro Imperador, de modo que sua preocupação com a própria vida não se devia à paranoia. O elixir da imortalidade que ele procurava era levado a sério como remédio por seus contemporâneos. E seu túmulo com soldados de terracota não era mais exagerado para um soberano de tantas pessoas do que a Grande Pirâmide de Gizé ou o Taj Mahal.

Como quer que a avaliemos, a dinastia Qin foi de curta duração. Um relato tradicional atribuiu isso às leis draconianas do Estado, que transformavam até pequenas infrações em delitos capitais, alienando assim as pessoas comuns. No entanto, a falta de um sucessor idôneo para o Primeiro Imperador foi um fator pelo menos tão importante. Depois da morte do Primeiro Imperador, dois de seus conselheiros mais próximos forjaram seu testamento, de modo que seu sucessor seria um dos menos capazes e mais fracos dentre seus filhos. Os conselheiros imaginavam que isto lhes daria um governante fácil de manipular em benefício próprio. Mas, no início, qualquer nova dinastia precisa de pelos menos alguns governantes capacitados para estabelecer-se firmemente e o governo incompetente do Segundo Imperador provocou rebeliões, resultando finalmente na destruição da dinastia em 207 a.C. Um dos conselheiros que pôs o Segundo Imperador no trono foi Li Si, que havia proposto a queima dos livros e orquestrado a morte de seu colega de estudos Han Feizi. Numa das poucas ironias agradáveis da história, Li Si caiu em desgraça e ele próprio foi executado antes da queda dos Qin.

II – Dos Han às seis dinastias

A dinastia seguinte, os Han (202 a.C.-220 d.C.), apresentou-se como oposta aos excessos do Estado de Qin. (A tradicional imagem do Primeiro Imperador como desnecessariamente cruel deve muito a esta ideologia.) No entanto, os Han aprenderam muito do exemplo do governo Qin. Embora tenha havido muitas variações e mudanças ao longo do tempo, o bem-sucedido governo chinês a partir dos Qin seria sempre centralizado e burocrático, uma necessidade para governar territórios tão vastos antes do advento do transporte e comunicação modernos.

A dinastia Han foi também notável por favorecer a preservação e o estudo dos textos clássicos. As que hoje são consideradas versões-padrão dos clássicos antigos datam desta época, bem como quase todos os primeiros comentários conservados. Por exemplo, os *Analectos* e o *Daodejing* podem ter sido radicalmente diferentes antes dos Han. Além disso, o confucionismo identificou um conjunto específico de textos canônicos, os *Cinco Clássicos*.

> 1) O *Livro das Odes* (também conhecido como *Odes, Clássico das Odes, Clássico da Poesia*): Esta antologia de poesias já era reverenciada no tempo de Confúcio, e vimos que ele a usou ao instruir seus discípulos. Os confucianos Han seguiram o que parecia ser a prática de Confúcio de encontrar sentidos ocultos nas odes. 2) O *Livro dos Documentos* (mencionado também como *Documentos, Livro da História, Clássico da História*): Trata-se de uma coleção de documentos históricos (geralmente discursos ou proclamações). Existia uma versão dele no Período dos Estados Combatentes (Mengzi refere-se a ele muitas vezes), mas a obra que veio a público na dinastia Han inclui algumas seções que são genuinamente antigas e outras que são falsificações muito posteriores.
>
> 3) Os *Anais das Primaveras e Outonos*: Trata-se de uma crônica histórica enigmaticamente concisa de datas e acontecimentos de 722-481 a.C., carecendo de fluência narrativa ou contexto. Os confucianos Han acreditavam que Confúcio havia codificado ensinamentos esotéricos nos *Anais* através de um uso sutil da

linguagem. O uso que Confúcio faz de uma palavra em oposição a outra, ou sua decisão de omitir determinado detalhe histórico, provocou páginas de comentário explicando como isto mostrava sua aprovação ou desaprovação das ações a que o texto se refere[i].

4) O *Livro das Mutações* (também chamado *Mutações*, *Clássico das Mutações* ou *I Ching*): A maior parte deste livro é um guia para adivinhar o futuro e a vontade dos espíritos; e é assim que foi tratado durante o Período dos Estados Combatentes. Com efeito, foi isentado da queima de livros feita pela dinastia Qin por não ser considerado uma obra de filosofia. No entanto, durante a dinastia Han os apêndices das *Mutações* passaram a ter influência filosófica. Em particular o Grande Apêndice esboça uma visão filosófica de acordo com a qual oposições complementares (*yin* e *yang*) são o princípio organizador fundamental do Céu e da terra. *Yin* é o que é escuro, úmido, descendente e assim por diante, enquanto *yang* é o que é claro, seco, ascendente e assim por diante. A ética humana se fundamenta nesta estrutura complementar do Céu e da terra.

5) O *Livro dos Ritos* (também conhecido como *Clássico dos Ritos*): Trata-se, em sua maior parte, de uma coleção de normas detalhadas para executar vários rituais. No entanto, estão misturados alguns capítulos sobre tópicos filosóficos. Em particular, dois capítulos breves do *Livro dos Ritos* serão selecionados posteriormente, nas dinastias Tang e Song, como especialmente importantes: o *Grande aprendizado* e a *Doutrina do meio*.

Sob a dinastia Han houve especialistas do governo em cada um destes textos, *boshi* 博士, que significa "douto muito culto". Além disso, o Imperador Wu (c. 141-87 a.C.) criou a Universidade Imperial focada nos ensinamentos confucianos, e se esperava que os funcionários do governo estudassem nesta universidade e passassem em seus exames.

O confucionismo era agora a filosofia ortodoxa do Estado; no entanto, esta simples declaração não corresponde à complexidade da situação. Em primeiro lugar, a versão do confucionismo endossada pelo Imperador Wu não parecerá muito familiar a você após ler os capítulos sobre Confúcio, Mengzi e Xunzi neste livro. Dong Zhongshu, o erudito que convenceu o imperador a patrocinar o confucionismo, o havia combinado com uma cosmologia baseada nas influências recíprocas entre o mundo humano e o mundo natural. De acordo com esta cosmologia, as virtudes e vícios do governante estariam refletidos no mundo natural. Colheitas excepcionalmente abundantes ou sinais positivos do Céu mostram endosso às ações do imperador. Um terremoto, uma seca ou um prodígio bizarro indicam desaprovação do Céu ao imperador. Presságios positivos confirmam as decisões do imperador, mas ele deve responder aos sinais negativos reformando suas ações e até fazendo penitência. Evidentemente, estes sinais precisam ser interpretados (por exemplo: "Um duplo arco-íris! O que ele significa?"). Dong Zhongshu inculcou no imperador a ideia de que os confucianos, com sua compreensão detalhada dos sentidos ocultos dos clássicos, estavam mais bem-equipados para fazer esta interpretação. (Imaginemos com quanto vigor Xunzi teria desaprovado esta compreensão do Céu.)

O confucionismo correlativo de Dong Zhongshu teve enorme influência. Com efeito, ainda no século IX os imperadores chineses emitiam desculpas públicas por desastres naturais como enchentes e secas[ii]. No entanto, seria uma simplificação excessiva dizer que os Han instituíram uma ideologia confuciana monolítica. Na verdade, um erudito descreveu apropriadamente os Han dizendo que eles têm um "confucionismo livre de conteúdo"[iii]. Para ser um confuciano, a pessoa precisava apenas estar comprometida com a sagacidade de Confúcio e com a importância dos *Cinco Clássicos*. No entanto, os confucianos discordavam veementemente acerca do que estes compromissos implicavam para a ética, a política do governo e a cosmologia.

Além disso, nem todos na dinastia Han eram confucianos. Por exemplo, Sima Qian foi o autor da primeira história dinástica oficial, *Memórias históricas*. Mas ele não estava inclinado a gostar do confucionismo, porque o Imperador Wu, o patrocinador do confucionismo, mandara castrá-lo por causa de um comportamento desrespeitoso detectado em relação ao cunhado do imperador. Já há muito tempo os estudiosos reconheceram que as *Memórias históricas* contêm críticas ao confucionismo que são suficientemente sutis para não serem notadas por um leitor desatento (como o Imperador Wu). Além disso, o pai de Sima Qian, Sima Tan, era um daoista confesso e as *Memórias históricas* incluem seu ensaio "Sobre as seis escolas de pensamento", que afirma que o confucionismo, o moísmo, o legalismo, a "Escola dos nomes" e a Escola Yin-yang têm, cada qual, seus pontos fortes e fracos, mas o daoismo é a escola de pensamento mais abrangente e melhor.

Foi também sob os Han que o Vietnam caiu sob o controle chinês e assim permaneceu por um milênio. O nome "Vietnam" deriva de seu nome chinês *Yuenan*, literalmente "Sul do (Estado de) Yue". Disto resultou que o confucionismo, o daoismo, a língua chinesa escrita e o budismo Mahayana (analisado mais adiante) tiveram influência no Vietnam, ao contrário do resto do Sudeste Asiático.

Após a queda da dinastia Han, houve um longo período de caos, no qual nenhuma dinastia controlou a China. Embora o budismo tenha chegado à China no século I d.C. (durante os Han), foi durante este Período das Seis Dinastias (220-589 d.C.) que ele chegou à maturidade intelectual e se tornou popular tanto entre o povão castigado quanto entre os intelectuais desiludidos. Ocupa um lugar central no budismo a noção de que a causa principal do sofrimento humano e da maldade é um desejo insaciável de permanência que nunca pode ser satisfeito. O desejo insaciável resulta do egoísmo, o compromisso equivocado com o eu independente e constante. Já que experimento a ilusão de que você, eu e um carro luxuoso somos três coisas distintas, irei competir com você para obter o carro em vez de você. Mesmo que eu consiga o carro, me apegarei a ele como se fosse eterno. Por isso, ficarei desapontado quando ele perde seu cheiro de carro novo e me entristecerei quando ele sofrer o primeiro arranhão. Pelo contrário, seu sou esclarecido e chego a compreender o egoísmo, reconhecerei que a individualidade é uma ilusão metafísica e que todos nós estamos interligados. Não posso ter inveja de você pelo carro, do mesmo modo como não posso ter inveja de mim pelo meu café da manhã de hoje. De maneira semelhante, não posso ter um carro sem arranhão agora sem ter um carro arranhado mais tarde; por isso, como posso gostar de um, mas não do outro? Existem duas grandes formas de budismo: Theravada e Mahayana. O budismo Theravada, que alguns afirmam representar sua formulação filosófica mais antiga, enfatiza a ausência de um eu individual. Típicas são *As Perguntas do rei Milinda*, um extenso diálogo entre o monge Nagasena e um monarca filosoficamente perspicaz. O monge argumenta que "Nagasena" é apenas um nome, usado por convenção, pelo fato de ser conveniente e não por se referir a alguma entidade independente distinta. Quando o rei Milinda desafia Nagasena a explicar como isso é possível, Nagasena responde com a famosa "alegoria da carruagem". Assim como podemos falar de "uma carruagem", embora não haja nada que possamos identificar que *é* a carruagem (ela não é suas rodas, seu eixo, seu jugo etc.), assim podemos também falar de "Nagasena", embora não haja nada que possamos mencionar que *é* ele (ele não é sua carne, seu sangue, seus pensamentos, seus desejos etc.)[iv].

A versão do budismo Mahayana que se tornou popular na China não nega a afirmação de Nagasena, mas põe mais ênfase na interdependência das coisas, como ilustra a metáfora da "Rede de Indra". Supostamente, o deus indiano Senhor

Indra tinha uma rede com uma joia em cada interseção de dois fios. As joias eram tão brilhantes que em cada joia se podia ver refletidas todas as outras joias da rede. Agora, imaginemos que cada joia é um "darma" – uma configuração momentaneamente existente de matéria ou de estado mental – e imaginemos que cada fio é uma conexão causal entre dois darmas. Cada darma existe apenas como parte de uma rede causal maior. Minha atual sensação de fome é causada pela hipoglicemia do meu sangue; e essa mesma fome provoca um desejo de comer, que faz com que meus membros se movam em direção à geladeira. Em última análise, cada darma está conectado com cada outro darma, embora as conexões sejam em alguns casos muito indiretas. Isto pode parecer fantasioso, mas tentemos simplesmente reconstruir alguns dos fios causais responsáveis pelo fato de um homem de origem polonesa ou holandesa, empregado por uma faculdade fundada cento e cinquenta anos atrás por um cervejeiro de Nova York, estar bebendo café colhido na Colômbia e escrevendo sobre filósofos que viveram há dois mil anos e do outro lado do mundo. Não pode ser muito mais difícil esboçar a corrente causal que liga o pé esquerdo de você às últimas palavras de um desconhecido pastor árabe do ano 1000 d.C. Assim, exatamente como cada joia da Rede de Indra reflete todas as outras joias, também minha xícara de café e o pé esquerdo de você estão intrinsecamente interconectados entre si e com todas as outras coisas.

III – Dos Sui aos Ming

A dinastia Sui (581-618 d.C.) reunificou a China pela primeira vez em séculos e seu primeiro imperador e primeira imperatriz foram decididos apoiadores do budismo. Embora de curta duração, os Sui lançaram os fundamentos para um longo período de relativa paz e prosperidade sob a dinastia Tang. O patrocínio oficial do budismo alcançou talvez seu ponto culminante sob a imperatriz Tang Wu Zetian, que chamou ao palácio o monge budista Fazang para instruí-la. Fazang foi o maior expoente do budismo Huayan, cujo lema é "um é tudo; tudo é um". Fazang explicou a metáfora da Rede de Indra à imperatriz numa conversa que se tornou o influente "Ensaio sobre o Leão de Ouro".

Também o budismo Chan (mais conhecido no Ocidente por seu nome japonês: "zen") se desenvolveu durante os Tang. Como o Huayan, o Chan acentua a interconexão das coisas, mas é talvez mais característico por sua ênfase em técnicas que ajudam as pessoas a alcançar a intuição mística que é a iluminação. Entre estas técnicas está o *zazen* (meditação sentada), os *koans* (enigmas aparentemente absurdos como "Qual o som de uma só mão batendo palmas?", destinados a causar um curto-circuito no pensamento racional e provocar um choque que leva a pessoa à iluminação) e atividades práticas executadas com foco altruísta, que vão desde cozinhar e lavar a louça até a caligrafia, o arranjo de flores e a arte de manejar o arco[2].

Embora o Huayan, o Chan e outras formas de budismo tenham uma metafísica fascinante e teorias do cultivo ético, todos eles insistem que todas as coisas são secundárias em relação à conquista da iluminação e da concomitante transformação ética. Reconhecendo que não existe distinção fundamental entre ela e os outros, a pessoa iluminada terá compaixão universal pelo sofrimento de todas as pessoas. Além disso, já que não existe nenhum eu, seria errado para mim estar particularmente apegado ao *meu* pai ou à *minha* esposa.

A compaixão universal budista lembra o cuidado imparcial defendido pelos moístas. No entanto, os budistas levaram-no mais longe, argumentando que os apegos familiares, românticos e sexuais são quase intrinsecamente formas de desejo egoísta. Por conseguinte, os monges e monjas budistas (na maioria das culturas) deixam para trás suas famílias e mantêm o celibato, raspando a cabeça e vestindo túnicas para mostrar sua separação da sociedade habitual.

O budismo foi introduzido no Japão em 538 (*via* Coreia) e, durante as dinastias Sui e Tang, China e Japão trocaram muitas missões diplomáticas. O Japão adotou os caracteres chineses (que os japoneses chamaram de "kanji") como seu principal sistema de escrita; e o governo, a arte, a literatura e a religião do Japão foram profundamente influenciados por precedentes chineses. No entanto, o Japão nunca foi uma cultura que simplesmente imita. Particularmente durante o Período Heian (794-1185 d.C.) o Japão acrescentou seu próprio estilo característico aos elementos culturais importados da China. Por exemplo, *Genji monogatari* (*O romance de Genji*) foi escrito pela senhora Murasaki Shibiku nessa época. É uma obra-prima da literatura mundial, notável pelo realismo psicológico de seus personagens e seu refinado apreço da beleza efêmera.

Apenas poucas décadas depois de o monge budista Fazang ter sido festejado pela imperatriz, Han Yu (768-824 d.C.) iniciou o *revival* confuciano conhecido

---

2. Vemos nesta última técnica a clara influência da imagem de Zhuangzi do açougueiro que segue o Caminho na atividade mundana de trinchar um boi (cf. Capítulo 9).

como "neoconfucionismo". Quando o imperador exigiu a veneração nacional de uma relíquia sagrada budista, um osso supostamente do próprio Buda, Han Yu enviou ao imperador "Um memorando sobre o osso do Buda". Nesse ensaio incendiário, Han Yu deu a entender que o imperador pretendia honrar o Buda apenas para satisfazer os caprichos da plebe ignorante. No entanto, insistiu Han Yu, esta política era míope. O budismo, argumentava ele, é uma doutrina bárbara, que não trouxe nenhum benefício para a China e levou muitas pessoas ingênuas a mortificar a própria carne e abandonar seus deveres sociais e familiares para tornar-se monges e monjas. O imperador ficou tão indignado com as sugestões de Han Yu que quis mandar executá-lo, mas os partidários de Han Yu conseguiram que a sentença fosse comutada pelo desterro. Muitos intelectuais foram sensíveis à mensagem de Han Yu de que a China deveria redescobrir o confucionismo e não demorou muito para ele ser chamado de volta do exílio. Além disso, sua sugestão de que Mengzi era o mais autêntico dos seguidores posteriores de Confúcio e seu frequente recurso a dois capítulos do *Livro dos Ritos* (o *Grande aprendizado* e a *Doutrina do meio*) exerceram considerável influência.

Mas Han Yu não foi um pensador profundo e o neoconfucionismo só chegou à maturidade filosófica durante a dinastia Song (960-1279). Os confucianos Song imaginavam estar simplesmente explicando o mesmo Caminho dos sábios antigos; mas, como qualquer outro, eles interpretavam os textos que liam usando os conceitos que tinham à disposição. Em particular, seus dois conceitos metafísicos principais – *qi* 氣 e *li* 理 – significavam para eles algo muito diferente do que haviam significado para Confúcio, Mengzi e Xunzi.

No Período dos Estados Combatentes, o *qi* era entendido como apenas uma entidade entre outras no mundo: um fluido que flui através do corpo humano e seu ambiente e é responsável (entre outras coisas) pelos estados emocionais humanos. Como explicou A.C. Graham, o *qi* "é semelhante a palavras de outras culturas como o grego *pneuma* 'vento, ar, respiração'. É o fluido energético que vitaliza o corpo, como a respiração em particular, e que circula fora de nós como o ar"[v]. Estes sentidos são sugeridos pelas expressões "nuvens e *qi*" e "sangue e *qi*". No entanto, no início da dinastia Han, os filósofos chineses começaram a pensar o *qi* como a "matéria" subjacente da qual todas as outras coisas se condensam, analogamente à maneira como a água se condensa como orvalho ou se cristaliza em gelo. Benjamin Schwartz observou que, quando usado neste último sentido, não devemos imaginar o *qi* como semelhante "à matéria em termos redutíveis às propriedades físicas mínimas, como as que podem ser atribuídas à água e ao ar, ou às propriedades de 'massa' e 'movimento' que encontramos na física moderna". Se o *qi* se assemelha a algo no pensamento ocidental, ele é "o ilimitado" postulado pelo filósofo pré-socrático Anaximandro: uma "realidade abrangente indescritível, da qual 'emergem' todas as coisas limitadas"[vi]. A noção de que tudo se condensa a partir deste *qi* originalmente amorfo tornou-se uma das ideias centrais do neoconfucionismo.

Li referia-se originalmente a qualquer padrão que distingue uma coisa de outra. Por exemplo, no *Mengzi*, *li* descreve os "padrões harmoniosos" com os quais começa e termina uma execução orquestral (5B1), a "ordem" que é agradável à mente de alguém (6A7), e se a fala de alguém é ou não "articulada" (7B19). De maneira semelhante, o açougueiro de Zhuangzi se refere ao "padrão celestial" dos ossos, músculos e juntas que ele segue ao trinchar o boi; e Xunzi descreve como os sábios inventam o ritual e os padrões de retidão de acordo com os "padrões" do mundo. Nenhum destes usos implica quaisquer compromissos metafísicos minuciosos. No entanto, os budistas Huayan e Chan adotaram este mesmo termo para referir-se à rede cósmica de inter-relações, simbolizada na Rede de Indra[3]. Após centenas de anos em que o budismo foi o método dominante de pensamento, era quase inevitável que os confucianos da dinastia Song vissem um "Padrão" cósmico como elemento central de qualquer metafísica plausível.

Os neoconfucianos adotaram o termo "Padrão" para referir-se à estrutura do universo, plenamente presente em tudo o que existe, desde um grão de poeira, passando por um gato, até chegar ao Tirano Jie e ao próprio Confúcio. Este Padrão é simultaneamente descritivo e prescritivo. Por causa do Padrão, *acontece* que todos sentirão sobressalto e compaixão à vista de uma criança prestes a cair num poço. No entanto, o Padrão dita também que nós *devemos* estender esta compaixão a todos. Embora o Padrão seja o mesmo em tudo, as entidades são convertidas em tipos e indivíduos separados por terem porções distintas de *qi*. Assim, as rochas diferem das plantas porque o *qi* das primeiras é mais turvo do que o *qi* claro das últimas, resultando numa manifestação mais plena do Padrão (como se mostra na maior sensibilidade das plantas ao seu ambiente). Além disso, eu sou diferente

---

3. Daqui em diante escreveremos "Padrão" com maiúscula, para refletir a nova compreensão. Encontraremos o mesmo termo traduzido como "Princípio" em algumas traduções.

de Confúcio não só porque seu *qi* ocupa um tempo e um lugar diferentes do meu, mas também (e o que é mais importante) porque seu *qi* claro manifesta o Padrão plenamente, enquanto o meu *qi* turvo não o faz. Esta visão é moderadamente monista no sentido de que o Padrão compartilhado faz com que todas as coisas sejam parte de um todo potencialmente harmonioso. No entanto, já que as porções de *qi* diferem (espacialmente, temporalmente e qualitativamente), existem realmente indivíduos diferentes, como *este* filho que deve piedade filial a *seu* pai e *esta* mãe que ama *seus* filhos mais do que os filhos de sua vizinha. Isto impede a posição neoconfuciana de resvalar completamente para a posição budista e justifica o cuidado diferenciado que ocupa um lugar tão central no confucionismo.

Contudo, a posição neoconfuciana trai frequentemente suas raízes budistas. O termo "egoísmo" (*si* 私) é raro nos textos antigos (e de modo mais geral significa "privado" enquanto oposto a "público") e "iluminação" (*wu* 悟) nunca é encontrado nos clássicos confucianos, mas as duas palavras desempenham papéis centrais no neoconfucionismo. O termo "Padrão" ocorre precisamente zero vezes nos *Analectos* de Confúcio, mas os comentários neoconfucianos aos *Analectos* invocam este conceito repetidamente. Poderíamos assim dizer que o neoconfucionismo é um confucionismo visto através de lentes budistas.

O mais influente dos filósofos neoconfucianos foi Zhu Xi (1130-1200 d.C.). Zhu Xi estava preocupado que as pessoas estivessem estudando da maneira errada e por um motivo errado. Estavam lendo muitas coisas, mas de maneira superficial, porque fazer assim era bom o suficiente para impressionar os outros e obter cargos governamentais que dessem prestígio, poder e riqueza. Zhu Xi queria que as pessoas lessem menos, mas com mais atenção e com maior profundidade de compreensão, de modo que sua leitura pudesse transformá-las eticamente. A fim de alcançar esta meta, Zhu Xi efetuou uma revolução na educação chinesa, deslocando o foco dos *Cinco Clássicos* para os *Quatro Livros*: os *Analectos*, o *Mengzi*, a *Doutrina do meio* e o *Grande aprendizado*. Os *Quatro Livros* eram melhores para os alunos focalizarem a atenção, argumentava Zhu Xi, porque expressavam a essência do confucionismo de maneira mais concisa e direta do que os *Cinco Clássicos*. Além disso, Zhu Xi escreveu comentários breves, claros e elegantes para ajudar os alunos a apreciar estes textos. Os *Quatro Livros*, acompanhados dos comentários de Zhu Xi, tornaram-se a base dos exames para o funcionalismo público chinês em 1313, garantindo que gerações de estudantes decorassem literalmente os textos-com-os-comentários.

A influência de Zhu Xi e de outros neoconfucianos não se limitou à China. O neoconfucionismo afetou profundamente a educação, a filosofia e a cultura na Coreia durante sua dinastia Joseon (1392-1897 d.C.) e no Japão durante o xogunato Tokugawa (1603-1868 d.C.).

Ainda hoje, muitos estudiosos (tanto na Ásia Oriental como no Ocidente) aceitam sem questionar as interpretações dos clássicos feitas por Zhu Xi. Por exemplo, vemos muitas vezes atribuída a Mengzi a afirmação de que "a natureza humana é originalmente boa". No entanto, Mengzi não diz que a natureza humana é *originalmente* boa; ele diz que ela é *boa*, sem qualificação. Donde se insinuou este "originalmente"? A fonte é o comentário de Zhu Xi. Zhu Xi estava comprometido com o princípio de que os *Quatro Livros* expressam diferentes aspectos de uma única visão filosófica coerente. A afirmação de Mengzi de que a natureza humana é a mesma em todos (*Mengzi* 6A6) parece estar em tensão com a afirmação de Confúcio de que as naturezas humanas são apenas "semelhantes" umas às outras (*Analectos* 17.2). Por conseguinte, Zhu Xi explica que Mengzi está falando sobre como a natureza é original ou fundamentalmente (o Padrão em si), enquanto Confúcio está falando sobre a natureza humana enquanto manifestada (o Padrão enquanto expresso através de determinadas dotações de *qi*). Embora muitas vezes eu discorde de Zhu Xi, tenho uma admiração ilimitada por seu gênio. Suas interpretações são brilhantes e podemos tecer-lhe o maior elogio que um estudioso pode receber: mesmo quando está errado, ele tem uma boa razão para sua opinião.

IV - Dos Qing a Mao Zedong

Depois da dinastia Song vieram as dinastias Yuan e Ming, cujas proezas devemos passar em silêncio. Mas a dinastia Qing (1644-1911 d.C.) pede nossa atenção. Última dinastia imperial, a dinastia Qing foi fundada por um grupo étnico não chinês, os manchus, que invadiram a China a partir de uma região a nordeste do Vale do Rio Amarelo (o centro da civilização chinesa clássica). Os manchus tinham seu próprio estilo de vida, mas se achinesaram durante seu longo reinado, adotando a língua e a cultura chinesas. Isto chegou a tal extremo que hoje a língua manchu está quase extinta, embora milhões de chineses tenham alguma ascendência manchu.

Na dinastia Qing ocorreu o que é reconhecido como um dos pontos altos da civilização chinesa, o reinado do imperador Kang Xi (1661-1722), um grande estadista, líder militar e patrocinador da cultura e do saber. Foi sob seu governo que o Tibete caiu pela primeira vez sob o controle chinês e que Taiwan, uma ilha importante para a história posterior da China, foi incorporada à China. No entanto, dentro de um século após o governo de Kang Xi, a dinastia Qing estava em grave declínio; e, menos de um século depois, a dinastia Qing e o sistema imperial de governo haviam desaparecido para sempre.

Um dos momentos críticos para a dinastia Qing foi a primeira Guerra do Ópio de 1839-1842. O Ocidente estivera importando produtos da China durante anos, particularmente chá, seda e porcelana. No entanto, os chineses faziam pouco uso de produtos ocidentais, o que provocou um grave desequilíbrio comercial, no qual a prata estava sendo drenada do Ocidente para pagar as mercadorias chinesas. Comerciantes britânicos inventivos desenvolveram uma solução para o problema exportando ópio da Índia para a China. Embora a importação deste narcótico altamente viciante tenha sido rapidamente banida na China, a Companhia Britânica das Índias Orientais desenvolveu esquemas apurados de manter o fluxo da droga. Finalmente, em 1839, o oficial confuciano Lin Zexu recebeu aprovação imperial para usar os militares a fim de apreender e destruir os carregamentos britânicos de ópio. Lin escreveu também uma inflamada carta à Rainha Vitória, apelando para sua consciência e pedindo-lhe para sustar o comércio de ópio. Os britânicos mostraram-se moralmente superiores enviando navios e tropas para forçar a China a permitir a importação de ópio. A força britânica era tecnologicamente muito mais avançada do que as forças armadas Qing e incluía o *Nemesis* – o primeiro navio encouraçado do mundo, movido a vapor e capaz de cruzar o oceano – que se livrou rapidamente dos juncos de guerra chineses. O governo Qing sofreu uma derrota decisiva e a China foi forçada a aceitar condições humilhantes no Tratado de Nanjing, entre as quais estavam: pagar uma indenização e ceder o controle de Hong Kong à Grã-Bretanha. Tratados ulteriores deram aos cidadãos britânicos direitos extraterritoriais a bordo dos navios, o que significava que eles não podiam ser acusados de crimes pelos tribunais chineses, e especificaram que Hong Kong pertenceria à Grã-Bretanha até 1997[4].

O seguinte grande desastre para a China foi a Revolta dos Taiping de 1850 a 1864. Os Taiping eram cristãos chineses heterodoxos militantes, liderados por

4. Aquele que é hoje o maior banco do mundo, o Hongkong and Shanghai Banking Corporation – mais conhecido como HSBC – foi fundado para satisfazer as necessidades dos comerciantes britânicos que trabalhavam em Hong Kong negociando ópio e outras mercadorias.

um homem que afirmava ser um irmão mais moço de Jesus. Atraíram milhões de adeptos fanáticos e se revoltaram contra o governo, procurando estabelecer uma nova dinastia. O governo acabou vencendo; mas, durante este conflito de quatorze anos, morreram aproximadamente vinte milhões de pessoas. (Para se ter uma ideia, convém saber que vinte milhões de pessoas é a população aproximada atual do Estado de Nova York.)

Como se as coisas não pudessem piorar, durante a Revolta dos Taiping estourou a Segunda Guerra do Ópio (1856-1860). Esta guerra foi tão ruim para a China como a Primeira Guerra do Ópio e levou a mais indenizações e mais concessões por parte do governo Qing. A dificuldade que os Qing tiveram em reprimir os Taiping e seu fracasso em defender-se das potências ocidentais mostrou a fraqueza do governo e diminuiu o apoio a ele entre os intelectuais e também entre os cidadãos comuns.

Pelo final do século XIX, as potências estrangeiras haviam começado a falar abertamente em "cortar o melão chinês", ou seja, dividir a China em esferas de influência que cada Estado poderia explorar economicamente. Por causa destas experiências, a China continua, ainda hoje, muito sensível a qualquer coisa que ela percebe como interferência estrangeira nos assuntos chineses ou tentativas de separar qualquer coisa que ela considera parte da China. Isso é verdade, quer falemos do Tibete, de Taiwan ou das Ilhas Spratly.

Durante esta época, o Japão estava no xogunato Tokugawa (1603-1868), no qual o xogum (um ditador militar hereditário) governava em nome do imperador decorativo. Durante este longo período de paz, prosperidade e estabilidade, floresceu a alta cultura, inclusive a forma poética tipicamente japonesa do haiku. A classe social mais alta era a dos samurais. O samurai ideal era um erudito-guerreiro, impregnado de cultura tradicional, mas também perito no *kenjutsu*, a arte da luta com a espada. No entanto, durante este período de paz sob os Tokugawa, o samurai fazia pouco uso das suas habilidades marciais. Além disso, a classe dos comerciantes tornou-se cada vez mais rica e influente.

A fim de manter o *status quo*, o xogunato fechou o Japão quase totalmente às influências estrangeiras. O cristianismo foi banido sob pena de tortura ou morte, embora um punhado de cristãos japoneses tenha mantido sua fé secretamente por séculos. Também o comércio estrangeiro foi banido, com exceção de visitas ocasionais de navios holandeses que tinham permissão de comerciar em Nagasaki.

No entanto, em 1853, os "Navios Negros" do comodoro norte-americano Matthew Perry chegaram à Baía de Tóquio com a exigência de que o governo japonês assinasse um tratado de comércio. Quando os oficiais japoneses se opuseram, Perry os "persuadiu" abrindo fogo contra prédios na baía até lhe permitirem desembarcar e apresentar uma carta do presidente Millard Fillmore. Perry disse que retornaria no prazo de um ano para saber a resposta. Como aconteceu no caso da China, o governo japonês reconheceu que "a resistência é inútil" diante de uma potência tecnologicamente superior e concordou com todas as exigências dos Estados Unidos quando Perry retornou. Perry foi acolhido como herói ao voltar aos Estados Unidos, onde se aposentou, escreveu suas memórias e passou a beber em excesso até morrer (de cirrose hepática) apenas quatro anos após deixar a Baía de Tóquio pela última vez.

Tendo-se mostrado fraco diante da potência ocidental, o xogunato foi derrubado na Restauração Meiji de 1868 e a era dos samurais chegou abruptamente ao fim. Houve algumas batalhas para aniquilar os últimos resistentes que se recusavam a abandonar o antigo estilo de vida, mas em poucas décadas os japoneses da classe alta haviam trocado as espadas por pastas de documentos. Durante este Período Meiji (1868-1912) o Japão enviou estudantes ao Ocidente para aprender tudo quanto pudessem sobre a ciência e a tecnologia ocidentais, inclusive sobre ferrovias, telégrafos, jornais, rifles, canhões, navios de guerra e medicina. O processo foi tão eficaz que em pouco tempo o Japão conseguiu impor sua vontade a seus vizinhos com a mesma rapidez como o haviam conseguido as potências ocidentais, como fica evidente a partir dos seguintes acontecimentos:

- 1875, Incidente da Ilha de Ganghwa: Um navio de guerra japonês de estilo ocidental provocou um confronto com as forças coreanas e obteve uma vitória fácil. No resultante Tratado de Ganghwa, a Coreia foi obrigada a conceder direitos extraterritoriais aos japoneses na Coreia, abrir os portos coreanos ao comércio com o Japão e especificar que a Coreia já não era mais um Estado tributário da China. O Japão prosseguiu anexando formalmente a Coreia em 1910.
- 1894-1895, Primeira Guerra Sino-Japonesa: Os japoneses impuseram às forças chinesas uma derrota decisiva numa guerra pelo domínio da Coreia. A derrota da China estilhaçou a visão que ela tinha de si mesma como sendo a força cultural e militar preeminente na Ásia Oriental. Como consequência da

guerra, Taiwan foi cedida ao Japão e permaneceu sob controle japonês até o fim da Segunda Guerra Mundial.

- 1904-1905, Guerra Russo-Japonesa: Lutando pelo controle da Manchúria e da Coreia, o Japão obteve uma nítida vitória, mostrando com isso que estava militarmente no mesmo nível das potências europeias.

O sucesso do Japão em modernizar-se durante o Período Meiji provoca uma pergunta. Por que a China não se ocidentalizou da mesma maneira após as dolorosas lições das Guerras do Ópio? A situação da China era diferente da do Japão em pelo menos dois aspectos importantes. Em primeiro lugar, o xogunato Tokugawa legou ao Período Meiji uma sociedade estável com séculos de governo centralizado bem-sucedido. Como mostrou a Revolta dos Taiping, a sociedade chinesa não era estável e o governo Qing não conseguia exercer um controle efetivo sobre o país.

Um segundo fator que impedia a modernização da China foi o fato de os Qing serem uma dinastia manchu, não uma dinastia chinesa nativa. Embora os manchus tivessem inicialmente conquistado a China pela força militar bruta, parte da ideologia que os mantinha no poder consistia na sua afirmação de serem adeptos fiéis do Caminho confuciano. Por isso, qualquer mudança fundamental na cultura chinesa iria solapar a legitimidade da própria dinastia Qing. Os reformadores Meiji, pelo contrário, se apresentavam como restauradores do lugar legítimo do imperador como líder do Japão. Evidentemente, o imperador foi durante o Período Meij uma figura tão decorativa como o fora sob o xogunato. O que é crucial, no entanto, é que a ideologia Meiji possibilitou apresentar a mudança e a modernização como leais e patrióticas.

A corte Qing acabou fazendo algumas reformas (como fundar o que se tornaria a Universidade de Pequim em 1898 e eliminar os exames confucianos para o funcionalismo público em 1905). No entanto, foi muito pouco e muito tarde. O penúltimo imperador chinês morreu em 1908, deixando seu filho pequeno no trono. É duvidoso que o sábio-rei Shun poderia ter salvo os Qing, e menos ainda o Puyi de dois anos de idade. A dinastia Qing gaguejava e caminhava ofegante para seu fim em 1911, quando Sun Yat-sen fundou a República da China[5].

---

5. A República da China é diferente da posterior República Popular da China (analisada mais adiante).

O sofrimento e exploração da China, porém, não acabaram, porque a República da China não tinha o poder de unificar a China como também não o tivera o governo Qing. Rapidamente a China submergiu num período de caos, no qual muitas áreas foram dominadas por comandantes militares locais. A China estava também ainda sujeita ao imperialismo estrangeiro, como o mostram os acontecimentos que levaram ao Movimento Quatro de Maio, que passamos a considerar agora.

Como parte do "cortar o melão chinês", foram concedidos à Alemanha direitos econômicos e legais especiais na Província de Shandong. (A cervejaria que produz a cerveja chinesa popular, Tsingtao, é um aspecto agradável do legado alemão.) Quando estourou a Primeira Guerra Mundial, a China lutou ao lado dos Aliados, em troca da promessa de que Shandong seria devolvida ao seu governo. Infelizmente, um dos muitos aspectos imprudentes e injustos do Tratado de Versailles de 1919 foi o de simplesmente transferir as concessões alemãs em Shandong ao Japão. Isto deu origem a generalizados protestos na China contra o imperialismo e em favor da reforma política e da modernização. Este Movimento Quatro de Maio foi o acontecimento mais visível no mais amplo Movimento da Nova Cultura que tem suas origens nos eruditos da Universidade de Pequim e na fundação da revista pioneira *Nova Juventude* em 1915. O lema do Movimento da Nova Cultura era que a China precisava "demolir a loja de Confúcio", o que significa eliminar o legado do confucionismo e substituí-lo pela liberdade, democracia, ciência, libertação da mulher e tecnologia do Ocidente.

Entre as conquistas duradouras do Movimento da Nova Cultura estava o início da literatura contemporânea. Após milênios de escrita em chinês literário, os autores começaram a escrever em vernáculo[6]. Lu Xun foi talvez o maior destes primeiros escritores vernáculos. Suas obras são notáveis por suas críticas incisivas à cultura e à sociedade chinesas tradicionais. Por exemplo, o personagem principal de seu conto "Kong Yiji" é um erudito alcoólatra pedante do final da dinastia Qing, que frequenta um bar na aldeia de Lu. Vestindo roupas surradas e esfarrapadas, Kong Yiji é ridicularizado abertamente pelos fregueses da classe baixa no bar e ignorado pelos ricos. Kong Yiji (que compartilha o mesmo cognome de Confúcio e cuja cidade natal tem o nome do Estado natal de Confúcio) simboliza

---

6. O chinês vernáculo está relacionado com o chinês literário da mesma forma como o italiano está relacionado com o latim.

o que Lu Xun considera o estado patético do confucionismo em sua época e sua total inutilidade diante dos problemas da China.

Em 1926, a República da China (hoje dominada pelo Partido Nacionalista Chinês) lançou a Expedição Setentrional, uma campanha militar para pôr um fim ao período de comandantes militares e unificar a China. A campanha acabou sendo bem-sucedida, mas durante o conflito estourou a Guerra Civil chinesa entre os nacionalistas e os comunistas chineses[7]. Os nacionalistas assumiram o controle no início e os comunistas foram obrigados a retirar-se na infame Longa Marcha (1934), durante a qual as unidades militares comunistas e líderes políticos marcharam com suas famílias e suprimentos através de algumas das regiões mais difíceis da China. Em pouco mais de um ano, percorreram pelo menos três mil milhas (com algumas estimativas chegando a oito mil milhas). Dentre os que iniciaram a Longa Marcha, 90% morreram ou desistiram no caminho. No final, Mao Zedong (Mao Tse-tung) surgiu como o líder inconteste dos comunistas chineses.

Entretanto, o Japão continuou sua postura agressiva para com a China, invadindo a Manchúria em 1931 e estabelecendo um reino fantoche, tendo o último imperador chinês, Puyi, como seu monarca nominal. A guerra total entre China e Japão irrompeu em 1937[8]. Os nacionalistas e os comunistas concordaram em suspender as hostilidades para combater a invasão japonesa, mas a guerra civil recomeçou logo após a derrota japonesa em 1945. No que se tornaria típico da política externa das superpotências na Guerra Fria, a União Soviética apoiava os comunistas e os Estados Unidos abasteciam os nacionalistas. O fator decisivo na guerra, no entanto, foi que os comunistas tinham o apoio dos camponeses, uma grande parcela da população, aos quais foi prometida uma vida melhor através da reforma agrária. Desta vez foram os nacionalistas que fizeram uma retirada desesperada, para a ilha de Taiwan. No continente, Mao subiu no alto da Porta da Paz Celestial, voltado para a massa de partidários que aplaudiam entusiasmados na Praça da Paz Celestial e anunciou a fundação da República Popular da China em 1949.

O legado de Mao é extremamente controverso, tanto na China quanto fora dela. Por um lado, foi um grande feito unificar finalmente a China continental. O

---

7. O Partido Comunista Chinês foi fundado logo após os protestos de Quatro de Maio e obteve considerável apoio, especialmente nas áreas rurais.

8. O início desta Segunda Guerra Sino-japonesa deu origem efetivamente à Segunda Guerra Mundial, embora Hitler só tenha invadido a Polônia em 1939 e Pearl Harbor só tenha sido bombardeada em 1941.

caos do início do século XX (muito parecido com períodos anteriores de desunião na história chinesa) agora chegara ao fim. Além disso, logo se tornou evidente que a China podia finalmente enfrentar as potências ocidentais. Em 1950, os Estados Unidos (com aprovação da ONU) intervieram na Guerra da Coreia, após a Coreia do Norte invadir de surpresa a Coreia do Sul. Os Estados Unidos conseguiram rechaçar os norte-coreanos quase até a fronteira entre Coreia do Norte e China.

A República Popular da China apoiou a Coreia do Norte por razões ideológicas (era um Estado comunista companheiro) e também militares. Parecia que os Estados Unidos iriam eliminar completamente as tropas norte-coreanas, permitindo que a Coreia do Sul controlasse toda a península coreana. Isto colocaria um aliado dos Estados Unidos diretamente na fronteira da China[9]. Além disso, a República Popular da China tinha consciência de que entre os especialistas da mídia dos Estados Unidos se discutia seriamente se seria uma boa ideia simplesmente prosseguir e invadir a China após liquidar a Coreia do Norte. A República Popular da China resolveu não esperar para descobrir o que os Estados Unidos tinham em mente, de modo que tropas chinesas cruzaram em massa o Rio Yalu e obrigaram as forças das Nações Unidas lideradas pelos Estados Unidos a recuar até o centro da península coreana. Quando as hostilidades abertas terminaram em 1953, a República Popular da China, liderada por Mao, havia mostrado que era capaz de obrigar a maior superpotência do Ocidente a recuar.

Mas Mao foi responsável também por terrível sofrimento entre seu próprio povo. Reprimiu brutalmente todos os que ousavam questioná-lo, inclusive algumas pessoas que haviam trabalhado lealmente com ele desde a Longa Marcha. O medo de dizer a Mao qualquer coisa que ele não quisesse ouvir agravou os problemas causados pelo Grande Salto para Frente de 1958-1961. O Grande Salto para Frente foi um esforço para modernizar rapidamente a agricultura e a indústria da China. No entanto, seus métodos eram irrealistas, como tentar produzir aço em fornos de fundo de quintal. Sob a orientação de Mao, os camponeses recolhiam todo o ferro que encontravam (inclusive instrumentos funcionais), lançavam-no em fornos toscos e produziam nada mais que blocos de ferro-gusa quase inútil[10].

9. Considerações semelhantes levaram a China a enviar suprimentos militares ao Viet Cong durante a Guerra do Vietnam.

10. A produção de aço requer temperaturas extremamente altas e um método de insuflar oxigênio no ferro.

Também as mudanças nas práticas agrícolas durante o Grande Salto para Frente eram impraticáveis. Ao longo dos séculos os camponeses haviam desenvolvido práticas econômicas e tradições sociais que lhes permitiam sair-se bem mesmo durante más colheitas. Coletivizando as propriedades agrícolas e destruindo as práticas anteriores, o Grande Salto para Frente tornou os camponeses especialmente vulneráveis às secas e inundações. O efeito do Grande Salto para Frente foi matar por inanição e doenças pelo menos quatorze milhões de camponeses (e talvez muitos mais, o que nunca saberemos. (Paremos por um instante para deixar penetrar em nós a monstruosidade da morte de quatorze milhões de pessoas.) Apesar destes desastres, os funcionários nas províncias informavam inicialmente a Mao que tudo estava indo até melhor do que o esperado, em vez de arriscar sua vida trazendo más notícias.

Mao e os outros comunistas chineses desdenhavam oficialmente a filosofia chinesa tradicional; no entanto, a situação é complexa. Alguma coisa do pensamento do próprio Mao revela influências tradicionais. Por exemplo, como observamos não Capítulo 8, sua estratégia de guerra de guerrilha pode ter-se inspirado no *Daodejing*. Além disso, pode-se considerar que uma de suas grandes obras filosóficas, o ensaio "Sobre a contradição", reflete a teoria dos opostos complementares, *yin* e *yang*, esboçada no *Livro das Mutações*[11].

Uma influência muito mais explícita da filosofia tradicional pode ser vista no pensamento de Liu Shaoqi. Liu foi inicialmente um colega de confiança de Mao, que sofreu com ele na Longa Marcha e posteriormente chegou a tornar-se o segundo presidente da República Popular da China. Um de seus livros foi traduzido para o inglês com o pitoresco título *How to Be a Good Communist*, mas é muito mais interessante e sofisticado do que isto deixa transparecer. Uma tradução mais acurada do título seria *O cultivo dos membros do Partido Comunista*. A obra de Liu trata de um problema teórico que por muito tempo incomodou os comunistas chineses. De acordo com Marx, as crenças de um indivíduo são determinadas por seu contexto socioeconômico. Já que a maioria dos chineses não nasceu numa sociedade comunista, como podem eles aprender a pensar e agir como comunistas? A engenhosa solução de Liu foi desenvolver uma teoria comunista do autocultivo

---

11. No entanto, Mao sugere que está seguindo o materialismo dialético de Lenin e este era certamente uma importante fonte de suas ideias.

ético. Esta teoria não só se inspirou nos relatos tradicionais do autocultivo, mas até cita clássicos confucianos para demonstrar seus pontos de vista! Liu sintetizou brilhantemente o comunismo chinês e o confucionismo.

No entanto, quando foi presidente, Liu inverteu as políticas de Mao praticadas desde o Grande Salto para Frente e por isso Mao voltou-se contra ele durante a Grande Revolução Cultural Proletária (1966-1976). Esse movimento foi instigado por Mao, supostamente para eliminar os elementos burgueses, os seguidores do caminho capitalista e os últimos vestígios de feudalismo no Partido e na sociedade em geral. A filosofia chinesa tradicional fazia parte do passado feudal que este movimento visava aniquilar. Os jovens eram solicitados a deixar a escola, juntar-se ao movimento civil de massa conhecido como Guarda Vermelha e seguir as diretrizes de Mao:

> Concentrar todas as forças para golpear o punhado de Direitistas burgueses ultrarreacionários e revisionistas contrarrevolucionários e expor inteiramente e criticar seus crimes contra o Partido, contra o socialismo e contra o pensamento de Mao Tse-tung, a fim de isolá-los ao máximo[vii].

Abastecidos com esta retórica extremista e operando em grande parte fora da lei e do controle externo, os membros da milícia da Guarda Vermelha investiam furiosamente. Com toda a afabilidade da Inquisição e a objetividade da caça às bruxas de Salém, a Guarda Vermelha perseguia suspeitos de serem contrarrevolucionários, humilhando-os publicamente, espancando-os e, em alguns casos, simplesmente assassinando-os. Tesouros culturais foram também destruídos ou vandalizados[12].

Liu Shaoqi foi uma das vítimas da Revolução Cultural. Ele foi destituído do cargo de presidente e forçado a emitir uma série de "autocríticas", nas quais confessava publicamente seus "erros", que pareciam consistir quase totalmente em ter ousado discordar de Mao:

> Extremamente importante foi não fiz um bom estudo do pensamento de Mao Tse-tung e não o compreendi [e fui] incapaz de aplicar corretamente o pensamento de Mao Tse-tung no trabalho e na luta. Não aprendi das massas na prática, nem busquei instruções suficientes do Presidente Mao e não lhe apresentei relatórios suficientes. Às vezes agi contra o pensamento de Mao Tse-tung[viii].

---

12. Por exemplo, eu vi as ruínas de um monumento multissecular que ainda traz o grafite "Não existem crimes numa revolução!", rabiscado pela Guarda Vermelha depois de derrubá-lo.

Liu foi preso e desapareceu da visibilidade pública, morrendo alguns anos mais tarde na prisão.

Durante este período, o interesse pelo pensamento tradicional chinês e o estudo do mesmo continuaram fora da China continental (particularmente em Hong Kong e em Taiwan). Um dos mais significativos eventos intelectuais foi o desenvolvimento do "Novo Confucionismo". O novo confucionismo não deve ser confundido com o neoconfucionismo; no entanto os dois movimentos estão estreitamente inter-relacionados. Isto é ilustrado pelo "Manifesto sobre a reavaliação da cultura chinesa", um ensaio original publicado em 1958 por cinco importantes estudiosos pertencentes ao novo confucionismo. O Manifesto afirma que "a cultura chinesa desfrutou desde sua origem uma ortodoxia unitária", contrariamente à cultura do Ocidente, que é mais fragmentária, devido às suas múltiplas fontes culturais, entre as quais a grega, a hebraica, a romana e outras[ix]. Esta ortodoxia unitária consiste "nas doutrinas chinesas de Xin-Xing [coração e natureza] transmitidas desde Confúcio e Mengzi até os sábios Song-Ming"[x]. Os novos confucianos seguem a compreensão neoconfuciana da história intelectual chinesa: existe de fato um único Caminho chinês; ele foi preservado ao longo da história chinesa; Confúcio passou-o a Mengzi; e foi recuperado e explicado pelos neoconfucianos das dinastias Song e Ming, como Zhu Xi. Os novos confucianos também usam a linguagem neoconfuciana ao descrever o conteúdo deste Caminho:

> Todas as virtudes chinesas, na concepção confuciana, têm suas raízes na natureza humana ou na mente em seu sentido transcendental. Esta natureza é idêntica à razão universal suprema, o princípio [Padrão] estabelecido pelo Céu, e esta mente está também conectada com a mente do Céu, a mente cósmica[xi].

O Manifesto é crítico tanto em relação ao Movimento Quatro de Maio quanto aos comunistas chineses por desdenharem o valor da "ortodoxia unitária" da China. No entanto, reconhece que "a cultura histórica chinesa não tinha o sistema democrático ocidental moderno, o estudo científico ocidental e as atuais habilidades práticas na tecnologia. Como consequência, a China tem sido incapaz de atingir a verdadeira modernização e industrialização"[xii]. Mesmo assim, o Manifesto sugere que a democracia, a ciência e a tecnologia não só são compatíveis com o confucionismo, mas também permitirão uma expressão mais completa de suas doutrinas.

Um dos temas deste livro foi a diversidade da filosofia chinesa nos tempos clássicos e no presente capítulo vimos as muitas maneiras como o confucionismo foi entendido em diferentes períodos da história chinesa. Por conseguinte, o quadro monolítico e a-histórico da cultura chinesa que os neoconfucianos apresentam parece implausível. No entanto, embora seja às vezes história de má qualidade, o novo confucionismo é muitas vezes uma filosofia muito interessante em si. Em particular, é muito lamentável que a maioria das obras de T'ang Chun-i e Mou Tsung-san, talvez os dois maiores filósofos do novo confucionismo, nunca tenha sido traduzida para o inglês.

V – A China hoje e amanhã

Em Taiwan, a República da China ainda existe. Os nacionalistas, que outrora tinham uma compreensão autoritária do poder, são agora apenas um partido num governo democrático próspero e multipartidário. Tanto a República da China em Taiwan quanto a República Popular da China na China continental afirmam oficialmente que são o único governo legítimo da China. No entanto, há um crescente movimento em Taiwan para declarar a independência como um país separado. A República Popular da China considera Taiwan uma de suas últimas fatias do "melão chinês" e por isso não tem nenhuma intenção de permitir que se separe permanentemente do resto da China. Por isso, a República Popular da China deixou bem claro que invadirá Taiwan se esta declarar a independência. Os Estados Unidos reconhecem a República Popular da China como governo legítimo da China; no entanto fizeram com Taiwan um pacto que os compromete a defender Taiwan no caso de ser atacada. Por conseguinte, se Taiwan algum dia declarar a independência, desencadeará um movimento de dominós que levará a uma guerra entre Estados Unidos e República Popular da China. Visto que a República Popular da China possui uma das forças armadas maiores e mais bem-equipadas do mundo, dotadas de mísseis balísticos intercontinentais (ICBMs) com ogivas nucleares, isso seria uma eventualidade muito desagradável.

No continente, a Revolução Cultural terminou e as políticas de Mao foram, em sua maioria, revogadas após sua morte em 1976. Rapidamente a China se abriu novamente ao comércio exterior (desta vez nos seus próprios termos) e a economia deu um salto à frente depois de removidas as algemas comunistas. O Pensamento Marxismo-Leninismo-Maozedong é ainda a ideologia nominal da República Popular da China, mas na realidade a China continental é um Estado capitalista próspero, embora não democrático. Embora não haja plena liberdade de expressão, as pessoas têm em geral muito mais liberdade do que tinham sob Mao. Durante minhas viagens à China, percebi que todos, desde taxistas até professores universitários, sentem satisfação em falar abertamente sobre qualquer assunto (contanto que suas palavras não apareçam na imprensa nem sejam transmitidas pelas ondas de rádio). Em particular, o confucionismo, o daoismo e o budismo são amplamente debatidos e promovidos. O novo confucionismo (que teria sido um anátema para Mao) é apenas uma maneira de pensar e agir que hoje se tornou popular.

A permanente relevância da história chinesa para o presente é evidente na controvérsia sobre o filme *Herói*, de Zhang Yimou. Inicialmente Zhang conquistou aplausos internacionais por *Tempo de viver*, uma história profundamente comovente de uma família, desde os últimos anos da dinastia Qing até o fim da Revolução Cultural. O sofrimento pelo qual a família passa, particularmente durante o Grande Salto para Frente e a Revolução Cultural, foi entendido como uma acusação aos comunistas chineses. O filme mais recente *Herói*, de Zhang, pelo contrário, é um drama histórico sobre uma tentativa de assassinato do Primeiro Imperador da dinastia Qin. Nos Estados Unidos, *Herói* foi apreciado por sua ação, sua trama semelhante a *Rashomon*, sua belíssima cinematografia e as comoventes relações entre os personagens. No entanto, o público chinês tinha também consciência de que Mao Zedong se comparou explicitamente ao Primeiro Imperador. Neste filme, o Primeiro Imperador é retratado como cruel, mas alguém de quem a China precisa para trazer-lhe ordem e unidade. Por isso, *Herói* parece conter uma forte mensagem política a respeito da história mais recente da China: Mao fez muito mal, mas a China precisava dele; e sua visão de unificar *toda* a China deveria servir de inspiração.

Minha impressão é que a grande maioria do povo chinês tem muito orgulho de suas tradições filosóficas e literárias e tem fome de uma compreensão mais profunda. Um indício disto é o fato de que um livro sobre Confúcio foi um surpreendente sucesso de vendas em 2007: *Reflexões sobre os* Analectos *de Confúcio*, de Yu Dan[xiii]. Em minha opinião, o livro de Yu (ainda não disponível em tradução) apresenta os *Analectos* como um simples livro de autoajuda, do tipo que podemos encontrar em qualquer livraria popular, e evita os aspectos provocadores das ideias políticas de Confúcio. No entanto, qualquer coisa que leve as pessoas a ler e discutir os *Analectos* é algo que vale a pena.

As opiniões sobre a filosofia chinesa não são homogêneas hoje (como também não o eram no Período dos Estados Combatentes). Consideremos dois extremos.

Conheço um importante professor chinês que defende (com toda a seriedade) recriar um punhado de comunidades confucianas funcionais segundo o modelo da cultura pré-moderna, incluindo suas maneiras de vestir, seus rituais e a prática de os homens terem concubinas. Outro colega me assegurou que a NBA (Associação Nacional Americana de Basquete) é mais relevante culturalmente para os chineses contemporâneos do que os *Analectos*. A única coisa clara é que o futuro não está claro.

Apêndice A
Hermenêutica, ou como ler um texto

Eis o que é necessário: um golpe com um bastão, uma cicatriz; uma bofetada no rosto, um punhado de sangue. A leitura que você faz daquilo que outras pessoas escrevem deveria ser como isto. Não seja negligente!

Zhu Xi

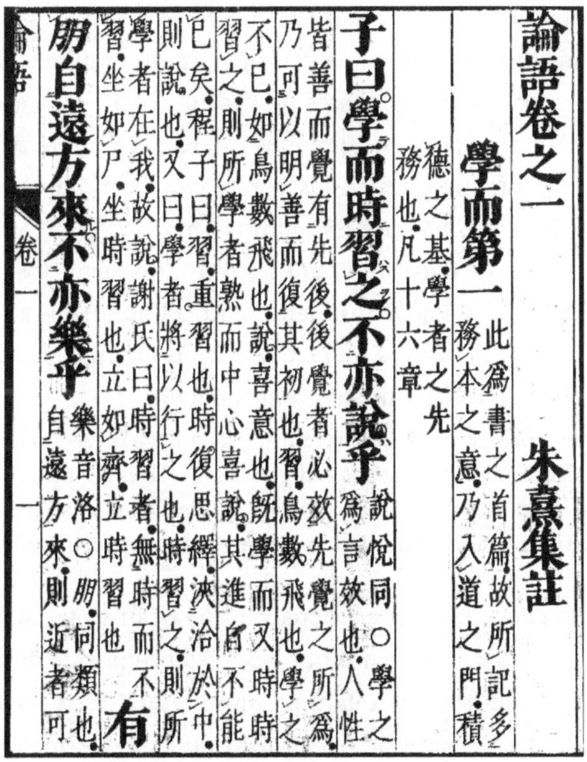
論語卷之一　朱熹集註

學而第一　此爲書之首篇故所記多務本之意乃入道之門積德之基學者之先務也凡十六章

子曰學而時習之不亦說乎　說悅同○學之爲言效也人性皆善而覺有先後後覺者必效先覺之所爲乃可以明善而復其初也習鳥數飛也學之不已如鳥數飛也說喜意也既學而又時時習之則所學者熟而中心喜說其進自不能已矣程子曰習重習也時復思繹浹洽於中則說也又曰學者將以行之也時習之則所學者在我故說謝氏曰時習者無時而不習坐如尸坐時習也立如齊立時習也

有朋自遠方來不亦樂乎　樂音洛○朋同類也自遠方來則近者可

論語　卷一　一

Esta imagem mostra o texto dos *Analectos* de Confúcio (em caracteres grandes, em negrito) com o comentário ortodoxo de Zhu Xi (escrito em duas colunas abaixo de cada seção do clássico original). Comentários textuais como o de Zhu Xi são necessários por causa do "círculo hermenêutico" entre o leitor e o texto.

I – Fé e suspeita

A hermenêutica é a teoria de como entender textos. A hermenêutica é necessária e importante porque a relação entre leitores e textos depende de fatores culturais complexos. Por exemplo, antes da invenção da imprensa de tipos móveis (que aconteceu na China do século XI d.C. e depois na Europa do século XV d.C.), as obras escritas precisavam ser copiadas a mão. Isto exigia mão de obra intensiva e por isso os livros eram raros e caros. No entanto, com a invenção da máquina impressora, os livros podiam ser produzidos em massa e por isso eram mais baratos e mais rapidamente acessíveis. Isto mudou muita coisa na sociedade, inclusive a nossa maneira de ler. Antes da produção em massa, as pessoas liam *intensivamente*: liam poucos livros que lhes interessavam realmente e liam esses livros devagar, atentamente e repetidas vezes. Hoje em dia, se espera que leiamos mais *extensivamente*, mas por isso lemos uma vez só – ou talvez apenas folheamos – uma porção de livros diferentes. Em muitos aspectos, isto é uma coisa boa. A profusão de livros levou a um maior conhecimento e grau de instrução. E, francamente, a maioria dos livros merece apenas uma única leitura, no máximo. Nas palavras do filósofo renascentista Francis Bacon:

> Alguns livros são para serem provados, outros para serem engolidos e uns poucos para serem mastigados e digeridos; ou seja, alguns livros são para serem lidos apenas em partes; outros para serem lidos, mas sem curiosidade; e uns poucos para serem lidos inteiramente e com cuidado e atenção[i].

Existe um lado ruim na leitura extensiva: nós ficamos tão acostumados a ler os livros às pressas e com indiferença que nos esquecemos de desacelerar quando é necessário. Os pensadores que estamos examinando neste livro estão entre os maiores filósofos da história mundial. A profundidade daquilo que eles têm a dizer só pode ser apreciada se os lermos cuidadosamente e repetidamente. Por isso, a primeira lição que a hermenêutica pode nos ensinar é que devemos ler e reler textos clássicos "inteiramente e com cuidado e atenção".

Existem duas grandes abordagens hermenêuticas: uma *hermenêutica da suspeita* e uma *hermenêutica da fé*. A distinção pode ser entendida melhor com um exemplo. Sir Arthur Conan Doyle foi um médico e autor de um dos maiores paradigmas literários da racionalidade, Sherlock Holmes. No entanto, ele foi também um entusiástico defensor do espiritismo. Como deveríamos interpretar a afirmação de Doyle de que podemos comunicar-nos com os mortos através de práticas espíritas como tabuleiros Ouija, sessões espíritas e médiuns?

Doyle ficou amigo do famoso escapologista e mágico americano Harry Houdini. Houdini examinou a evidência apresentada por Doyle para justificar sua crença no espiritismo. Os médiuns haviam relatado a Doyle muitos fatos acerca de seus parentes falecidos. Além disso, objetos haviam levitado durante as sessões espíritas que Doyle havia frequentado. Doyle argumentou que estas coisas seriam impossíveis sem a assistência de espíritos. Houdini respondeu que as pessoas que afirmam comunicar-se com os falecidos poderiam usar uma técnica de ilusionismo chamada "leitura fria", que parece relatar novas informações, quando na verdade é apenas o médium trazendo à tona informações vindas da plateia. De maneira semelhante, o movimento de objetos durante as sessões (nas quais se pede que os participantes se sentem em silêncio, no escuro) é facilmente explicado por fios ou pela ajuda de cúmplices do médium. Doyle nunca se convenceu das explicações de Houdini e morreu como um espírita convicto.

Embora discordasse de Doyle, Houdini estava usando uma hermenêutica da fé ao interpretar as afirmações de Doyle. Numa hermenêutica da fé (também chamada hermenêutica da restauração), o investigador examina a justificação racional para as afirmações de alguém. Que evidência alguém dá para as afirmações? Por que poderíamos pensar que as afirmações são plausíveis? Quais são os argumentos dados em favor das afirmações? Em geral uma hermenêutica da fé pergunta: "Por que poderíamos pensar que aquilo que alguém está afirmando é *verdadeiro*?" Como ilustra o caso de Doyle e Houdini, usar uma hermenêutica da fé *não* exige que concordemos com a pessoa ou com o texto que estamos interpretando – ela não é uma hermenêutica de uma fé *cega*. No entanto, a hermenêutica da fé leva a sério um texto como um candidato à *verdade*.

Existem mais coisas na história do espiritismo de Doyle. Doyle caiu numa grave depressão depois que seu filho, seu irmão, seus dois cunhados e dois de seus sobrinhos foram mortos durante a Primeira Guerra Mundial. Seu interesse pelo espiritismo cresceu depois da guerra. Sua crença de que as sessões espíritas fornecem evidência de uma vida após a morte e permitem aos vivos comunicar-se com os mortos ajudou-o a sair da depressão. Por conseguinte, parece provável que Doyle tinha uma crença tão forte no espiritismo (mesmo diante de forte evidência contra o mesmo) porque o espiritismo lhe fornecia conforto psicológico no tocante à morte dos membros de sua família.

A explicação que acabei de apresentar para a crença de Doyle emprega uma hermenêutica da suspeita. Quando usa uma hermenêutica da suspeita, o investigador busca explicações para saber por que alguém faz certas afirmações que cortam a ligação entre essas afirmações e a verdade. Entre os mais famosos praticantes da hermenêutica da suspeita estão Karl Marx, Friedrich Nietzsche, Sigmund Freud e Michel Foucault. Marx afirmou que (por exemplo) os filósofos argumentam a favor da existência de um direito à propriedade privada não porque é *verdade* que existe tal direito ou porque existe boa *evidência* a favor dele, mas porque a crença nesse direito serve aos interesses econômicos da classe capitalista. Tanto Nietzsche quanto Foucault procuraram explicar as ações individuais, teorias e instituições sociais em termos de expressões do poder humano. Assim filósofos como Platão afirmam estar empenhados numa busca desinteressada da verdade objetiva, mas (sugere Nietzsche) na realidade usam o argumento filosófico como um instrumento para controlar e silenciar os outros. As palavras são as armas que os filósofos usam em vez dos punhos. Se pensarmos como os argumentos são muitas vezes usados em tribunais ou debates políticos hoje, entenderemos o que Nietzsche quer dizer. Em geral, para usar uma hermenêutica da suspeita, perguntemos como o fato de fazer uma afirmação e convencer dela outras pessoas serve aos interesses ulteriores de alguém (como riqueza, poder ou apenas conforto psicológico).

Uma hermenêutica da fé considera se um texto pode ser verdadeiro ou justificado racionalmente, enquanto uma hermenêutica da suspeita examina as motivações ocultas para compor um texto, que não estão conectadas ao fato de ele ser verdadeiro ou justificado. A maioria das pessoas tem preferência por um estilo hermenêutico em vez do outro. Quando o presidente faz um discurso a favor de uma nova lei ou política, em que nós concentramos nossa atenção? Estamos interessados principalmente em verificar se suas propostas são *justificadas*? Examinamos se existe evidência para apoiar o que ele está dizendo? Estamos preocupados com os valores éticos que ele está promovendo e se nós os compartilhamos? Se for assim, nós provavelmente preferimos uma hermenêutica da fé. Ou concentramos nossa atenção nos prováveis *motivos* políticos do discurso do presidente? Está ele fazendo este discurso a fim de consolidar apoio entre os votantes e políticos de seu próprio partido, porque precisará deste apoio para conseguir aprovar sua legislação? Ou está o presidente dirigindo-se aos eleitores indecisos, porque está se apresentando como candidato à reeleição ou deseja ajudar os candidatos de seu partido ao Congresso nas próximas eleições intermédias? Estas são as perguntas que uma hermenêutica da suspeita faz.

Seja qual for a hermenêutica que alguém prefere ou com a qual está acostumado, nós precisamos realmente das duas. É ingênuo negar que muitas vezes as pessoas aprovam leis, escrevem livros e até criam obras de arte movidas por necessidades ocultas de poder, riqueza e conforto psicológico. No entanto, é impossível abster-se de usar uma hermenêutica da fé. Com efeito, toda vez que usamos uma hermenêutica da suspeita, estamos pressupondo uma hermenêutica da fé. Por exemplo, quando Nietzsche diz que o argumento filosófico é realmente motivado pelo desejo de exercer poder sobre os outros, ele quer que nós concordemos que aquilo que ele está dizendo é verdadeiro e quer que levemos a sério a justificação que ele apresenta para a verdade de sua afirmação. Em outras palavras, Nietzsche quer que nós o interpretemos usando uma hermenêutica da fé. Este não é um aspecto acidental da filosofia de Nietzsche. Toda visão filosófica pressupõe a necessidade de uma hermenêutica da fé – mesmo aquelas posturas que são em si mesmas hermenêutica da suspeita.

Na filosofia enquanto disciplina acadêmica, a hermenêutica da fé é comumente mais empregada do que a hermenêutica da suspeita. Em outras disciplinas humanísticas e nas ciências sociais, é mais comum usar a hermenêutica da suspeita ao interpretar os outros. Neste livro eu emprego principalmente uma hermenêutica da fé.

Um dos princípios básicos de uma hermenêutica da fé é o "círculo hermenêutico". Existem na verdade dois tipos de círculo hermenêutico. O primeiro tipo está dentro do texto e o segundo tipo está entre o texto e o leitor. Para compreender o círculo hermenêutico dentro do texto, vejamos um exemplo que envolve a primeira passagem dos *Analectos*, a coleção de ditos atribuídos a Confúcio e seus discípulos. O livro 1, capítulo 1 (ou seja 1.1) começa: "O Mestre disse: 'Aprender e depois ter a ocasião de praticar o que se aprendeu – não é isto gratificante?'" ("O Mestre" refere-se ao próprio Confúcio.) O que esta passagem significa? À primeira vista, a mensagem parece ser a seguinte: aprender é divertido.

Presume-se que Confúcio é um pensador inspirador e importante. Vê-lo dizer algo tão banal como "aprender é divertido" causa provavelmente um pouco de decepção. Mas, se um texto foi considerado uma obra inspiradora e profunda durante séculos, deve haver provavelmente uma boa razão para a atração que ele exerce. Continue lendo e continue fazendo perguntas até você ver o que está em jogo.

A chave para avaliar 1.1 é compreender o que Confúcio entende por "aprender" e "praticar". Consideremos o que ele diz em 1.14*: "O cavalheiro não é motivado por uma barriga cheia ou uma moradia confortável. Ele é simplesmente escrupuloso no comportamento e cuidadoso no falar, aproximando-se dos que possuem o Caminho (da virtude) a fim de ser corrigido por eles. Certamente o que se entende por amar o aprendizado é isto e nada mais". Quando lemos 1.1 no contexto de 1.14*, percebemos que, para Confúcio, o aprendizado não é algo puramente teórico (como a matemática pura), nem algo técnico mas amoral (como a engenharia). Aprender significa aprender a ser uma pessoa melhor[1].

Interpretado no contexto, 1.1 pode parecer um pouco mais interessante. Podemos agora considerar Confúcio mais do que um rato de biblioteca ou um aficionado por trivialidades. Pelo contrário, ele quer ser uma pessoa melhor e deseja estimular outros a fazer o mesmo. Podemos aprender até mais acerca de 1.1 quando o comparamos com 17.2, onde o Mestre diz: "Por natureza as pessoas são semelhantes; elas divergem como resultado da prática". *Analectos* 1.1 nos diz que, para tornar-nos uma pessoa melhor, precisamos primeiro "aprender" e depois "praticar" o que aprendemos, enquanto 17.2 sugere que esta prática altera (ou, pelo menos, suplementa) a natureza humana. O que é a natureza humana? Infelizmente, Confúcio não diz nada de explícito a respeito deste tema fora de 17.2. (Com efeito, um de seus discípulos lamentou que "não conseguimos ouvir o Mestre expondo sobre os temas da natureza humana ou do Caminho do Céu" [5.13].) No entanto, ele diz coisas que parecem implicar uma visão da natureza humana. Por exemplo, Confúcio concorda entusiasticamente quando um discípulo compara o tornar-se uma pessoa melhor ao laborioso processo de cortar e cinzelar o jade bruto para transformá-lo numa bela obra de arte (1.15). Passagens como esta sugerem que Confúcio acredita que a natureza humana é no início claramente resistente à virtude, de modo que é preciso uma longa prática para tornar-se uma pessoa melhor.

Este aprendizado e prática não consistem em memorização maquinal ou obediência cega. Confúcio deixa claro que não está interessado em discípulos que

---

1. Sobre o aprendizado como algo que tem um objetivo ético, cf. também 1.7*, 6.3, 7.3 e 7.17; e 13.4, 13.5 e 15.3.

não estão dispostos a pensar vigorosamente: "Não abrirei a porta para uma mente que ainda não está se esforçando para compreender, nem fornecerei palavras para uma língua que ainda não está lutando para falar" (7.8). Embora este "esforçar-se" e este "lutar" sejam extremamente desafiadores, 1.1 nos lembra que os humanos considerarão este aprendizado e esta prática basicamente "gratificantes".

O que tudo isso tem a ver com a hermenêutica? À primeira vista, 1.1 parecia o tipo de moral bajuladora que vem no fim de um desenho animado educativo para crianças. Mas, uma vez que chegamos a compreender qual o papel que esta frase desempenha no pensamento de Confúcio como um todo, vemos que é realmente uma afirmação complexa e desafiadora, que envolve ética, natureza humana e psicologia educacional. Podemos discordar dela, mas não podemos descartá-la como trivial.

Este processo, pelo qual chegamos a compreender melhor *Analectos* 1.1 lendo-o à luz de outras passagens do texto, ilustra o tipo de círculo hermenêutico que opera no texto. A fim de compreender qualquer sentença num texto, precisamos compreender como ela se relaciona com outras sentenças no mesmo texto. Isto vale tanto para cada uma dessas outras sentenças quanto para a sentença com a qual começamos. Em outras palavras, eu começo com uma sentença S_1 que quero compreender. Eu só posso consegui-lo vendo como ela se relaciona com outras sentenças, como S_2. Mas eu só compreendo S_2 em termos de S_3 e só compreendo S_3 em termos de S_4. E... o processo continua até que finalmente compreendo S_x em termos de S_1. O mesmo vale para as palavras num texto. Mas nós aprendemos o que as palavras significam através das sentenças nas quais elas ocorrem.

Por causa do círculo hermenêutico, não existe nenhum fundamento absolutamente certo ao interpretar um texto. Tudo está aberto a questionamento. Portanto, não existe nenhum método que garanta *a* interpretação correta. No entanto, isto não implica que um texto significa qualquer coisa que queremos que ele signifique, ou que qualquer interpretação é tão boa como outra. Não existe uma única interpretação que é a melhor, mas existem algumas interpretações boas e muitas interpretações banais e implausíveis.

II – "Nossa" cosmovisão e a "deles"

O segundo círculo hermenêutico é o que existe entre o texto e o leitor. Já encontramos este círculo ao ponderarmos o que Confúcio entende por aprendizado. Se você é como a maioria dos leitores contemporâneos deste livro, você provavelmente tem uma dentre duas noções acerca do objetivo da educação. Uma destas noções tem suas raízes no pensamento de Platão, a outra no de Francis Bacon. Platão pensava que o melhor tipo de vida era a vida da indagação teórica e da compreensão. Nesta noção, o aprendizado de coisas como a matemática e a ciência pura tem valor por si mesmo. Quando a poetisa Edna St. Vincent Millay declarou: "Só Euclides considerou a beleza nua", ela estava expressando um sentimento platônico[2]. Platão pensava que a compreensão teórica também tornaria alguém uma pessoa melhor. Ele acreditava que a especulação intelectual ajudaria as pessoas a aprender a transcender as tentações e as preocupações fúteis do mundo cotidiano. Mas isto não é necessário para tornar valioso o conhecimento: o conhecimento existe em vista do conhecimento.

Ao contrário de Platão, Francis Bacon é famoso pela afirmação de que o conhecimento é poder, ou em suas palavras: "O conhecimento humano e o poder humano se combinam num só"[ii]. Bacon viveu no início da revolução científica. Ele estimulava as pessoas a não só teorizar, mas também a experimentar e aprender como controlar o mundo.

Pense qual lado deste debate você criticaria. Você gosta de aprender pelo aprender? O conhecimento é estimulante e interessante para você independentemente de poder ou não aplicá-lo? Você pensa que ser intelectualmente ativo e curioso o torna uma pessoa melhor (pelo menos até certo ponto)? Neste caso, você é um platônico. Ou então: Para você é muito importante ser capaz de *usar* o que aprendeu? Você tende a escarnecer do conhecimento que é "apenas teórico" ou "não prático"? As pessoas que você mais admira são as que conseguem fazer as coisas funcionar "no mundo real"? Neste caso, você é um Baconiano.

O que importa nestas comparações é que, seja você um platônico ou um Baconiano em relação ao valor do aprendizado, você pode ter interpretado erroneamente o que Confúcio entendia ao dizer: "Aprender e depois ter a ocasião de praticar o que se aprendeu – não é isto gratificante?" Se você é um platônico, pensará: "Sim. O aprendizado é gratificante por si mesmo, tenha ou não alguma aplicação prática". Se você é um Baconiano, você poderá concordar com o dito de Confúcio, mas apenas porque você pressupõe que o que Confúcio tinha em

2. Ironicamente, Platão não tinha muito apreço pela poesia ou por belas-artes como pintura, escultura e peças teatrais, mas filósofos posteriores influenciados por ele, como Iris Murdoch, argumentaram que o apreço pela beleza artística por si mesma também tem valor.

mente era o aprendizado técnico amoral. Ou você poderá discordar de Confúcio porque você pressupõe que ele está falando sobre o que os platônicos entendem por aprendizado. Seja como for, os pressupostos de você (baseados no que significa o aprendizado em seu contexto social) o levariam a interpretar erroneamente o texto. Aprendizado para Confúcio não é conhecimento pelo conhecimento, nem é conhecimento técnico sem foco moral.

Este tipo de mal-entendido, e sua superação para chegar a uma compreensão melhor, ilustram o círculo hermenêutico entre o leitor e o texto. Nós sempre abordamos um texto com pressupostos a respeito do que ele significa. Precisamos fazer assim. Como poderíamos ler até mesmo a primeira sentença dos *Analectos* sem ter pelo menos *alguns* pressupostos a respeito do que é "aprendizado" e "prática"? No entanto, podemos descobrir que os nossos pressupostos não ajudam muito a compreender o texto. Se levarmos para os *Analectos* uma concepção platônica do aprendizado, teremos dificuldade de entender o fato de Confúcio condenar as pessoas que conhecem um bocado de poesia, mas não conseguem aplicá-la com sucesso "quando recebem uma incumbência governamental" ou "quando são enviadas ao exterior como embaixadores" (13.5). Se tivermos uma visão Baconiana, ficaremos perplexos diante do fato de Confúcio ter despedido como "homem comum" um discípulo que pedira que Confúcio lhe ensinasse a agricultura (13.4).

Quando um texto deixa de fazer sentido para nós, deveria levar-nos a perguntar se nossas pressuposições a respeito do tema estão obscurecendo o sentido do texto. Por exemplo, se não compreendemos o que Confúcio diz sobre o aprendizado, talvez seja porque ele tem uma concepção da meta do aprendizado que é diferente da nossa. Uma vez que compreendemos melhor o que o texto está afirmando, deveríamos perguntar se nossas próprias pressuposições estão corretas. Talvez Confúcio esteja certo e é possível aprender a ser uma pessoa melhor. Talvez o conhecimento não seja nem pura teoria nem técnica amoral. No círculo hermenêutico nós lemos o texto à luz da cosmovisão que trazemos conosco. Se temos uma mente aberta, notamos quando o texto nos surpreende ou não corresponde às nossas preconcepções. Isto nos leva a reformular nossas pressuposições acerca do que o texto significa e pode também levar-nos a questionar a verdade de nossas próprias crenças. Hans-Georg Gadamer, um grande teórico hermenêutico do século XX, disse que nossa meta ao interpretar consiste em chegar a uma parcial "fusão de horizontes", no sentido de uma fusão de nossa perspectiva sobre o mundo (nosso "horizonte") com a do texto.

Já que grande parte da tarefa de compreender um texto consiste em ver se e como nossas pré-compreensões se encaixam nele ou não, concluo esta introdução à hermenêutica analisando quatro pressuposições comuns dos ocidentais do século XXI. Evidentemente, nem todos os leitores deste texto se sentirão confortáveis identificando-se como ocidentais. Para muitos, uma parte importante de sua identidade é sua origem ou ascendência em outras partes do mundo (incluindo a África e a Ásia). Mesmo aqueles que podem confortavelmente descrever-se como ocidentais, podem não compartilhar estas pressuposições. (Eu próprio não concordo com todas elas.) No entanto, as pressuposições abaixo elencadas são, de fato, caracteristicamente ocidentais e verifiquei que a maioria das pessoas contemporâneas de formação universitária no mundo anglófono as compartilha. Portanto, estas pressuposições precisam ser explicitadas, porque é difícil entender a filosofia chinesa sem ter consciência de que existem alternativas legítimas a estas pressuposições ocidentais.

A primeira pressuposição é o relativismo enquanto oposto ao objetivismo. Um relativista é alguém que afirma que a verdade e a falsidade dependem do ponto de vista da pessoa. Por exemplo, é verdadeiro ou falso que "a pornografia é imoral"? Um relativista dirá que esta afirmação pode ser verdadeira relativamente ao ponto de vista de você (ou ao ponto de vista de sua cultura), mas falsa relativamente ao meu ponto de vista (ou ao ponto de vista de minha cultura). Um objetivista, pelo contrário, diz que a afirmação "a pornografia é imoral" é ou verdadeira ou falsa, independentemente do ponto de vista de um indivíduo ou de sua cultura[3]. Historicamente falando, em sua maioria as pessoas no Ocidente (e no mundo) não têm sido relativistas. No entanto, o relativismo tornou-se hoje tão amplamente aceito nos *campi* universitários que constitui muitas vezes um dogma. Um pensador chinês que examinamos neste livro, Zhuangzi, pode ser um relativista. No entanto, a grande maioria dos filósofos chineses é objetivista: eles pensam que existem fatos objetivos acerca da maneira como o mundo é e acerca do certo e errado. Já que o relativismo é o novo dogma no Ocidente, tenhamos a mente aberta para a possibilidade de os sábios chineses estarem certos ao favorecer o objetivismo.

3. Alguns filósofos usam o termo "realista" em lugar de "objetivista".

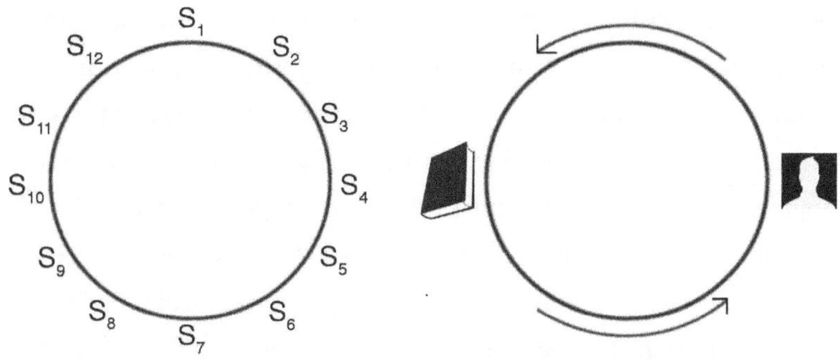

O diagrama da esquerda ilustra o círculo hermenêutico dentro do texto: a sentença S_1 é compreendida em termos de S_2, que é compreendida em termos de S_3 ... até chegarmos a S_x, que é compreendida novamente em termos de S_1. O diagrama da direita ilustra o círculo hermenêutico entre o texto e o leitor: o leitor traz preconcepções ao texto; mas, quando estas não conseguem achar o significado do texto, o leitor é levado a questionar suas preconcepções (tanto acerca do sentido do texto quanto acerca do mundo em geral).

Uma segunda pressuposição entre os ocidentais contemporâneos é o ceticismo, enquanto oposto ao otimismo epistemológico. Um cético é alguém que pensa ser impossível obter conhecimento. Consideremos um exemplo: Será que havia um dinossauro no solo em baixo dos nossos pés justamente setenta milhões de anos atrás? Ou havia ou não havia, mas nós não temos absolutamente nenhuma maneira de saber a resposta a esta pergunta. Precisamos permanecer céticos a respeito dela. Um cético filosófico radical pensa que todas as questões são como esta. Não podemos saber se o sol vai nascer amanhã. Não podemos saber se agora estamos acordados e não estamos de fato sonhando. Não podemos nem mesmo saber se 2 + 2 = 4. O ceticismo é uma postura filosófica comum no Ocidente contemporâneo. No entanto, os pensadores chineses têm sido, em sua maioria, otimistas epistemológicos: eles confiam que nós podemos ter conhecimento. (Zhuangzi é uma possível exceção.) Evidentemente, algumas pessoas no Ocidente contemporâneo são também otimistas epistemológicos. Se você pensa que as ciências naturais (como a física e a biologia) têm um método que nos dá conhecimento acerca do mundo, então você é um otimista epistemológico. Outros ocidentais contemporâneos são falibilistas. Por "falibilismo" entendo a postura de que é possível termos conhecimento, mas não podemos ter certeza absoluta. O falibilista diz que podemos saber que $E = mc^2$, mas deveríamos admitir que podemos estar errados. Evidência posterior poderá mostrar que estávamos enganados.

A terceira pressuposição comum entre os ocidentais contemporâneos é o pluralismo enquanto oposto ao monismo ético. O pluralismo é muitas vezes confundido com o relativismo, mas tem uma importante diferença. Consideremos a vida de um bom professor de jardim de infância e de um bom advogado de defesa. Quem é melhor? Um relativista diria que depende da opinião de você. Se você pensa que ser um advogado de defesa é uma tarefa desafiadora e importante, enquanto ser um professor de jardim de infância é uma tarefa trivial, então isso é verdadeiro, relativamente ao seu ponto de vista. (Ou é isto que o relativista afirma.) Pelo contrário, um pluralista diria que ser um professor de jardim de infância e ser um advogado de defesa são, *ambos*, modos de vida valiosos. Se uma pessoa pensa que um deles não é valioso, isso se deve simplesmente à ignorância ou mentalidade tacanha. Evidentemente, um pluralista não diz que todos os modos de vida são igualmente valiosos. Ser um assassino ou ser um ladrão não é um bom modo de vida, mesmo que alguém pense que é. Os ocidentais (e aqui eu me incluo por esta vez) tendem a acreditar em alguma versão de pluralismo, enquanto os pensadores chineses pré-modernos são, em sua maioria, monistas éticos. Eles pensam que existe um modo de vida que é o melhor, mas admitem alguma variedade. Uma lista chinesa tradicional da hierarquia social é erudito-camponês-artesão-comerciante. Cada classe é necessária para o funcionamento adequado da sociedade. No entanto, os eruditos que organizam e gerem o governo são os mais importantes e mais nobres, enquanto os comerciantes são os menos importantes[4].

Finalmente, nós em geral acreditamos na democracia enquanto oposta ao paternalismo. Lembram-se da famosa tirada de Lincoln no Discurso de Gettysburgh ao afirmar que a democracia americana é "do povo, pelo povo e para o povo"? Quase todos os pensadores chineses concordam que o governo deveria ser "para o povo", no sentido de que ele visa beneficiar o povo. Concordam também que o governo é "do povo", no sentido de que os que nascem em ambientes aristocráticos nem sempre são virtuosos e os que nascem em circunstâncias humildes podem merecer ser elevados aos níveis mais altos do governo por causa de suas virtudes e talentos. No entanto, ninguém na China antiga pensava que o governo deveria ser constituído "pelo povo", no sentido de que os representantes deveriam ser eleitos

4. Isto é um tanto irônico nos dias de hoje, dado o sucesso econômico de nações do Sudeste Asiático como a República Popular da China, Taiwan, Coreia do Sul, Japão e Cingapura.

democraticamente. Por isso a visão chinesa tradicional era paternalista (o governo deve ser composto *das* pessoas mais virtuosas, que trabalharão *para* benefício do povo), mas não democrática (o governo não é constituído *pelo* voto popular).

Por isso não esqueça que você vive numa cultura cujas pressuposições de fundo (e, em alguns casos, até os dogmas) são o relativismo, o ceticismo, o pluralismo e a democracia. Mas você está lendo textos que supõem amplamente o objetivismo acerca do certo e errado, uma epistemologia otimista, uma concepção monista do bom modo de vida e o paternalismo político.

Resumamos os pontos principais deste capítulo. Leia os textos clássicos *intensivamente*: leia-os atentamente, ponderadamente e repetidas vezes. Parte da tarefa de compreender um texto consiste em ver as conexões entre as diferentes afirmações feitas nessa obra. Outra parte consiste em você tomar consciência de suas próprias pré-compreensões ao ler e questioná-las. Convido-o a fazer cada uma destas coisas ao estudar o pensamento chinês.

Questões para revisão

1) O que é hermenêutica?
2) Qual a diferença entre leitura intensiva e leitura extensiva?
3) Qual a diferença entre uma hermenêutica da suspeita e uma hermenêutica da fé?
4) O que é o círculo hermenêutico dentro de um texto?
5) O que é o círculo hermenêutico entre o texto e o leitor?
6) De acordo com Platão, qual é o objetivo do aprendizado?
7) De acordo com Francis Bacon, qual é o objetivo do aprendizado?
8) De acordo com Confúcio, qual é o objetivo do aprendizado?
9) De acordo com Confúcio, como o aprendizado afeta a natureza humana?
10) Qual a definição de "relativismo"?
11) Qual a definição de "otimismo epistemológico", de "ceticismo", de "falibilismo"?
12) Qual a definição de "pluralismo" e de "monismo ético"?
13) Até que ponto os pensadores chineses antigos concordam que o governo deveria ser "do povo, pelo povo e para o povo"?

Apêndice B
A língua chinesa e o sistema de escrita

Shen Nong fez nós numa corda para ordenar as coisas e regularizar as atividades. [...] Cang Jie, um funcionário da corte do Imperador Amarelo, examinou os trajetos dos pássaros e dos animais e observou que seus padrões podem ser diferenciados. Foi então que ele criou a primeira escrita.

Xu Shen

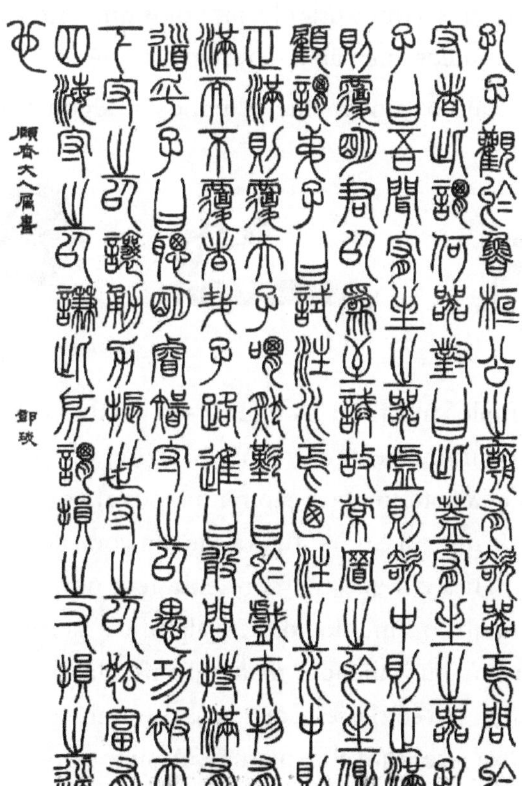

Esta imagem é uma amostra de um texto chinês escrito com caracteres do antigo estilo do selo.

As línguas ocidentais são escritas em alfabetos, sistemas nos quais símbolos representam sons individuais (consoantes e vogais). A língua chinesa, pelo contrário, é escrita em caracteres. O que são os caracteres e como eles transmitem o sentido?

I – Os cinco tipos de caracteres chineses

Há quase dois mil anos, o lexicógrafo chinês Xu Shen 許慎 notou que existem cinco tipos de caracteres chineses: pictogramas, ideogramas simples, ideogramas compostos, caracteres emprestados e compostos semântico-fonéticos[1]. Podemos ilustrar quatro destes cinco tipos usando símbolos que são familiares aos leitores ocidentais contemporâneos que não conhecem o chinês.

Os pictogramas eram originalmente desenhos de alguma coisa:

Como estes exemplos mostram, as figuras são geralmente estilizadas, às vezes ao ponto de serem puramente convencionais. A imagem da direita na verdade não se parece em nada com um coração humano real, mas se ensina às crianças no jardim de infância que ela é uma "figura" de um coração. Além disso, a relação entre o sentido da figura e o que ela representa tem um forte elemento de convencionalidade. Será que o símbolo do meio significa "permitido fumar aqui", ou "aqui vende-se tabaco", ou "cuidado: material inflamável presente"? Terá nossa cultura cometido um erro se ela resolvesse usar o símbolo do meio para um dos dois últimos sentidos? Presumivelmente não. Assim, os pictogramas são figuras

1. Em chinês, estes são conhecidos como *xiang xing zi* 象形字 (pictogramas), *zhi shi zi* 指事字 (ideogramas simples), *hui yi zi* 會意字 (ideogramas compostos), *xing sheng zi* 形聲字 (compostos semântico-fonéticos, chamados também *xie sheng zi* 諧聲字), e *jia jie zi* 假借字 (caracteres emprestados).

de alguma coisa, mas seu sentido ainda é determinado em grande parte pela convenção social.

Os ideogramas simples são caracteres cuja estrutura sugere seu sentido, mas que nunca foram figuras de algo concreto:

O ideograma simples da esquerda significa "cinco", mas não é uma figura, porque o número cinco é uma entidade abstrata, de modo que não pode haver uma figura dela. Como acontece com os pictogramas, existe um elemento de convencionalidade nos sentidos dos ideogramas simples. O símbolo do meio é colocado nas estradas e significa "retorno permitido"; mas nós enquanto sociedade poderíamos ter decidido que ele significa "cuidado; bolas caindo" e tê-lo colocado em campos de golfe ou de beisebol. Acentuo a convencionalidade do sentido dos caracteres chineses para você entender que, mesmo se souber exatamente qual é a estrutura do caractere chinês, não necessariamente você saberá o que ele significa. Para saber o sentido de um caractere, você precisa saber como ele é usado.

Os ideogramas compostos são caracteres com um ou mais componentes significativos que, quando combinados, sugerem o sentido do símbolo compósito:

Note-se que os componentes do ideograma composto do lado esquerdo são, eles próprios, ideogramas. No entanto, o ideograma composto do meio tem um componente que é em pictograma e um componente que é um ideograma. E o ideograma composto do lado direito tem dois componentes que são pictogramas. De modo geral, os componentes de um ideograma composto não precisam ser eles próprios ideogramas. Tudo o que é necessário é que a combinação de símbolos significativos sugira o sentido do todo.

A fim de entender os caracteres emprestados fonéticos, consideremos a seguinte "sentença":

Ela significa "I love you" ("Eu amo você"), mas como obtém ela este sentido? Os símbolos são um pictograma de um olho (do selo que está no verso da nota de um dólar americano), um pictograma de um coração humano e um pictograma de uma mão apontando para o leitor. O pictograma do olho não representa aqui um olho humano, evidentemente. Ao invés, representa uma palavra que tem o mesmo som de "eye" ("olho") em inglês: "I" ("Eu"). É assim que funcionam os empréstimos fonéticos: eles tomam emprestados símbolos preexistentes, que já têm uma palavra associada a eles, e os usam para representar palavras *diferentes* que têm o mesmo *som*. Os outros quatro tipos classificam os caracteres de acordo com a maneira como são *criados*. Os empréstimos fonéticos são caracteres que já existem, mas são *reciclados* para representar um novo sentido.

Parece que as pessoas, em sua maioria, se têm alguma preconcepção a respeito dos caracteres chineses, pensam que todos eles funcionam como pictogramas ou ideogramas. De fato, apenas uma pequena porcentagem dos caracteres chineses são pictogramas ou ideogramas. Quase todos os caracteres chineses (97%) são compostos semântico-fonéticos. Como vimos, existem exemplos de pictogramas, ideogramas e empréstimos fonéticos que são familiares aos leitores ocidentais. No entanto, os compostos semântico-fonéticos são um pouco mais difíceis de ilustrar. Consideremos a sentença seguinte:

O primeiro símbolo da sentença acima é um pictograma de um olho ("eye" em inglês), que é usado como um empréstimo fonético para "I" ("Eu"). O terceiro símbolo é ainda um pictograma para "você". Mas o que o pictograma do olho está fazendo em sua segunda ocorrência? Ele significa "ver". Portanto, a sentença significa "Eu vejo você". Talvez você tenha adivinhado isto imediatamente; mas, se houver muitos pictogramas no uso comum e às vezes eles forem usados como pictogramas, mas outras vezes forem reciclados como empréstimos fonéticos, facilmente você poderá ficar confuso a respeito daquilo que determinado pictograma está fazendo numa sentença. Assim poderíamos começar a distinguir um uso de um pictograma de outro uso, fornecendo uma insinuação adicional:

O primeiro símbolo é agora um composto semântico-fonético. Neste composto semântico-fonético, o pictograma do olho é o componente fonético; ele nos diz qual é a pronúncia do símbolo. O pictograma do homem é o componente semântico; ele nos dá uma insinuação a respeito de qual é o sentido do símbolo. Se fôssemos treinados adequadamente para ler esta linguagem escrita, iríamos imediatamente ler a sentença acima como "Eu vejo você". Agora consideremos o seguinte pictograma de um serrote [*saw*]:

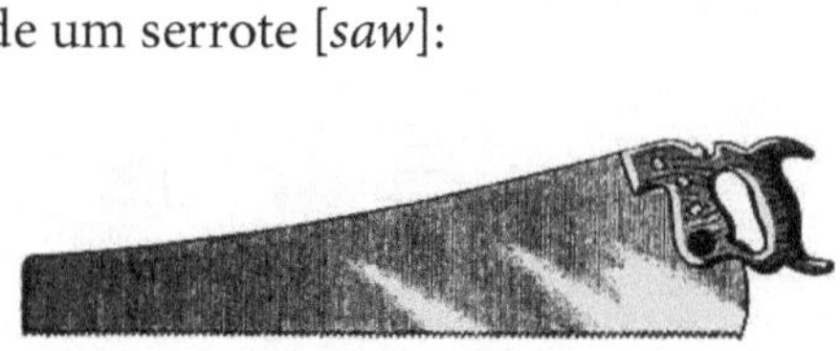

Imaginemos combinar este símbolo com o símbolo do olho, produzindo o composto semântico-fonético que está no meio da sentença abaixo:

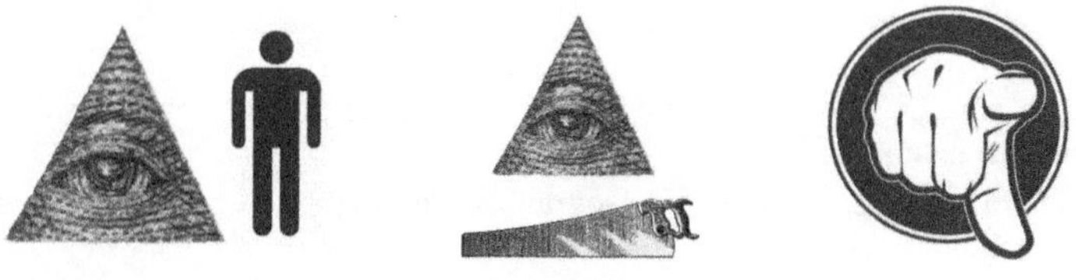

Esta sentença significaria "Eu vi [*saw*] você". As duas primeiras palavras da sentença são compostos nos quais uma parte apresenta uma insinuação acerca do sentido da palavra e a outra parte apresenta uma insinuação acerca da pronúncia do símbolo. Os compostos semântico-fonéticos chineses funcionam da mesma maneira.

Agora que compreendemos os tipos dos caracteres chineses, vejamos alguns exemplos concretos. Os pictogramas, mais uma vez, são figuras estilizadas que têm um sentido que está conectado convencionalmente àquilo que elas representam:

日　月　女　子

Procure adivinhar: estes quatro caracteres são figuras do que? E, depois, olhe para a nota de rodapé para ver as respostas[2]. Se você adivinhou pelo menos um deles corretamente, você foi tão bem sucedido como qualquer estudante o foi em muitos anos durante os quais estive usando este exemplo. Com toda probabilidade, você pode não ter adivinhado nenhum deles. Como acentuei acima, os pictogramas são símbolos altamente estilizados, cujo sentido não é transparente.

Os ideogramas simples, como vimos, são caracteres cuja estrutura sugere seu significado, mas que não são figuras de nenhuma coisa concreta. Os ideogramas simples são bastante raros em chinês:

一　二　三　上　下

Você poderia conseguir adivinhar os sentidos dos três primeiros símbolos, especialmente quando você os vê escritos um ao lado do outro como aqui. O quarto e o quinto caracteres, porém, são mais difíceis de adivinhar[3].

---

2. Acredite-se ou não, estes são (da esquerda para a direita) pictogramas do sol, da lua, de uma mulher e de uma criança.

3. Da esquerda para a direita, estes são os ideogramas simples para os números um, dois, três e para "em cima" e "embaixo".

Os ideogramas compostos são caracteres com duas partes, cada uma das quais com um sentido próprio que sugere o sentido do caractere inteiro quando são combinadas:

明　　好

Agora você já sabe os sentidos dos componentes de cada um destes dois ideogramas compostos. (Se você esqueceu, relembre os exemplos de pictogramas apresentados antes.) Procure adivinhar o sentido de cada um deles antes de olhar para a nota de rodapé[4]. Reconhecer até que ponto o sentido dos caracteres chineses é convencional ajuda a vacinar-nos contra o que tem sido chamado de "mito ideográfico": a crença equivocada de que os caracteres chineses, em sua maioria, de alguma forma representam diretamente ideias ou sentidos, sem convenções ou conexões com a língua falada.

Os compostos semântico-fonéticos têm uma parte que insinua o sentido do caractere (o componente semântico) e outra parte que insinua a pronúncia (o componente fonético). O pictograma 門 retrata um portão e é pronunciado *mén*. Ele ocorre como componente fonético nos seguintes compostos semântico-fonéticos:

問 *wèn*, "perguntar" (o componente semântico é 口, "boca")

聞 *wén*, "ouvir" (o componente semântico é 耳, "ouvido")

們 *mén* (sufixo pluralizante; o componente semântico é 人, "pessoa")

悶 *mèn*, "estar triste" (o componente semântico é 心, "coração")

Nem todos os componentes fonéticos são tão úteis como estes. As pronúncias dos caracteres chineses mudaram muito ao longo do tempo, de modo que um elemento fonético que foi útil no início, quando o caractere foi criado há dois mil anos ou mais, pode ser quase inútil hoje.

Os caracteres emprestados fonéticos são criados originalmente numa das quatro formas anteriores: como pictogramas, como ideogramas simples, como

---

4. O ideograma composto na esquerda significa "claro" (sugerido pela claridade do sol, 日, e da lua, 月), enquanto o da direita significa (no chinês clássico) "gostar de" (sugerido por uma mulher, 女, segurando seu filho, 子). A forma original de 明 pode ter mostrado uma janela e a lua, o que seria também um ideograma composto, mas com componentes diferentes. No chinês moderno, o caractere 好 geralmente significa "bom".

ideogramas compostos e como compostos semântico-fonéticos. Mas eles são reciclados para representar palavras *diferentes* que *têm o mesmo som* (ou um som semelhante ao) das palavras que eles originalmente representavam. Por exemplo, o caractere 來 era originalmente um pictograma do trigo. Foi tomado de empréstimo para representar o homófono (ou seja, palavra que tem o mesmo som) que significa "vir". De maneira semelhante, o caractere 其, pronunciado *qi*, era originalmente um pictograma de um cesto, mas foi tomado de empréstimo para representar o homófono que significa "seu", "sua", "seus" ou "suas". Um método para entender o processo do empréstimo fonético consiste em imaginar quatro passos:

1) O caractere 來 é criado como um pictograma do trigo. O caractere é pronunciado *lai* porque a palavra para "trigo" é pronunciada *lai*[5].

2) Não existe nenhum caractere para uma palavra falada diferente, também pronunciada *lai*, que significa "vir".

3) Já que é pronunciado de maneira igual, o caractere 來 é tomado de empréstimo para representar a palavra falada que significa "vir".

4) O caractere 來 é usado tão frequentemente com o sentido de "vir" que já não é mais usado em seu antigo sentido de "trigo"[6].

Assim quase todos os caracteres chineses (repitamos, cerca de 97%) são compostos semântico-fonéticos, nos quais uma parte do caractere insinua o sentido e a outra parte insinua a pronúncia. Além disso, alguns caracteres são criados como pictogramas, ideogramas simples ou ideogramas complexos. Finalmente, uns poucos caracteres criados numa das quatro maneiras precedentes são "reciclados" e usados para representar palavras diferentes que têm o mesmo som das palavras que eles originalmente representavam.

Quantos caracteres existem? Responder a esta pergunta não é tão fácil como poderia parecer, porque a resposta depende do seguinte: se contamos ou não formas variantes de um mesmo caractere (algumas delas extremamente obscuras)

---

5. Isto é tecnicamente uma representação incorreta, porque estou usando a pronúncia mandarim moderna deste caractere. Quando o caractere foi criado, era pronunciado de maneira diferente, porque o chinês (como todas as línguas) tem mudado sua pronúncia ao longo do tempo. No entanto, o exemplo ainda é exato porque 來 *era* originalmente um pictograma para trigo e as pronúncias originais das palavras chinesas para "trigo" e "vir" eram semelhantes.

6. Este quarto passo não é necessário para que um caractere seja um empréstimo fonético, mas muitas vezes ocorre.

e se contamos ou não caracteres que hoje são completamente obsoletos[7]. Os dicionários chineses maiores, que pretendem ser abrangentes, têm entre cinquenta mil e cem mil verbetes. Mas não desespere: os três mil caracteres mais comuns incluem aproximadamente 99% de todos os caracteres em uso nos documentos chineses contemporâneos. Além disso, consideremos o dicionário que tenho sobre minha escrivaninha e ao qual recorro primeiramente quando não reconheço um caractere: *Far East Chinese-English Dictionary* de Liang Shih-ch'iu. Ele contém 7.331 caracteres. Em décadas de leitura do chinês moderno e clássico, raramente não encontrei neste dicionário um caractere que eu estava procurando.

Houve várias propostas de reformar ou simplificar a língua escrita chinesa. Nos anos 1950, os comunistas chineses introduziram uma série de caracteres simplificados[8]. Estes caracteres se baseiam abundantemente no estilo "cursivo" de caracteres, que tem sido usado por estudiosos durante séculos ao escrever informalmente. Assim, por exemplo, 習, "praticar", foi simplificado para 习, e 門, "portão", foi simplificado para 门. Fora da República Popular da China, os caracteres da forma longa tradicional ainda estão em uso. Além disso, as pessoas mais instruídas na República Popular da China reconhecem os caracteres da forma longa. A maioria dos atuais programas de língua chinesa nos colégios e universidades dos Estados Unidos enfatiza as formas simplificadas.

II – O chinês falado

Dois aspectos do chinês falado o tornam especialmente desafiador: os dialetos e os tons. Os dialetos do chinês são tão diferentes uns dos outros como o francês, o espanhol e o italiano diferem entre si. Felizmente, na China todos os que completam o ensino secundário sabem falar o que é chamado dialeto mandarim (mesmo que tenham sido criados falando outro dialeto e o usem na aldeia natal). O mandarim se chama "idioma comum" na China continental e "língua nacional" em Taiwan. O cantonês e o xangainês são outros diletos do continente falados

7. À guisa de analogia, será que a ortografia britânica "civilisation" conta como uma palavra diferente de "civilization"? Será que "fardels" de Shakespeare é ainda uma palavra inglesa?

8. Nem todos os caracteres têm uma forma simplificada especial; nesses casos, as pessoas usam a forma longa. Em chinês, caracteres simplificados é *jian ti zi* e se escreve (com a forma curta entre parênteses) 簡 體字 (简体字), enquanto caracteres de forma longa é *fan ti zi* 繁體字 (繁体字).

por um grande número de pessoas[9]. Muitas pessoas em Taiwan falam o taiwanês (uma versão do dialeto hokkien); mas, como ocorre no continente, a maioria das pessoas fala mandarim. Não sabemos exatamente como o chinês falado soava no tempo de Confúcio; por isso o normal é pronunciar os caracteres chineses nos textos clássicos segundo o dialeto mandarim.

Já que o chinês é uma língua tonal, o mesmo conjunto de fonemas (ou seja, sons básicos) será uma palavra diferente, dependendo do tom com o qual são pronunciados. O mandarim tem quatro tons (ou cinco, se contarmos a ausência de um tom como um tom). Hoje em dia os tons são geralmente representados com acentos gráficos sobre as vogais. Assim (para usar um exemplo encontrado em quase todos os manuais), *ma* pode ter cinco sentidos, dependendo do tom:

ma 媽, “mãe”

má 麻, “cânhamo”

ma 馬, “cavalo”

mà 罵, “repreender”

ma 嗎 (partícula gramatical que serve de ponto de interrogação)

Note-se que 馬, um pictograma de um cavalo, ocorre como elemento fonético em três dos caracteres.

A melhor maneira de aprender os tons é ouvindo e imitando alguém que é capaz de pronunciá-los corretamente. No entanto, como uma primeira aproximação, o primeiro tom é agudo e plano, semelhante à maneira como você diria “sol” se um professor de música dissesse: “Cante-me um ‘sol’”. O segundo tom sobe, como se você estivesse dizendo: “hein?” O terceiro tom desce levemente e depois sobe, como um velho professor que responde a uma batida na porta dizendo: “Siiiiim?” O quarto tom desce, como quando se corrige um cachorro mal-comportado: “Não!”

III – Radicais e dicionários

Como procurar os caracteres num dicionário chinês?

9. Historicamente, muitos chineses que migraram para os Estados Unidos falavam cantonês.

A maioria dos dicionários chineses de hoje segue o famoso *Kang Xi zidian* 康熙字典 (publicado em 1716 d.C.) na organização dos caracteres de acordo com 214 "radicais" (*bu shou* 部首). Teoricamente, cada caractere chinês contém pelo menos um desses radicais (ou o caractere *é* um radical). Portanto, se você encontra um caractere que você não reconhece, procure adivinhar qual é o radical desse caractere. Geralmente o radical é bastante fácil de identificar, mas às vezes existe mais de um radical e outras vezes o radical pode ser obscuro. Em seguida, conte o número de "traços" do caractere adicionado ao radical. Existe uma maneira padronizada de escrever os caracteres chineses. Com a prática, você pode quase sempre descobrir quantos traços são necessários para escrever um caractere, no qual um traço geralmente é delimitado pelo momento em que você levanta a pena ou o pincel para iniciar o traço seguinte. Por fim, vá para a parte do dicionário ou índice que lista todos os caracteres com aquele radical e aquele número de traços adicionais. Haverá geralmente diversos caracteres que se encaixam nesta descrição, de modo que você desce os olhos pela lista até encontrar o caractere que você está procurando.

Em geral os dicionários têm também índices que permitem encontrar um caractere por métodos alternativos. Você pode procurar um caractere por sua pronúncia (se por acaso você a sabe) ou verificando o número total de traços no caractere. O último método é muito cansativo, já que existem, por exemplo, cerca de duzentos caracteres com seis traços mesmo num dicionário básico de volume médio.

Os sons das palavras chinesas e os caracteres podem ser escritos usando um sistema de romanização, que é um método de escrever uma língua usando as letras do alfabeto romano. O sistema fonético padrão para o chinês mandarim hoje é o Pinyin, que é o sistema usado pela República Popular da China, pelas Nações Unidas, pelos órgãos de imprensa dos Estados Unidos e por quase todos os manuais contemporâneos de língua chinesa. Antes da criação do Pinyin, o Wade-Giles era o sistema padrão de romanização. Muitos livros, artigos, obras de referência e catálogos de biblioteca mais antigos usam o Wade-Giles e por isso, se você continuar estudando a língua chinesa, você acabará precisando aprender a ler o Wade-Giles. (Você pode reconhecer uma romanização Wade-Giles pelo uso frequente de apóstrofos e hífens. Por exemplo, "Kongzi" no Pinyin se torna "K'ung-tzu" no Wade-Giles.)

IV – A hipótese de Sapir-Whorf

A hipótese Sapir-Whorf, que deriva o nome dos linguistas Edward Sapir e Benjamin Whorf, é uma das mais interessantes (e controversas) pretensões resultantes da linguística comparativa. Existem tanto versões fortes como versões fracas da hipótese Sapir-Whorf. A versão forte da hipótese Sapir-Whorf afirma que a língua usada por uma pessoa *determina* a maneira como ela percebe o mundo. A versão fraca da hipótese Sapir-Whorf afirma que a língua de uma pessoa *influencia* a maneira como ela percebe o mundo.

Considero a versão forte da hipótese Sapir-Whorf muito menos plausível. Se a língua *determina* a maneira como percebemos o mundo, como as pessoas chegam a descobrir coisas novas? No entanto, existem bons indícios de que a versão fraca da hipótese Sapir-Whorf é verdadeira. Por exemplo, costumava haver no inglês a convenção gramatical de que a forma masculina dos pronomes era usada para referir-se a uma pessoa indeterminada: "Se alguém quer tornar-se professor de universidade, ele (*he*) precisa de uma pós-graduação". No entanto, a maioria das pessoas hoje concorda que este uso nos *influencia* a conceituar o professor universitário "padrão" ou o aluno de pós-graduação "padrão" como pertencentes ao sexo masculino. Ainda não encontramos uma maneira fácil de contornar este problema no inglês. Eu tendo a usar alternadamente "she" e "he". Outros usam "they" como se fosse um pronome da terceira pessoa do singular: "Logo que um médico se forma numa faculdade de medicina, eles/elas (*they*) deveriam obter o seguro contra acusações de negligência profissional". O ponto importante aqui é que mesmo algo tão sutil como a escolha de pronomes pode ilustrar a versão fraca da hipótese Sapir-Whorf.

No Ocidente, a filosofia se desenvolveu primeiramente no mundo de língua grega e depois floresceu no mundo de língua latina. O grego e o latim pertencem à família das línguas indo-europeias (assim como quase todas as línguas europeias). O chinês, ao contrário, pertence à família das línguas sino-tibetanas[10]. Houve alguma especulação interessante para saber se (como prediz a hipótese Sapir-Whorf) as diferenças estruturais entre as línguas indo-europeias e as sino-tibetanas *influenciaram* o desenvolvimento diferente da filosofia na Europa e na China.

---

10. Embora as duas culturas adotem os caracteres chineses para seus sistemas de escrita, o japonês falado e o coreano falado não estão relacionados linguisticamente com o chinês; pertencem ao grupo de línguas altaicas.

Uma grande diferença é que todas as línguas indo-europeias têm formas do verbo "ser" (por exemplo, *einai* no grego e *esse* no latim). Este verbo expressa existência/ser ("*há/existem* ratos no porão"), afirmação ("os ratos *estão* contentes"), identidade ("Clark Kent *é* o Super-Homem"), pertença a um grupo ("Clark Kent *é* um repórter") e verdade ("Não é!" "É assim!"). No chinês clássico não existe nenhum verbo ou construção gramatical que expresse todas estas funções. Existem, no chinês clássico, expressões separadas para "existência" (有/無, "ter" / "não-ter") e "verdade" (然/不然, "é assim" / "não é assim"), enquanto a predicação é feita por verbos plenos (樂/不樂, "está contente" / "não está contente") e tanto a identidade quanto a pertença a um grupo é expressa por uma construção gramatical particular (X Y 也/ X 非Y 也, X é (um) Y / X não é (um) Y).

O fato de o grego e o latim terem o verbo "ser", enquanto o chinês clássico não o tinha, pode ter levado a algumas diferenças características entre a filosofia chinesa e a filosofia ocidental. Platão é um dos pais da filosofia ocidental e uma de suas principais preocupações era a natureza do Ser. Mas não existe nenhuma maneira de dizer "Ser" no chinês clássico[11]. Por conseguinte, certas questões metafísicas vieram a ocupar um lugar central na filosofia ocidental de uma maneira que elas quase não podiam ocupar na filosofia chinesa.

Em comparação com muitas línguas indo-europeias, algumas outras coisas parecem "faltar" no chinês clássico. Os substantivos não têm "número"; portanto, 牛 pode ser "boi' ou "bois" e 人 pode ser "pessoa" ou "pessoas". Em outras palavras, em sua maioria os substantivos chineses são como o inglês "deer" (veado) ou "sheep" (ovelha), que têm uma única forma para o singular e o plural. Os verbos chineses clássicos não têm um tempo verbal: em si 學 pode significar "aprender", "ter aprendido", "aprendi", "estou aprendendo" ou "aprenderei".

Pode parecer que estes elementos "faltantes" implicam que o chinês clássico é vago. O chinês clássico pode ser vago, mas qualquer outra língua pode sê-lo. O chinês clássico pode também ter um nível de precisão limitado apenas pela mente de alguém. Além disso, em grande parte o contexto elimina a ambiguidade da maioria das expressões. Fornecendo um contexto, um escritor cuidadoso do chinês clássico pode ser tão preciso quanto quiser.

---

11. Algumas traduções obscurecem este fato traduzindo o chinês 有 por "Ser", mas 有 significa algo mais parecido com "ter" e expressa a simples existência e não a noção refinada de Ser com inicial maiúscula.

V – Para leitura ulterior

Argus C. Graham. "The Relation of Chinese Thought to the Chinese Language". In: *Disputers of the Tao*. Chicago: Open Press, 1989, p. 389-428.
Um debate provocativo.

Daniel Kane. *The Chinese Language:* Its History and Current Usage. North Clarendon, VT: Tuttle Publishing, 2006.
Uma introdução acessível à língua chinesa.

Xigui Qiu. *Chinese Writing*. Berkeley: Society for the Study of Early China, 2000 [Trad. Gilbert Mattos e Jerry Norman].
Um estudo erudito, mas confiável, do desenvolvimento dos caracteres chineses, incluindo muitas etimologias.

Shou-hsin Teng (ed.). *The Far East 3000 Chinese Character Dictionary*. Taibei: Far East Book Company, 2003.
Mostra a maneira adequada de escrever os caracteres chineses mais comuns.

Questões para revisão

1) Explique os cinco tipos de caracteres chineses.

2) A qual tipo pertencem quase todos os caracteres chineses?

3) Quantos caracteres chineses aproximadamente existem no total: mil, dez mil, cem mil ou um milhão?

4) Quantos milhares de caracteres chineses você precisa conhecer para reconhecer 99% dos caracteres encontrados na maioria dos escritos contemporâneos?

5) Qual é o nome do dialeto chinês oficial e mais falado tanto no Continente quanto em Taiwan? Você pode mencionar algum outro dialeto?

6) Como são organizados os caracteres num dicionário chinês tradicional?

7) O que é a versão forte da hipótese Sapir-Whorf? O que é a versão fraca da hipótese Sapir-Whorf?

8) Mencione um exemplo de uma diferença linguística entre as línguas indo-europeias e o chinês que pode ser importante do ponto de vista filosófico.

Apêndice C
Confúcio como filósofo sistemático

O Mestre disse: "Zigong, você me considera alguém que simplesmente aprende muitas coisas e as guarda na lembrança?"
Zigong disse: "Considero. Não é verdade?"
O Mestre disse: "Não é. Eu as combino por meio de uma única coisa".

Analectos 15.3.

Esta famosa representação de Confúcio é de Wu Daozi da dinastia Tang.

Confúcio era culto e discorreu sobre muitas coisas: *Odes*, história, ritual, astronomia e até as atividades práticas mais mundanas (9.6). Por conseguinte, as pessoas podiam facilmente perder de vista o objetivo abrangente do que Confúcio dizia e fazia. No entanto, como Confúcio assegurou a seu discípulo Zigong (15.3), ele tinha, em última análise, um único objetivo que ligava seus ensinamentos uns aos outros: trazer as pessoas e a sociedade para mais perto do Caminho.

Neste livro, apresento o Caminho confuciano como algo que enfatiza o cultivo da Virtude. O resultado deste cultivo consiste em produzir um "cavalheiro" genuíno, que tem um discernimento ético que transcende quaisquer normas, procedimentos ou doutrinas. Mas esta não é certamente a única maneira de entender Confúcio. Mesmo um livro inteiro não poderia fazer justiça à variedade de grandes interpretações alternativas que existem. No entanto, existem pelos menos três outras compreensões de Confúcio que são suficientemente influentes e com as quais precisamos estar familiarizados. Embora sejam muito diferentes, estas interpretações têm em comum o fato de interpretarem Confúcio como uma pessoa que tem uma doutrina fundamental e central que é a base para seus outros ensinamentos.

I – O "único fio" de *Analectos* 4.15

Um discípulo de Confúcio (que mais tarde se tornou um "mestre" por seus próprios méritos) apresentou o que se tornou uma importante interpretação do Caminho de Confúcio:

> O Mestre disse: "Zeng! Tudo o que eu ensino pode ser ligado por um único fio".
> "Sim, Mestre", respondeu Mestre Zeng.
> Depois que o Mestre saiu, os discípulos perguntaram: "O que ele quis dizer com isso?"
> Mestre Zeng disse: "Tudo o que o Mestre ensina nada mais é do que respeito temperado com compreensão solidária" (4.15).

Nesta passagem, Confúcio proclamou que seu Caminho está ligado por *uma única* coisa. Sendo assim, por que Mestre Zeng o explicou dizendo que ele é constituído por duas coisas? Talvez a "única coisa" seja a Bondade, mas esta tem dois aspectos: respeito e compreensão solidária. No Capítulo 3, expliquei que o "respeito" é a dedicação ou lealdade, mesmo quando o compromisso conflita com o interesse pessoal de alguém. O que dizer da "compreensão solidária"? O próprio Confúcio caracterizou-a com o lema: "Não imponha aos outros o que você não deseja para si" (15.24). Isto lembrou a muitas pessoas a chamada Regra de Ouro da tradição ocidental: "Não faça aos outros o que você não quer que eles façam a você".

Respeito e compreensão solidária parecem certamente valores importantes, mas como constituem, juntos, todo o Caminho confuciano? De acordo com uma das interpretações, o respeito não é simplesmente lealdade a determinada pessoa. Mais exatamente, ele é dedicação às obrigações que acompanham o papel de alguém definido pelo ritual. Por exemplo, parte do papel de um professor universitário consiste em ensinar os alunos e avaliar seu trabalho de maneira oportuna e clara. Isto requer que se mantenham altos padrões, mesmo que muitas vezes seja mais fácil ser indulgente. ("Quando o ensino não é rigoroso, isto se deve à preguiça do professor", diz um antigo provérbio chinês.) Evidentemente, um bom professor não é rigoroso despropositadamente. Se um aluno tem trabalhos para três classes separadas, a serem entregues num mesmo dia, cada um dos seus professores executará suas obrigações fazendo cumprir a data marcada para sua classe. No entanto, a maioria dos professores permitirá um adiamento numa situação destas, contanto que o aluno peça com antecedência. Esta é uma aplicação da compreensão solidária. O professor imagina (ou apenas lembra) o que é um aluno com múltiplos trabalhos cujo prazo de entrega coincide no mesmo dia. Isto lhe permite compreender que é adequado afastar-se do que normalmente seria sua obrigação de fazer cumprir os prazos.

Portanto, o "respeito" é um compromisso com as obrigações normais que acompanham a função de alguém, enquanto a "compreensão solidária" é colocar-se mentalmente no lugar do outro para perceber quando é adequado ser flexível ou mesmo suspender as normas. Muitos intérpretes brilhantes do confucionismo viram em algo parecido com isto a chave para compreender o Caminho de Confúcio. Existem diversas considerações a favor desta interpretação:

- A tradição confuciana posterior considerou Mestre Zeng um dos maiores discípulos de Confúcio e aquele que transmitiu seu Caminho às gerações futuras. Por isso, sua interpretação é muitas vezes considerada confiável.

• Existem algumas passagens referentes à Bondade que podem ser consideradas uma caracterização implícita do Caminho em termos de respeito e compreensão solidária[1].

• Confúcio realçou a importância das normas que habitualmente regem as funções que uma pessoa ocupa: governante, ministro, pai/mãe, filho, professor, aluno etc. Isto é respeito. No entanto, vimos também que Confúcio era particularista ao crer que as normas não são suficientes. Isto é compreensão solidária[i].

No entanto, existem também algumas fraquezas na interpretação de Mestre Zeng:

• Apesar da elevada estima de que gozou mais tarde na tradição, Zeng foi caracterizado como "estúpido" nos *Analectos* (11.18*). Não só não existe nenhuma passagem nos *Analectos* em que Confúcio elogie Zeng; também não existe, além de 4.15, nenhuma passagem na qual Zeng é mostrado pelo menos mantendo uma conversa com o Mestre. Portanto, os *Analectos* não apresentam Zeng como um discípulo importante ou perspicaz.

• *Analectos* 4.15 é a única passagem nesse texto que liga *explicitamente* respeito e compreensão solidária. Mesmo nesta passagem, é Zeng, e não Confúcio, quem afirma que respeito e compreensão solidária constituem o Caminho. Note-se que o Mestre nunca ouve nem endossa esta interpretação. Além disso, as passagens que poderiam ser entendidas como algo que liga, mesmo que implicitamente, os dois conceitos são uma pequena porcentagem das que se encontram nos *Analectos*.

• O próprio Confúcio dispõe explicitamente em pares outras virtudes (particularmente Bondade e sabedoria) que poderiam justificar sua ênfase em normas e exceções. Como vimos no Capítulo 3, uma parte importante da Bondade é cuidar dos outros e uma parte importante da sabedoria é compreender os detalhes particularistas das circunstâncias complexas e mutantes.

1. Considere-se como 12.2, 15.15* e os comentários a respeito de Zigong em 5.4 e 5.12 podem ser interpretados sob esta ótica.

II - A "retificação dos nomes" de *Analectos* 13.3

Outros intérpretes encontraram a chave para o Caminho confuciano na doutrina da retificação dos nomes. Supõe-se que Confúcio articulou esta doutrina durante sua visita ao Estado de Wei, em resposta à situação política complexa ali reinante.

Nanzi era a consorte do duque de Wei. Ela não exercia um cargo político oficial, mas era poderosa por causa de sua influência sobre o duque. Era também um segredo de polichinelo que ela o traía. O filho mais velho do duque, herdeiro do ducado, ficou indignado com o comportamento de sua madrasta e tramou assassiná-la. Quando sua trama foi descoberta, ele fugiu do Estado. Depois, após a morte do duque, seu neto o sucedeu no governo. No entanto, *seu* pai (o antigo herdeiro, que tentara assassinar sua madrasta) retornou do exílio e tentou tomar o poder de seu filho (cf. 7.15*).

Confúcio visitou o Estado de Wei e teve até uma audiência com Nanzi. Zilu, discípulo de Confúcio, pensou que o encontro de Confúcio com Nanzi era escandaloso, mas Confúcio afirmou solenemente que não fizera nada de errado e que era conveniente visitá-la em sua qualidade de figura importante no Estado (6.28). Em outra ocasião, Zilu perguntou a Confúcio:

> "Se o duque de Wei empregasse o Sr. para servir ao governo de seu Estado, qual seria sua primeira prioridade?"
> O Mestre respondeu: "Seria, evidentemente, a retificação dos nomes".
> Zilu disse: "Como pode o Sr., Mestre, estar realmente tão distante da meta? Por que preocupar-se em retificar os nomes?"
> O Mestre respondeu: "Como você é grosseiro, Zilu! Quando se trata de matérias que ele não entende, o cavalheiro deveria permanecer em silêncio. Se os nomes não forem retificados, a fala não será apropriada; quando a fala não é apropriada, as coisas não serão concluídas com sucesso..." (13.3).

O que se entende por "retificar os nomes" (também traduzido como "corrigir os termos") e por que Confúcio aparentemente considerava isto tão importante? Consideremos 12.11, onde perguntam a Confúcio sobre governar bem e ele responde simplesmente: "Deixar o príncipe ser um príncipe, os ministros serem ministros, os pais serem pais e os filhos serem filhos". Isto poderia ser interpretado como uma exigência aos príncipes para se mostrarem à altura das implicações do título "príncipe", aos ministros para se mostrarem à altura do título "ministro" e assim por diante. Por exemplo, parte do que está envolvido no título "pai" é alguém que ama, protege, nutre e orienta seus filhos. Um pai que se mostrar à altura de seu nome estará cumprindo suas obrigações. Evidentemente, isto só acontece se os nomes forem usados como deveriam ser numa sociedade ideal (como a dos sábios-reis). Se nós chamamos de "pai" qualquer um que gera biologicamente um filho, isto elimina o conteúdo moral do termo (cf. 2.7 sobre o termo "filial"). De maneira semelhante, se quisermos manter o significado profundo e a função dos rituais, precisamos usar apenas os implementos rituais corretos de maneira apropriada, como está indicado por seus nomes corretos. Por isso, quando determinada cerimônia exigia uma xícara ritual do tipo *gu*, mas os contemporâneos de Confúcio usavam um tipo diferente, ele lamentou: "Um *gu* que não é *gu* – é realmente um *gu*? É ele realmente um *gu*?" (6.25). Em outras palavras, de acordo com esta interpretação, o termo "gu" se refere a uma xícara de determinado tipo, mas os contemporâneos de Confúcio chamavam de "gu" outra coisa e a usavam na cerimônia.

Existem alguns indícios para esta interpretação: Em diversas passagens Confúcio analisa usos apropriados e inapropriados das palavras. Por exemplo, em 12.20*, um discípulo pergunta a Confúcio: "Como deve ser um erudito-funcionário para que possa ser chamado de 'completo'?" Confúcio responde: "O que você entende por 'completo'?" Quando o discípulo afirma que ele entende alguém muito conhecido tanto no Estado quanto no seu clã, Confúcio explica: "Isto é ser bem conhecido; não é ser completo"[2] [ii].

No entanto, existem também importantes objeções que se poderia levantar contra esta interpretação:

- Muitas passagens, que se supunha serem referentes à retificação dos nomes, na verdade não se referem aos nomes. Por exemplo, 6.25 *não* diz: "Um assim-chamado *gu* – é realmente um *gu*?" e 12.11 *não* diz: "Deixe os que são chamados 'príncipes' serem príncipes, deixe os que são chamados 'ministros' serem ministros". Em passagens como 6.25 e 12.11, Confúcio expressa preocupação com o que as pessoas *fazem* e não com o que elas *dizem*. Para usar uma gíria da filosofia moderna, estas passagens usam palavras, mas não mencionam palavras.

---

2. Para outras passagens onde Confúcio analisa as palavras e seus usos apropriados, cf. 1.11, 1.14*, 2.7, 4.20, 5.15*, 6.22, 6.30, 11.24*, 13.20, 13.28* e possivelmente 4.5.

• As passagens nas quais Confúcio analisa explicitamente os nomes ou o que às vezes é "assim chamado" são uma porcentagem bem pequena dos *Analectos*. Além disso, todo filósofo em toda situação às vezes analisa usos corretos e incorretos dos nomes. As referências ocasionais de Confúcio não mostram que esta é uma preocupação central ou característica de sua filosofia.

• Em 13.3, Zilu pergunta a Confúcio especificamente o que ele faria se fosse empregado pelo governante de Wei; por isso a passagem parece ser um comentário restrito a respeito de uma determinada situação e não uma exposição da filosofia sistemática geral de Confúcio.

III - A "ampliação do Caminho" de *Analectos* 15.29

Uma terceira interpretação faz Confúcio parecer agradavelmente moderno em sua maneira de ver. Confúcio comenta que

> Os seres humanos podem ampliar o Caminho – não é o Caminho que amplia os seres humanos (15.29).

Não é óbvio o que isto significa, mas uma interpretação é que os humanos *não* deveriam imaginar o Caminho como algo fixo que eles devem procurar seguir. Mais exatamente, os humanos são responsáveis por transformar criativamente o conteúdo do Caminho. É uma provocadora inversão da maneira como Confúcio é normalmente entendido. Em vez de ver Confúcio como alguém que convidou as pessoas a viver de acordo com os mais altos ideais do Caminho que já foi *descoberto*, Confúcio nos desafia a *inventar* criativamente um novo Caminho (ou, pelo menos, novos aspectos do Caminho). Às vezes esta é considerada uma interpretação pós-moderna de Confúcio[3].

Existem diversos pontos fortes da interpretação pós-moderna:

• Fornece uma leitura intrigante do enigmático comentário de Confúcio sobre a ampliação do Caminho.

• Muitas pessoas consideram o tradicionalismo de Confúcio difícil de engolir. No entanto, na interpretação alternativa, Confúcio enfatiza a criatividade individual de uma maneira que lembra Nietzsche ou Ralph Waldo Emerson.

---

3. O "pós-modernismo" resiste a uma definição simples, mas podemos dizer que ele é um rótulo para um grupo de posturas filosóficas que rejeitam padrões preexistentes fixos para a verdade e a racionalidade a favor de padrões temporários que estão sujeitos a contínua "desconstrução".

• O particularismo de Confúcio também requer criatividade, já que precisamos imaginar como responder a novas situações sem aplicar normas mecanicamente. A interpretação pós-moderna realça a importância central da criatividade no pensamento de Confúcio.

• A interpretação pós-moderna fornece uma maneira de explicar a disposição de Confúcio de deixar de usar gorros de linho e passar a usar gorros de seda num determinado ritual, sob a justificativa de que os últimos são mais "econômicos" (9.3)[iii].

No entanto, existem também alguns argumentos fortes contra esta interpretação:

• Os comentaristas chineses entenderam tradicionalmente 15.29 como um texto que diz exatamente o oposto daquilo que a interpretação pós-moderna afirma. Nas palavras de um estudioso: "Os seres humanos podem harmonizar-se com o Caminho – por isso o texto diz: 'Os seres humanos podem ampliar o Caminho'. O Caminho não se harmoniza com os humanos – por isso o texto diz: 'Não é o Caminho que amplia os seres humanos'". Uma tradução alternativa de 15.29 que poderia ressaltar melhor este sentido é: "Os seres humanos podem glorificar o Caminho; não é o Caminho que glorifica os humanos"[iv]. É possível que os comentaristas chineses estejam errados. No entanto, eles mostram que nós não somos obrigados a aceitar a interpretação pós-moderna.

• Não é um argumento a favor de uma interpretação que faz alguém de outra época e cultura parecer exatamente como nós. Com efeito, deveríamos suspeitar de qualquer interpretação que torna uma cosmovisão estrangeira muito familiar.

• Existe uma diferença entre ser criativo ao aplicar o Caminho e transformar criativamente o próprio Caminho. O fato de Confúcio exigir o primeiro caso não significa que ele incentiva o segundo.

• Quando Confúcio concordou em "seguir a maioria" ao passar para os gorros rituais feitos de seda, ele não estava endossando a mudança, mas apenas aceitando uma mudança que já se tornara padrão. Esta foi a *única* vez que Confúcio concordou com uma mudança na prática ritual. Com efeito, na mesma passagem, ele rejeita outra mudança proposta para os rituais (9.3).

• O maior problema com a leitura pós-moderna é que ela contesta consideráveis indícios textuais presentes nos *Analectos*. Confúcio afirmou orgulhosamente: "Eu transmito em vez de inovar. Confio nos caminhos antigos e os amo" (7.1). Como norma, Confúcio insistia em manter os antigos rituais, mesmo quando haviam caído em desuso. Por exemplo, quando um discípulo sugeriu abolir um ritual que envolvia o sacrifício de um cordeiro, Confúcio respondeu: "Você lamenta a perda de um cordeiro, enquanto eu lamento a perda do rito" (3.17)[4].

IV - Conclusão

Esta rápida visão geral apenas alude sucintamente a alguns argumentos que podem ser apresentados em apoio das posições precedentes. Não forneci uma resposta definitiva aos inteligentes e perspicazes estudiosos que favorecem estas interpretações alternativas dos *Analectos*. No entanto, agora pelo menos você está ciente destas visões e tem alguma noção do que pode ser dito a respeito delas, pró e contra.

---

4. Para a relutância de Confúcio em afastar-se dos rituais tradicionais ou abandoná-los, cf. também 3.1, 6.25, 7.18, 15.11 e 17.21.

Fontes para fatos e mitos

Palavra chinesa para "crise": Victor MAIR. *Danger+opportunity≠crisis* [Disponível em http://www.pinyin.info/chinese/crisis.html – Acesso em 02/08/2010].

"Uma caminhada de mil léguas começa com um único passo": cf. *Laozi* (*Daodejing*), capítulo 64.

Os caracteres chineses como "pictogramas": John DeFRANCIS. *The Chinese Language:* Fact and Fantasy. Honolulu: University of Hawaii Press, 1984, p. 84, Tabela 3.

"Que você possa viver em tempos interessantes": Fred R. SHAPIRO et al. *The Yale Book of Quotations*. New Haven: Yale University Press, 2006, p. 669.

Biscoitos da sorte: Pergunte a qualquer pessoa que é realmente da China se ela os come.

Pólvora, bússola magnética, imprensa com tipos móveis: Joseph NEEDHAM. "Science and China's Influence on the World". In: NEEDHAM. *The Grand Titration*. Londres: Allen and Unwin, 1969, p. 55-122, esp. p. 62-76.

Influência do sistema chinês de exames para o funcionalismo público: Ssu-Yü TENG. "Chinese Influence on the Western Examination System". *Harvard Journal of Asiatic Studies*, 7 (1943), 267-312.

Vendo a Grande Muralha do espaço: Norberto LÓPEZ-GIL. "Is it Really Possible to See the Great Wall of China from Space with a Naked Eye?" *Journal of Optometry*, 1 (1), 3-4.

Palavras para "chá": Östen Dahl. 2008. "Tea". In: Martin HASPELMATH, Matthew S. DRYER & Bernard COMRIE (eds.). *The World Atlas of Language Structures Online*. Munique: Max Planck Digital Library, 2008, cap. 138 [Disponível online em http://wals.info/feature/138 – Acesso em 02/08/2010].

"Gung ho": Albert F. MOE. "Gung Ho". *American Speech*, 42 (fev./1967), 19-30.

Palavra chinesa para "contradição": cf. *Readings in Classical Chinese Philosophy*, p. 330.

Créditos das ilustrações

Capítulo 1: Fu Xi e Nuwa, meados do século VIII, pintura sobre seda.

Capítulo 2: Imagem de Confúcio num selo postal chinês.

Capítulo 3: Trilha das estrelas, com permissão do fotógrafo Joshua Bury.

Capítulo 4: Xi Shu determinando o solstício, do *Qinding Shujing Tushuo*.

Capítulo 5: Fotografia de um bonsai de um junípero japonês anão. Esta imagem é protegida por uma Creative Commons Attribution-Share Alike 3.0 Unported license (Creative Commons BY-SA 3.0) [Disponível em http://creativecommons.org/licenses/by-sa/3.0/deed.en]. Sage Ross [Disponível em http://en.wikipedia.org/wiki/File:Dwarf_Japanese_Juniper,_1975-2007.jpg].

Capítulo 6: Imagem de Mengzi num selo postal chinês.

Capítulo 7: Cavalo e Palafreneiro, ao estilo de Li Gonglin, Zhao Yong (1291-1361), China, dinastia Yuan, 1347, pintura de rolagem, tinta sobre papel.

Capítulo 8: Laozi montando um boi, meados da dinastia Ming, rolo de parede.

Capítulo 9: O Hai Riyo, de Charles Gould. *Mythical Monsters*. Londres: Allen and Co., 1886.

Capítulo 10: Imagem de Xunzi num selo postal chinês.

Capítulo 11: Machado de batalha de bronze, dinastia Shang, escavado em Yidu, província de Shandong. Esta imagem é protegida por uma Creative Commons Attribution-Share Alike 2.5 Generic license (Creative Commons BY-SA 2.5) [Disponível em http://creativecommons.org/licenses/by-sa/2.5/deed.en]. Editor em Large [Disponível em http://commons.wikimedia.org/wiki/File:CMOC_Treasures_of_China_exhibit_-_bronze_battle_axe.jpg].

Capítulo 12: Grande Muralha da China, Herbert Ponting, 1907.

Apêndice A: A primeira página dos *Analectos* de Confúcio, com comentário de Zhu Xi.

Apêndice B: O *Xunzi* em caracteres do estilo do selo, Deng Shiru, 1743-1805, rolo de parede, tinta sobre papel.

Apêndice C: Confúcio, reprodução em bloco de madeira da imagem, feita por Wu Daozi, dinastia Tang.

Notas finais

Capítulo 1 O contexto histórico

[i] Para uma brilhante investigação dos mitos chineses a respeito dos primeiros sábios, cf. Michael J. PUETT. *The Ambivalence of Creation*. Stanford: Stanford University Press, 2001.

[ii] Ssu-ma Ch'ien. *The Grand Scribe's Records*. Vol. 1. Bloomington: Indiana University Press, 1994) p. 50 (3: 105) [Ed. William H. Nienhauser Jr.].

[iii] *Documentos*. "Shao gao". Cf. James LEGGE. *The Shoo King*, vol. 3 de *The Chinese Classics*. Reimpressão. Taibei: SMC Publishing, 1991, p. 420-433.

[iv] *Documentos*. "Shao gao".

[v] *Documentos*. "Kang gao". Cf. LEGGE. *The Shoo King*, p. 381-398.

[vi] *Documentos*. "Kang gao".

[vii] *Documentos*. "Shao gao".

Capítulo 2 Confúcio e o confucionismo

[i] *Zuo zhuan*, duque Zhao, ano 13.

[ii] SUNZI, *Bingfa* 1, de Sun TZU. *The Art of War*. Boulder, CO: Westview Press, 1994, p. 167 [Trad. Ralph D. Sawyer].

[iii] Simone WEIL. "Draft for a Statement of Human Obligations". In: WEIL. *Two Moral Essays*. Wallingford, PA: Pendle Hill Publications, 1981, p. 5 [Ed. Ronald Hathaway].

[iv] Martin LUTHER KING, Jr. "I Have a Dream". In: James W. WASHINGTON (ed.). *The Essential Writings and Speeches of Martin Luther King Jr.* Nova York: HarperCollins, 1991, p. 217-220. Cf. tb. "Letter from Birmingham City Jail", de King (ibid., p. 289-302), para seu uso revivalista do cristianismo.

[v] Philip J. Ivanhoe examina a dialética histórica do pensar e aprender em seu *Confucian Moral Self Cultivation*. 2. ed. Indianápolis: Hackett Publishing, 2000.

[vi] Arthur WALEY (ed.). *The Book of Songs*. Nova York: Grove Press, 1960, p. 309, Mao n. 113.

[vii] Iris MURDOCH. *The Sovereignty of Good*. Nova York: Routledge & Kegan Paul, 1990, p. 84 [Ênfase no original].

Capítulo 3 Confúcio e a ética da virtude

[i] Cf. "Perguntas de Lu". *Mozi* 49 [Trad. em Yi-pao MEI. *The Ethical and Political Works of Motse*. Reimpressão. Westport, CT: Hyperion Press, 1973, p. 253].

[ii] G.E.M. ANSCOMBE. "Mr. Truman's Degree". In: ANSCOMBE. *The Collected Philosophical Papers of G.E.M Anscombe*. Vol. 3. Mineápolis: University of Minnesota Press, 1981, p. 62-71.

[iii] "Anticonfucionismo". *Mozi* 39 [Trad. modificada de MEI, p. 203-204].

Capítulo 4 Consequencialismo moísta

[i] "Contra o confucionismo", *Mozi* 39 [Trad. modificada de MEI, p. 202-203]. Cf. Burton WATSON. *Mo Tzu: Basic Writings*. Nova York: Columbia University Press, 1962, p. 127.

[ii] "Gong Shu". *Mozi* 50. Cf. MEI, p. 257-259.

[iii] *Mythbusters*. "Chinese Invasion Alarm", temporada 3, episódio 2 (primeira transmissão 19 de outubro de 2005 por The Discovery Channel).

[iv] Para mais informações sobre o desenvolvimento das ideias antropológicas, cf. Donald E. BROWN. *Human Universals*. Nova York: McGraw-Hill, 1991. • Bryan W. VAN NORDEN. *Virtue Ethics and Consequentialism in Early Chinese Philosophy*. Nova York: Cambridge University Press, 2007, p. 348-349. • Steven PINKER. *The Blank Slate:* The Modern Denial of Human Nature. Nova York: Penguin, 2002.

[v] "Contra o fatalismo", *Mozi* 35. Tradução modificada de MEI, p. 183. Cf. WATSON, p. 119.

[vi] "Contra o fatalismo", *Mozi* 35. Cf. MEI, p. 187 e WATSON, p. 122-123.

[vii] "Contra o fatalismo", *Mozi* 36 [Trad. modificada de MEI, p. 189-190].

[viii] "Contra o fatalismo", *Mozi* 35 [Trad. modificada de MEI, p. 186-187. • C. WATSON, p. 122].

[ix] "Contra os confucianos", *Mozi* 39. Cf. WATSON, p. 126-127.

[x] "Sobre os fantasmas", *Mozi* 31. Cf. WATSON, p. 107.

[xi] Para uma análise mais técnica desta questão, cf. VAN NORDEN. *Virtue Ethics and Consequentialism in Early Chinese Philosophy*, p. 151-161 e 361-377.

Capítulo 5 Yang Zhu e o egoísmo

[i] *South Park*, "Toilet Paper", episódio n. 703 (primeira transmissão 2 de abril de 2003 por Comedy Central) [O diálogo foi ligeiramente editado para tornar a leitura agradável].

[ii] *Zhongyong* 1. Cf. Daniel K. GARDNER (trad.). *The Four Books*. Indianápolis: Hackett Publishing, 2007, p. 110.

[iii] *Lüshi chunqiu, Jibu* 1.2, "A raiz da vida".

[iv] "Geng Zhu", *Mozi* 46 [Trad. modificada de MEI, p. 219-220].

[v] *Liezi*, "Yang Zhu" [Trad. modificada de Angus C. GRAHAM. *Disputers of the Tao*. Chicago: Open Court Press, 1989, p. 60-61].

Capítulo 6 Mengzi e a natureza humana

[i] Cheng Yi (século XI d.C.), citado em Zhu Xi, *Mengzi jizhu* [comentário sobre *Mengzi* 1A1].

[ii] Arthur WALEY. *The Analects of Confucius*. Reimpressão. Nova York: Vintage Books, 1989, p. 45.

[iii] Para uma análise mais detalhada da Escola do Caminho, cf. VAN NORDEN. *Virtue Ethics and Consequentialism in Early Chinese Philosophy*, p. 23-29. • Byan W. VAN NORDEN. *Mengzi:* With Selections from Traditional Commentaries. Indianápolis: Hackett Publishing, 2008, p, xxxix- xliv.

Capítulo 7 Linguagem e paradoxo na "Escola dos nomes"

[i] *Lüshi chunqiu* 18.4 [Trad. de John KNOBLOCK & Jeffrey RIEGEL. *The Annals of Lü Buwei*. Stanford: Stanford University Press, 2000, p. 454.

[ii] *Zhuangzi* 33 [não está em *Readings*].

[iii] Cf. GRAHAM. *Disputers of the Tao*, p. 79. • Christoph HARBSMEIER. *Language and Logic*. Vol. VII [parte I de Joseph NEEDHAM. *Science and Civilisation in China*. Nova York: Cambridge University Press, 1998, p. 298].

[iv] Esta é uma combinação de *Mozi* A73, A74 e B35. Cf. GRAHAM. *Disputers of the Tao*, p. 167-168. • HARBSMEIER, p. 330-331 [Em *Readings* não estão incluídas seleções de escritos moístas posteriores].

[v] *Mozi* B79. Cf. GRAHAM. *Disputers of the Tao*, p. 185-186. • HARBSMEIER, p. 344-345.

[vi] *Mozi* B71. Cf. GRAHAM. *Disputers of the Tao*, p. 185-186. • HARBSMEIER, p. 345.

[vii] *Mozi* A61. Tradução e interpretação sugerida de GRAHAM. *Disputers of the Tao*, p. 160-161.

[viii] *Mozi* B68. Cf. HARBSMEIER, p. 343.

[ix] *Mozi* B67. Cf. GRAHAM. *Disputers of the Tao*, p. 84-85. A relevância desta passagem para "Sobre o cavalo branco" foi notada na obra de Fung Yu-lan em *A History of Chinese Philosophy*. Vol. 1. Princeton: Princeton University Press, 1952, p. 268-269 [Trad. de Derk Bodde]. [No entanto, a interpretação platônica dada por Fung a "Sobre o cavalo branco" foi universalmente rejeitada.]

[x] Tradução de GRAHAM. *Disputers of the Tao*, p. 157. • "Expondo os cânones" 8, *Mozi*.

[xi] "Expondo os cânones" 2, *Mozi* [Este texto supõe esta definição de "sábio", mas não a identifica como uma definição].

[xii] *Mozi* A80, A58 e A93 [Trad. modificada dos dois últimos de GRAHAM. *Disputers of the Tao*, p. 144].

[xiii] "Nomes e objetos" 14-15 em *Mozi* 44-45.

[xiv] Tradução de GRAHAM. *Disputers of the Tao*, p. 153. • "Nomes e objetos" 12, *Mozi*.

[xv] *Lüshi chunqiu* 18.5 [Trad. modificada de John KNOBLOCK & Jeffrey RIEGEL. *The Annals of Lü Buwei*, p. 457-458].

[xvi] Bertrand RUSSEL. *The Philosophy of Logical Atomism*. Reimpressão. Chicago: Open Court Press, 1985, p. 53.

Capítulo 8 O *Daodejing* e o misticismo

[i] O episódio de *Os Simpsons* era "O momento da verdade", episódio7F08 (primeira transmissão a 15 de novembro de 1990 pela Fox). O título de Peckinpah vem do *Daodejing* 5. Ronald W. Reagan citou a primeira linha do *Daodejing* em seu Discurso sobre o Estado da União (25 de janeiro de 1988). Para o interesse de Wright pelo *Daodejing*, cf. a referência em GRAHAM. *Disputers of the Tao*, p. 234. Sobre o interesse de Heidegger pelo *Daodejing*, cf. Paul Shih-yi HSIAO, "Heidegger and Our Translation of the Tao Te King". In: Graham PARKES (ed.). Heidegger and Asian Thought. Honolulu: University of Hawaii Press, 1990.

[ii] Para uma análise deste fenômeno, cf. Paul R. GOLDIN. "Those Who Don't Know Speak: Translations of *Laozi* by People Who Do Not Know Chinese". In: GOLDIN. *After Confucius*. Honolulu: University of Hawaii Press, 2005, p. 119-133.

[iii] SSU-MA Ch'ien. *The Grand Scribe's Records*. Vol. VII, p. 23 [*Shiji* 63: 2142].

[iv] SSU-MA Ch'ien, p. 21-23 [*Shiji* 63: 2140].

[v] Richard John LYNN (trad.). *The Classic of the Way and Virtue:* A New Translation of the *Tao-te ching* of Laozi as interpreted by Wang Bi. Nova York: Columbia University Press, 1999, p. 34.

[vi] Wang Bi, citado na biografia dele feita por He Shao, conservada no *Sanguozhi* [Trad. tirada de LYNN. *The Classic of the Way and Virtue*, p. 12 (ênfase minha)].

[vii] WANG Bi, "Outline Introduction to the *Laozi*" (*Laozi zhilue*) [Trad. em LYNN. *The Classic of the Way and Virtue*, p. 30].

[viii] Minha definição é apenas uma das caracterizações possíveis. O primeiro e o segundo traços que eu identifico são o que William James identifica como as duas mais importantes características do misticismo em *The Varieties of Religious Experience*, Lectures 16-17. In: *Writings 1902-1910*. Nova York: Library of America, 1987, p. 343-344.

[ix] Cf. seleção 6.3 em Mark CSIKSZENTMIHALYI (trad.). *Readings in Han Chinese Thought*. Indianápolis: Hackett Publishing, 2006, p. 114.

[x] Jigoro KANO. *Kodokan Judô*. Nova York: Kodansha International, 1986, p. 16-17.

[xi] Cf. a biografia de Wang Bi feita por He Shao, conservada no *Sanguozhi* [Trad. em LYNN. *The Classic of the Way and Virtue*, p. 12].

Capítulo 9 O ceticismo terapêutico e o relativismo de Zhuangzi

[i] Para uma perspectiva diferente e extremamente séria sobre o relativismo, que usa intuições tanto da filosofia ocidental quanto da filosofia chinesa, cf. David WONG. *Natural Moralities*. Nova York: Oxford University Press, 2009.

[ii] Ludwig WITTGENSTEIN. *Tractatus Logico-Philosophicus*. Londres: Routledge & Kegan Paul, 1922, 6.54 [Trad. C.K. Ogden].

[iii] Citado em HUANG Jinhong. *Zhuangzi Duben*. Taibei: Sanmin shuju, 1974, p. 70, n. 100.

[iv] T'AO Ch'ien, "Poems after Drinking Wine (n. 5) [Trad. James Robert Hightower]. Citado em Victor MAIR (Ed.). *The Columbia Anthology of Traditional Chinese Literature*. Nova York: Columbia University Press, 1994, p. 180-181.

[v] Para um estudo importante deste tema, cf. Peipei QIU. *Bashô and the Dao:* Zhuangzi and the Transformation of Haikai. Honolulu: University of Hawaii Press, 2005.

[vi] CAO Xueqin & GAO E. *Story of the Stone:* Also Known as the Dream of the Red Chamber. Vol. 4. Nova York: Penguin Books, 1982, p. 152, cap. 86 [Trad. John Minford].

[vii] CAO. *Story of the Stone*, p. 154, cap. 86.

Capítulo 10 O naturalismo confuciano de Xunzi

[i] Para uma excelente tradução de alguns escritos de Zhang, cf. Philip J. IVANHOE (trad.). *Ethics and History* – Essays and Letters of Zhang Xuecheng. Stanford: Stanford University Press, 2009.

Capítulo 11 Han Feizi

[i] Tradução modificada tirada de SSU-MA Ch'ien. *The Grand Scribe's Records*. Vol. VII, p. 25 (*Shiji* 63: 2146).

[ii] Tradução minha. *Ha*[iii] Burton WATSON (trad.). *Han Fei Tzu:* Basic Writings. Nova York: Columbia University Press, 1964, p. 97.

[iv] WATSON. *Han Fei Tzu*, p. 97.

[v] SUN Tzu [Sunzi]. *Art of War*. Boulder: Westview Press, 1994, p. 187-188 (*Bingfa* 5) [Trad. Ralph D. Sawyer].

[vi] SUN Tzu. *Art of War*, p. 183-184 (*Bingfa* 4).

[vii] W.K. LIAO (trad.). *Han Fei Tzu*. Vol. II. Londres: Arthur Probsthain, 1959, p. 326.

[viii] Para uma defesa séria de uma leitura alternativa de Han Feizi, cf. Eirik L. HARRIS. "Han Fei on the Role of Morality in Political Philosophy". In: Paul R. GOLDIN (ed.). *Dao Companion to the Philosophy of Han Fei*. Nova York: Springer [no prelo].

[ix] WATSON. *Han Fei Tzu*, p. 14.

Capítulo 12 O pensamento chinês posterior

[i] Para uma excelente ilustração, cf. seleção 5.1 em CSIKSZENTMIHALYI (trad.). *Readings in Han Chinese Thought*, p. 84-88.

[ii] Benjamin SCHWARTZ. *The World of Thought in Ancient China*. Cambridge, MA: Belknap/Harvard University Press, 1985, p. 381.

[iii] Benjamin E. WALLACKER. "Han Confucianism and Confucius in the Han". In: David T. Roy & Tsuen-hsuin Tsien (eds.). *Ancient China:* Studies in Early Civilization. Hong Kong: Chinese University of Hong Kong Press, 1978, p. 227.

[iv] N.K.G. MENDIS (ed.). *The Questions of King Milinda*. Kandy, Sri Lanka: Buddhist Publication Society, 1993, p. 29-32.

[v] GRAHAM. *Disputers of the Tao*, p. 101.

[vi] SCHWARTZ. *The World of Thought in Ancient China*, p. 183.

[vii] COMITÊ CENTRAL DO PARTIDO COMUNISTA CHINÊS. "Decision concerning the Great Proletarian Cultural Revolution" (agosto de 1966) [Reimpressão em Winberg CHAI (ed.). *Essential Works of Chinese Communism*. Ed. revista. Nova York: Bantam Books, 1972, p. 409].

[viii] LIU Shaoqi. "Self-Criticism" (outubro de 1966) [Reimpresso em CHAI. *Essential Works of Chinese Communism*, p. 428 (Colchetes em Chai)].

[ix] Carson CHANG, HSIEH Yu-wei, HSU Foo-kwan, MOU Ching-san & TANG Chun-i [*sic*]. "A Manifesto on the Reappraisal of Chinese Culture" [Reimpresso em T'ANG Chun-i. *Essays on Philosophy and Culture*. Taibei: Student Book Company, 1988, p. 504].

[x] "Manifesto", p. 515.

[xi] "Manifesto", p. 522 [Solecismos na tradução].

[xii] "Manifesto", p. 526-527.

[xiii] YU Dan. *Lunyu xinde*. Taibei: Linking Books, 2007.

Apêndice A: Hermenêutica, ou Como ler um texto

[i] Francis BACON. "Of Studies". In: James Spedding et al. (eds.). *The Works of Francis Bacon*. Vol. XII. Boston: Mifflin and Company, s.d., p. 252-253.

[ii] Francis BACON. *Novum Organum*, parte I, aforismo 3. In: *The Works of Francis Bacon*, vol. VIII. Boston: Taggard & Thompson, 1863, p. 67-68.

Apêndice C: Confúcio como filósofo sistemático

[i] Para uma defesa da interpretação zengziana dos *Analectos*, cf. Philip J. IVANHOE. "The 'Golden Rule' in the *Analects*". In: David JONES (ed.). *Confucius Now:* Contemporary Encounters with the *Analects*. Chicago: Open Court Press, 2008, p. 81-108.

[ii] Para uma defesa desta linha geral de interpretação, cf. Hui-chieh LOY. "*Analects* 13.3 and the Doctrine of "Correcting Names"". In: JONES. *Confucius Now*, p. 223-242.

[iii] Para uma defesa da interpretação pós-moderna de Confúcio, cf. Roger T. AMES. "Paronomasia: A Confucian Way of Making Meaning". In: JONES. *Confucius Now*, p. 37-48. Cf. tb. David L. HALL & Roger T. AMES. *Thinking through Confucius*. Albânia: State University of New York Press, 1987.

[iv] O comentário chinês citado é de Cai Mo (dinastia Jin), citado em *Readings in Classical Chinese Philosophy*, p. 46, n. 136. Cf. tb. a seleção mais extensa de comentários tradicionais sobre esta passagem em Edward SLINGERLAND (trad.). *Analects:* With Selections from Traditional Commentaries. Indianápolis: Hackett Publishing, 2003, p. 185-186. Para um exemplo em que *hong* ("ampliar") significa claramente "glorificar", cf. "Kang Gao" dos *Documentos dos Zhou* em *Livro dos Documentos* [James LEGGE. *The Shoo King*, p. 387].

Índice onomástico e analítico

Índice geral